JN303960

エイジング心理学

老いについての理解と支援

谷口 幸一・佐藤 眞一 編著

北大路書房

はじめに

　エイジングには2つの側面がある。個人のエイジングと人口のエイジングである。前者は「加齢」，後者は「高齢化」と訳される。加齢は，一個の受精卵から出発して，死に至るまでの心身の連続的な変化過程を指す。本書は，心理学が扱う人の精神機能＝行動の諸領域に示される加齢の事実とその背景にある影響・関連要因について解説されている。今日，高齢心理学，老年心理学のテキストの出版もけっして少なくないものの，概論や基礎や臨床に特化された内容のものが多く，本書のように人の行動面にみられる加齢現象を基礎編・応用編・臨床編に分けて，その分野の実証的研究データをもとに簡明に解説されているテキストはまだほとんど見られない。本書には，高齢期の心理学を新たに志向する人々にとって，何を研究のテーマとして選び，どのような理論・方法を適用して，どのような対象・技法のもとにアプローチしていけばよいかが示されている。

　わが国で高齢者を対象とした本格的な心理学的研究が開始されたのは，1970年代初頭からである。東京都老人総合研究所が設立され，そこでの心理学的研究が開始されたこととほぼ軌を一にしている。本書の執筆者の多くは，この研究所で研鑽・業績を重ねてきた者であり，現在，各分野のリーダー的役割を担っている。今日では，加齢にともなう基礎的心理学研究から，高齢者のための生活の質やケアの質の向上をめざす応用心理学的研究へとその動向も変わりつつある。その背景には，2007年現在のわが国の高齢化率がついに21％を超えて，確実に超高齢社会への道をたどっていることと無関係ではない。元気な高齢者人口が増加している反面，要介護状態の高齢者人口も確実に増加している。そのことから，いかにして高齢者が生き方の質を高めるか，また認知症や寝たきりをはじめとする要介護者のケアの質をいかにして改善するかのアプローチが心理学に期待されている。また，高齢者の孤独をいかにして癒し，高齢期に増大する余暇をいかに充実した生きがいの持てる時間にするかの方法を提供することも，エイジングの心理学に期待されている。

本書は，エイジング心理学に関する学問の位置づけと研究方法論（第1〜3章），各研究領域の基礎と応用研究（第4〜9章），臨床・教育研究（第10〜12章）の3部構成となっている。第Ⅰ部は，老年学の一分科学としてのエイジング心理学の位置づけと，加齢にともなう心理学的研究を推進していくための観点と方法論について，わかりやすくまとめられている。本書の中核となる第Ⅱ部では，加齢にともなう心理学的研究に占める各領域の国内外の成果が網羅されており，高齢期に関する心理学的研究を深めていくための研究課題と方法論が提供されている。さらに第Ⅲ部では，地域，施設，医療・教育の場で今後取り上げていくべき心理臨床的課題についての知識と応用研究の視点についてまとめられている。

　社会福祉の分野では，今日，エイジングの心理学は，「老人・障害者の心理」として介護福祉士資格取得のための必修科目として位置づけられている。また，社会福祉士，精神保健福祉士の資格取得のための国家試験の心理学の試験動向をみても，近年，とみに高齢期の心理に関する問題も多く出題されるようになっている。さらには，生涯発達心理学においても，高齢期の心理学的問題は，研究分野として主要な領域になりつつある。加齢の心理学は，臨床心理士，健康心理士，臨床発達心理士，認定心理士，学校心理士，応用心理士など多くの心理学関連学会が認定する各種の心理士の資格取得に必要な科目として位置づけられている。本書は，これらの資格取得のためのテキストとしても有効な参考書となると思われる。

　最後に，ご多忙の中，ご協力戴いた本書の執筆陣に感謝申し上げるとともに，本書の出版に向けて，迅速かつ丁寧に編集作業を担っていただいた北大路書房と編集部の奥野浩之氏に，深甚なる謝意を表します。

2007年7月

編者　谷口幸一

佐藤眞一

目次

はじめに　*i*

第Ⅰ部　エイジング心理学の基礎理論

第1章　エイジング心理学とジェロントロジー　…………………………… 3
　1　老年心理学が必要となった歴史的・社会的背景　*3*
　2　生涯発達としての老年期の位置づけ
　　　―心理・社会的存在としての高齢者の意義―　*5*
　3　人口の高齢化がもたらした社会の状況　*10*
　4　ジェロントロジーの概念と領域―ジェロントロジー教育の必要性―　*15*

第2章　生涯発達とその研究法　……………………………………………… 19
　1　生涯発達研究法の特徴　*19*
　2　研究のモデル―ライフサイクルとライフコース―　*22*
　3　データ収集の方法―横断法・縦断法・時代差法・系列法―　*29*
　4　統計的分析の方法―イベント・ヒストリー分析―　*33*

第3章　高齢期のサクセスフル・エイジングと生きがい　………………… 37
　1　サクセスフル・エイジングの歴史的展開　*37*
　2　サクセスフル・エイジングの危機―超高齢者と第4年代―　*44*
　3　サクセスフル・エイジングと生きがい　*48*

第Ⅱ部　エイジング心理学の領域別理解

第4章　体力・筋骨格系機能のエイジング……………55
1　高齢者の健康　**55**
2　高齢者における体力の概念とその評価　**56**
3　体力・筋骨格系機能のエイジング　**58**
4　高齢者の心身の健康と運動・身体活動　**61**

第5章　感覚・知覚のエイジング……………69
1　感覚・知覚のプロセス　**69**
2　視覚のエイジング　**72**
3　聴覚のエイジング　**76**
4　感覚・知覚測定の実際　**79**
5　感覚・知覚に関する研究動向　**81**

第6章　記憶・学習のエイジング……………87
1　記憶・学習のエイジングの特徴　**87**
2　記憶能力・学習能力の測定　**95**
3　記憶・学習に関する研究動向　**99**

第7章　認知・知能のエイジング……………105
1　認知のエイジング　**105**
2　知能のエイジング　**108**
3　認知・知能の診断テスト　**115**
4　認知・知能に関する研究動向　**117**

第8章　感情・性格のエイジング……………121
1　感情のエイジング　**121**
2　性格のエイジング　**125**
3　感情・性格の測定と診断　**129**
4　感情・性格に関する研究動向　**135**

第9章　社会性・コミュニケーションのエイジング……………141
1　社会性のエイジング　**141**

2　コミュニケーションのエイジング　*144*
　　3　社会性・コミュニケーションの診断テスト　*150*
　　4　社会性・コミュニケーションに関する研究動向　*154*

第Ⅲ部　高齢者の介護予防と地域活性アプローチ

第 10 章　虚弱高齢者への臨床的アプローチ …………………… 161
　　1　高齢者への心理的援助の意義　*161*
　　2　虚弱高齢者の心理的特徴とケア　*166*
　　3　虚弱高齢者への臨床心理学的アプローチ　*171*

第 11 章　高齢者への精神保健学的アプローチ …………………… 177
　　1　認知症　*177*
　　2　うつ病・うつ状態　*181*
　　3　老年期の妄想　*184*
　　4　せん妄　*186*
　　5　老年期の神経症・適応障害　*188*

第 12 章　高齢者への臨床社会学的アプローチ …………………… 193
　　1　地域福祉の実情と介護保険制度　*193*
　　2　高齢者の社会参加の意義と課題　*200*
　　3　社会参加マトリックスの概念　*203*
　　4　在宅高齢者のための社会参加団体　*206*
　　5　社会参加を妨げる要因　*209*
　　6　エイジング教育　*210*

　人名索引　*216*
　事項索引　*217*

第 I 部

エイジング心理学の基礎理論

第1章

エイジング心理学とジェロントロジー

　本章では，人口の高齢化を招来した要因，また人口の高齢化の結果，新たに生じた課題を明らかにして，高齢社会における人の生き方や人生の課題について心理学の視点から考察する。図1-1に示すように，社会の近代化にともない，産業化，都市化，文明の発展にともなう教育の普及，情報化，制度・役割の分化と女性の地位の向上などの近代化の要因が人口動態（人口移動，出生率，死亡率）に影響して，人口のエイジング（高齢化）を招来した。その結果，人口構造の変化，地位・役割構造の変化，経済構造の変化，生活構造の変化がもたらされ，世界・国家・地域・家庭・個人のさまざまな領域で高齢社会の諸問題が生まれてきた。個人のエイジング（寿命の伸長）により，生活行動，生活時間，生活意識など，生活構造に過去に例を見ないほどの大きな変化がもたらされ，それらにいかに対応していくかの心理的，社会的課題が山積している[★1]。

1　老年心理学が必要となった歴史的・社会的背景

　ホール[★2]（Hall, G. S.）の著わした『老年期（*Senescence:The last half of life*）』によれば，紀元前500年ごろのギリシャ時代の平均寿命は10歳代後半，そして古代ローマ帝国時代の平均寿命は20歳代であったと記述されている。米井[★3]によれば，乳幼児死亡も含めた人の平均寿命は，中世から近世（1600年代まで）

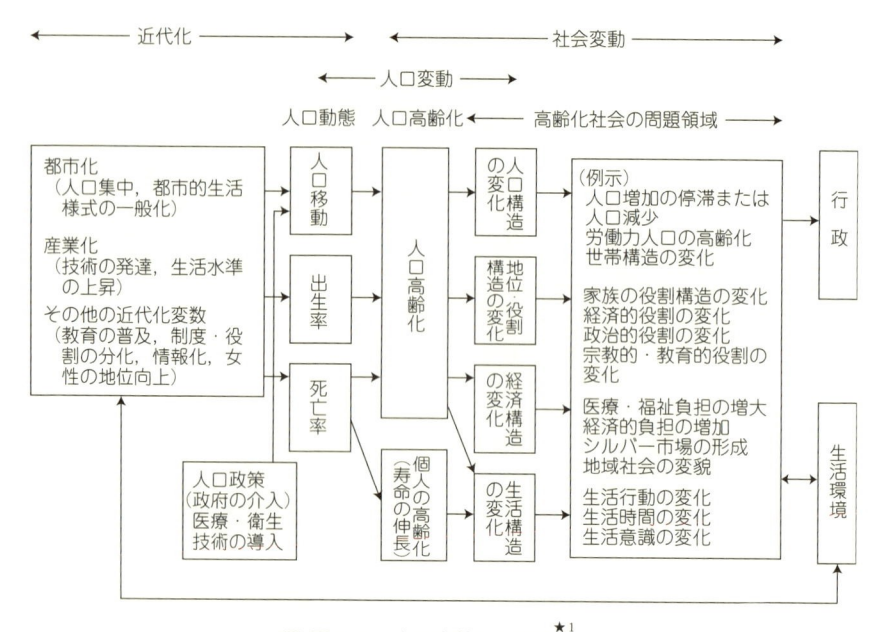

```
←――― 近代化 ―――→   ←―――― 社会変動 ――――→
          ←―― 人口変動 ――→
     人口動態  人口高齢化← ―― 高齢化社会の問題領域 ――→
```

| 都市化
（人口集中，都市的生活様式の一般化）
産業化
（技術の発達，生活水準の上昇）
その他の近代化変数
（教育の普及，制度・役割の分化，情報化，女性の地位向上） | 人口移動
出生率
死亡率 | 人口高齢化 | 人口変化の構造
地位・役割構造の変化
経済変化の構造
（個人の高齢化（寿命の伸長））
生活変化の構造 | （例示）
人口増加の停滞または人口減少
労働力人口の高齢化
世帯構造の変化
家族の役割構造の変化
経済的役割の変化
政治的役割の変化
宗教的・教育的役割の変化
医療・福祉負担の増大
経済的負担の増加
シルバー市場の形成
地域社会の変貌
生活行動の変化
生活時間の変化
生活意識の変化 | 行政

生活環境 |

| | | | |
| 人口政策（政府の介入）
医療・衛生技術の導入 | | | |

■ 図1-1　人口高齢化の関連図[★1]

は20歳代後半，18世紀中ごろでは30歳代半ば，19世紀末ごろは40歳代になり，20世紀初頭には50歳代後半に至った。日本における平均寿命の推移をみると，縄文・弥生時代を経て室町時代から江戸時代初期ごろまで，ほぼ30歳前後で推移し，江戸時代後期から明治時代（明治24〜31年の調査に基づく第1回完全生命表：以下，生命表と略す）の平均寿命は男子42.8歳，女子44.3歳となった。以後は緩やかな延びが続き，1947（昭和22）年の第8回生命表で初めて男女ともに50歳を超えた。その後，女子は第9回生命表で，男子は第10回生命表で60歳を超え，第10回の生命表で女子は70歳を超え，第13回生命表で男子も70歳を超えた。さらに1985（昭和60）年（第15回生命表）で，女子は80歳を超え，男子も80歳を目前にしている。[★4]　そして21世紀の現代では，医学，食物栄養学，環境諸科学の急速な進歩にともない，大半の国々で平均寿命が60歳を超え70歳に近づくほどに人類が長生きすることになり，未曾有の人口爆発と長命化に至っている。

加齢＝老化の究極は，個人の死である。高齢になるほど，老化は進み，身体能力も低下し，病気にも感染しやすくなり，虚弱化を招くのは避けられない。数世紀前までは，このような老化の極限に至る人は少なく，また介護や看護を担う人の負担も少なく，余裕の看病と看取りの中にあったといえる。歴史的にみると，老いは若い他の世代からみれば，疎ましいもの，忌み嫌うものという否定的な老人像としてとらえられることも多かったが，時代と国・地域による違いはあるものの，大方の国々では，老人は長く生きられた証として尊敬の対象であった。近代の人口の急増とその生活条件の悪化により，現代に近づくにつれて，老いは否定的にみられることが多くなってきたといえる。現代では，大方の国において「エイジズム（年齢差別）」が蔓延している。人はみな歳をとると呆ける，性的能力も関心もなくなる，進取の精神もなくじっとしている，心身ともに疲弊している，病気になる……などの思い込みが社会（人々）に根強いことも否定できない。

21世紀初頭の現在，わが国の成人人口の半数は50歳以上である。要介護高齢者の数も，2005年現在で120万人，2050年には230万人に至ると推計されている。世界の高齢者人口は，現在6億人，21世紀の中葉には12億人となり，世界の総人口の半分が40歳以上の成人で占められると推計されている。このような高齢者人口の増加は，老いの暗い病理ばかりがめだちやすく，その背景に潜む老いの明るい生理を見逃しがちである。教育や異世代間の交流を通して，老いの明るい生理を社会に明らかにし，高齢世代が生きやすい社会の構築をめざさなければならない。老いの心理や生理を正しく理解し，そして異世代間の交流活動を通じてふれあうことの喜びや感動を味わい，感性・感情で理解していくことが，老いの実態を正しく知ることにつながると思われる。

2　生涯発達としての老年期の位置づけ
―心理・社会的存在としての高齢者の意義―

橘[5]は大著『老年学』において「人間を老いと死からいかに守るか？　という考察から，エイジング（aging）という新しい概念が発見され，老年学

(gerontology) の生誕につながった」と述べている。それ以前は，高齢期の関心といえば，老年病学（geriatrics）が中心であったが，この老年学という学際的学問が設立した以後に，心理学や社会学，法律学，経済学，人口学，社会福祉学などの隣接諸科学が幅広く参加するようになった。老年心理学の学際的研究の傾向は，1945年に米国に老年学会（Gerontological Society）が創設されたこと，そして1946年には当会の機関誌『Journal of Gerontology』が刊行されたことが大きな契機となった。その創刊号の表紙には，「年齢に生命・人生を加えるのであって，生命・人生に年齢を加えるのではない（To Add Life to Years, Not Just Years to Life）」と記されている。これは，改めて解釈するまでもなく，老年学の使命は，寿命延長だけではなく，高齢期の生活の質にも目を向けていくべきであるという意味であり，今日の高齢社会の課題の本質を突いたまさに至言といえよう。

もう1つの成人期の発達研究を促したのは，ユング（Jung, C. G,），ビューラー（Bühler, C.），ハヴィガースト（Havighurst, R. J.），エリクソン（Erikson, E. H.），ペック（Peck, R. C.）そしてレヴィンソン（Levinson, D. J.），バルテス（Baltes, P. B.）らによって，生涯発達論や成人発達論が台頭してきたことである。西村[6]ならびに堀[7]の解説をもとにすれば，生涯発達論の理論化に貢献した心理学者の業績は以下のようにまとめられよう。

① ユングは，彼の師のフロイト（Freud, S.）と対照的に，人生後半の発達に注目して，それまでの青少年中心の発達観とは異なる生涯発達観を提示した。40代を人生の正午とし，初老期である50～60代を人生の午後3時と捉えた。老年期はそれまで見えなかった自己の影が色濃く目に入ってくる世代で，喪失が急激に迫ってくる年齢層であるが，その反面，人生後半期の内面化の過程を衰退としてではなく，成長として捉え，老年期の意義を強調している。人生の前半の発達が労働と愛による社会的位置の定位のためのものであるとするならば，人生後半の発達はそれまでに抑圧してきた内なる自然や自己の真の姿の発見（＝個性化）にあるとした。

② ビューラーは，人生を人生周期（ライフサイクル）という視点から分析した最初の人であるといわれている。彼女は，400名に及ぶさまざまな人

たちの伝記や自伝に基づき，人の一生を5つの段階に分類して，それぞれの時期の特徴と課題を明らかにしようとした。前進的成長の時期（0〜15歳）を第1期として，思春期以降の人生を4期に分けて，独自の生涯発達論を展開している。すなわち，第2期としての思春期（15〜25歳）は，探索と自己定義の拡張期で，安定した適応をもたらすための能力の発展期，第3期としての成人前期（25〜45歳）は，人生の全盛期・安定期で，職業の選択，結婚，家庭経営の中での自己実現の時期，そして第4期としての中年期（45〜65歳）を，人生の仕上げと諸機能の低下の時期として，それまでに確立した自己の価値の査定・再評価の時期と捉えている。第5期としての老年期（65歳〜）は，引退と回顧の時期で，低下するエネルギー（体力・知力）の現状を知り，可能な限り自己実現に向かう時期であり，自己の人生の成果や達成を内省したり，展望したりする時期とみなしている。

③　ハヴィガーストは，『発達課題と教育（Human Development and Education）』という大著において[★8]，発達課題（developmental tasks）の考え方を提起した。発達課題とは，個人の生涯のいろいろな時期に生じるもので，個人の成熟と課題解決への個人的欲求（意欲）と社会の要請（強制力）がなければ課題解決は困難となるとしている。各発達段階に設定された個々の課題の解決に成功すれば個人は幸福になり，その後に続く発達課題の達成にも成功するが，失敗すれば個人は不幸になり，社会でも承認されず，その後の課題の達成も困難になるというものである。彼は，人生を6期に分けて，それぞれの段階ごとに，その年齢集団に要求される発達課題群を提示している。

　老年期の発達課題群は，肉体的な力と健康の衰退に適応すること，引退と収入の減少に適応すること，配偶者の死に適応すること，自分と同じ年ごろの人々と明るい親密な関係を結ぶこと，社会的・市民的義務を引き受けること，肉体的な生活を満足に送れるように準備すること，であるとしている[★8]。

④　エリクソンは，ハヴィガーストの発達課題論をより一般的な形で取り入れて，人間の自我発達の過程として捉えている。生涯の発達段階を8期に

分けて，独自の心理・社会的発達段階説を提起した。彼は，ユングのライフサイクル論の影響を受けて，自我発達の段階を生涯まで拡大して，成人期には「生産性 対 停滞」，老年期には「自我の統合 対 絶望」を人生の危機課題（life tasks）とした。老年期を円熟期と捉えて，自分の一回限りの人生はそうあらねばならなかったものとして受け入れるということが自我の統合感であり，その達成は「知恵」という徳の獲得につながると考えた。

⑤　ペックは，エリクソンのライフサイクル論を受けて，必ずしも十分に考察の対象とされなかった中年期と老年期に関して，より深い考察を試みている。すなわち，中年期は，体力の危機，性的能力の危機，対人関係の危機，思考の危機という心理・社会的な危機課題が起きることを指摘している。老年期の危機課題として，引退の危機，身体的健康の危機，死の危機をあげている。

⑥　レヴィンソンは，エリクソンの心理・社会的発達段階説を生活構造の形成という観点から捉え直すことを試みた。発達段階をより詳細に力動的に捉え直すために，深層面接による自伝的事例研究を用いた。その研究の成果は，『人生の四季（*The Seasons of a Man's Life*）』という著書にまとめられている。成人期においてさまざまな心理的危機が一定の順序で生起してくること，そして老年期は個人の人格の完成期として位置づけられるという文脈で研究されている。彼によれば，大方の人は同じような人生のパターンをたどり，安定期と移行期（エリクソンの発達的危機という概念に類似）とが交互にくり返されながら進むとし，生涯を「前成人期」（0〜17歳），「成人初期」（17〜40歳），「成人中期」（40〜60歳），「成人後期」（60歳以上）の4期に分けている。各時期の最初の数年間が前の段階からの移行期で，心理的葛藤と新たな段階への模索の期間としてみている。特に，成人中期に入る移行段階には，「他者への愛着 対 他者からの別離」「生活のある面の破壊 対 生活の新しい側面の創造」「男性的であること 対 女性的であること」「若いこと 対 老いること」の葛藤を抱えると考察している。

⑦　バルテスは，特に生涯発達的視点から認知（知能）の研究を行ない，そこに文脈論的アプローチを試みている。この方法論では，個々人のライフコースは多様であるが，ライフコースのパターンは常に社会的・環境的・

歴史的影響を受けており，個人の行動・意識の変化は，これらの文脈の検討が必要であると考えている。パーソナリティの発達も同様に，遺伝（成熟）と環境（学習）という発達の規定要因が，年齢的文脈，歴史的文脈，個別事例的文脈で関与して発達変化に影響を与えていることを指摘している。

以上のように生涯発達的視点からの研究に刺激されて，1960年代以降，老年心理学の研究は，より多様な視点から研究されるようになっていった。特に中高年期のパーソナリティの研究の進展にともなうサクセスフル・エイジング（満足のいく老化）の研究とともに，社会的地位・役割問題，エイジズム（年齢差別）や年齢規範の問題などを課題とする社会科学的な研究と関連づけて行なわれるようになった。

西村[6]は，当時のAPA（American Psychological Association：米国心理学会）の作成した心理学関係のデータベースをもとに1970～1989年の20年間の文献を検索して内容を検討したところ，成人発達（adult development）に関する心理学的研究は，1970年代後半以降に論文数が急速に増えたことを明らかにしている。わが国でも，1972年に東京都老人総合研究所が設立され，医科学，工学，社会福祉学，心理学，社会学などの分野の実質的な学際学としての老年学研究がスタートとしたといえよう。これらの時期は，国内外に共通して，人口の高齢化が社会問題としてクローズアップしてきた時期と呼応している。堀[7]によれば，1970年代以降において，米国で成人発達の研究が急速に増えた背景には，人口の高齢化で高齢者人口が増えたこと，人口の高齢化の影響で成人期，老年期に対する理解の必要性が高まったものの，それまでに成人期の心理学の研究がなかったこと，また高齢者に対する否定的固定観念や年齢差別に対する闘いが，しだいに組織化・制度化されたこと，若さや力強さ，生産性などの産業発展期の伝統的な価値観が絶対的なものでなくなり，多様化してきたことなどが影響している。

日本の平均寿命は，2006（平成18）年現在，男性79.00歳，女性85.81歳となった。また健康寿命は2005年時点で男女全体で74.2歳であり，世界第1位である。その意味では，世界的に最長寿国として位置づけられていると言っても過言ではない。しかし，高齢になればなるほど，老化現象は加速し，疾病に

罹患しやすく，医療や介護を要する状況に至ることは否めない。今日，少子化現象などともあいまって，年金・医療・介護などの社会保障の制度危機が到来しており，長い退職後の期間において，いかにして自立した生活，生きがいのある生活を送ることができるかが国家的な課題とされるようになってきた。さらに近年では，75歳以上の後期高齢期，90歳以上の超高齢期の人口が急増しつつあり，彼らの生活の質（QOL: quality of life）をいかに高めるかの研究や社会的対策が急務とされている。

3 人口の高齢化がもたらした社会の状況

1 人口ピラミッドの現代的特徴

2005（平成17）年の国勢調査確定値によると，日本の総人口は1億2,777万人とされている。そのうち，65歳以上の人口は2,567万人（総人口比の20.1％）である。この65歳以上人口（老年人口）を総人口で割った比率を「老年人口比率（高齢化率）」とよび，国の人口がどれだけ歳をとっているかを示す指標である。それに対して，将来の社会を支える世代を若年世代とよぶが，中でも0～14歳の子ども世代を年少人口とよんでいる。

図1-2は，2006（平成18）年10月1日現在のわが国の人口ピラミッドである。年齢3区分別の人口は，年少人口が1,743.5万人（総人口の13.6％），生産年齢人口（15～64歳人口）が8,373.1万人（総人口の65.5％），老年人口が2,660.4万人（総人口の20.8％）となっている。特に年少人口は，1975（昭和50）年（24.3％）より減少し続けており，また合計特殊出生率（p.14参照）も1.25人まで落ち，世界で第2位の低出生率となっている。このように高齢化率と比較して，年少人口比は少なく，7％以上の格差が生じている。すなわち，子どもが少なく，高齢者が漸増している社会が出現してきたのである。

2 今後の高齢化の推移

前述のように，2006（平成18）年の高齢化率は20.8％に至った。2007年に

第1章　エイジング心理学とジェロントロジー

■ 大正生まれ
■ 昭和生まれ
□ 平成生まれ

老年人口（65歳以上）
生産年齢人口（15〜64歳）
年少人口（0〜14歳）

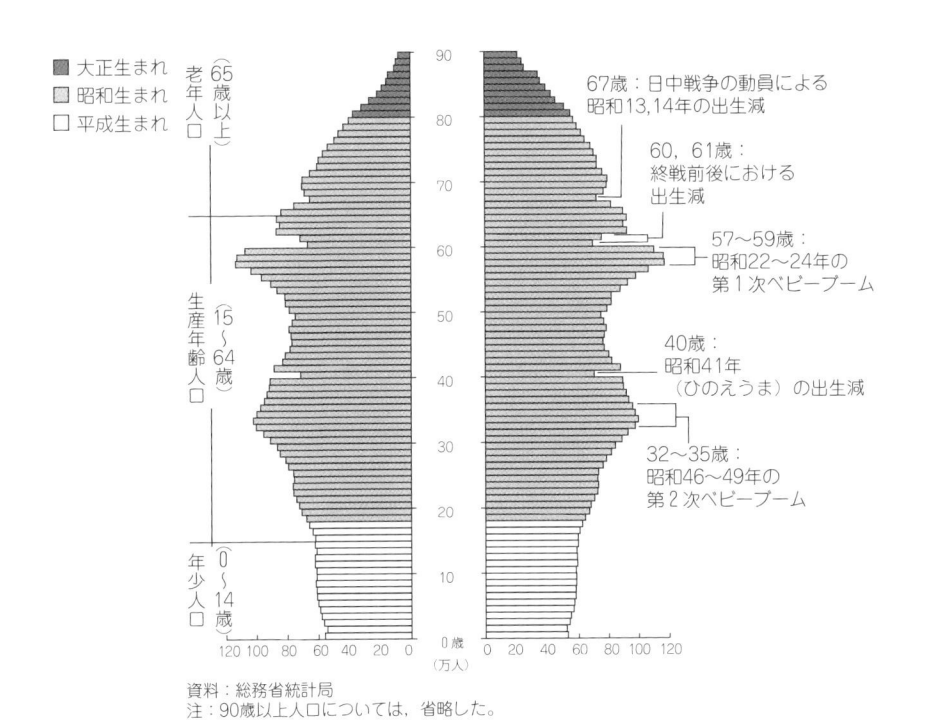

67歳：日中戦争の動員による昭和13, 14年の出生減

60, 61歳：終戦前後における出生減

57〜59歳：昭和22〜24年の第1次ベビーブーム

40歳：昭和41年（ひのえうま）の出生減

32〜35歳：昭和46〜49年の第2次ベビーブーム

資料：総務省統計局
注：90歳以上人口については，省略した。

■ 図1-2　わが国の人口ピラミッド（2006年10月1日現在）

は高齢化率が21％を超えると予想されており，わが国は国連の定める「超高齢社会」に突入する。さらにこの値は，2010年には22.5％（2,874万人）に至ると予測されている。また，2015年前後には，1947〜1949年生まれの第2次世界大戦後の第1次ベビーブーム世代（＝団塊の世代とよばれ，人口約800万人）が高齢者の仲間入りをすることになる。高齢者の増加は，社会に貢献する十分な能力を持った元気な高齢者層が増加する一方，寝たきり状態になったり経済力が低下したりして，生活上の援助や介護を必要とする後期高齢者（75歳以上）の増加にもつながる。2006（平成18）年度現在，全人口に占める後期高齢者の比率は，9.5％に至り，老年人口全体の4割以上を占めている。このように後期高齢者の増加にともない，要介護高齢者も急増し，2025年には，520万人にまで増加すると見込まれている。[★10] 要介護高齢者とは，さまざまな病気治療中

11

の人やその後遺症で寝たきり状態になった人や認知症の人たちが含まれる。認知症の人は，家族や地域のヘルパーの介護，看護師や医師の治療，理学療法士や作業療法士によるリハビリテーション，栄養士による食事管理や栄養指導などを受けることになる。現在では，介護保険法という公的な社会保障制度で，その経費がまかなわれている。すなわち，65歳以上の日本国民は，介護保険証という保険証が発給され，介護が必要になったら，その介護保険証を使って，いろいろな介護サービスを受けられるようになっている。しかし，今後は要介護状態の人をできるだけ少なくして，高齢になるまで自立した生活ができる身体的能力と精神的能力を維持すること，すなわち介護予防が目標とされている。

3 介護予防対策

では，そのような自立した健康状態でいられるためには，若いときからの健康な体づくりへの努力が必要となる。現在，中年期，高齢期に大病を患わないように，寝たきりにならないように，認知症にならないようにするためには，健康維持に役立つ正しい生活習慣（運動，栄養，休養が3大健康資源とよばれている）を身につけておくことが，何よりも大切であるといわれている。生活習慣病を予防するために，20年ほど前から各種の国民健康づくり対策が実施されている。厚生労働省では，生涯，特に中年期，高齢期の健康の維持をめざして，1993（平成5）年に「健康づくりのための運動指針」を策定し，「歩くことから始めよう」「1日30分を目標に」などわかりやすい内容で，身体活動・運動の普及啓発を図ってきた。さらに，2005（平成17）年には，新たな国民のための運動所要量の策定がなされた。また1994（平成6）年に策定した休養指針では，「生活にリズムを」「ゆとりの時間でみのりある休養を」などの健康づくりのための休養に関する情報提供を行なってきた。また，現在実施されている「健康日本21」（米国のhealthy people 21の日本版）では，睡眠に関する目標を設定して，その達成に向けた実践を進めていくため，2003（平成15）年に「健康づくりのための睡眠指針」を策定し，普及啓発を行なっている。[11]このように，国民が健康でいられる時間を，できるだけ保持するために，各種の健康づくり対策が，市区町村の自治体を中心に継続的に実施されている。

4 人口の年齢構造の変化

　日本の現在の人口の高齢化の推移（子どもや20代, 30代の若者世代が少なく, 40代以降の中年者や60代以降の高齢者が増えるという逆三角形に近づく人口構成）は，日本だけの現象ではなく，東アジアの国々，特に韓国や中国でも起きつつある。2004年現在，韓国は，高齢化率8％程度，中国は7％程度であるが，韓国は20年後に，中国は25年後に現在の日本と同じ程度の高齢化率（20％）になると推計されている。過去半世紀の間に，世帯主を中心とした直系3世代以上の世帯は全世帯のわずか1割，高齢者世帯（65歳以上の者のみで構成する世帯）に限定しても，子どもや孫との同居率は高齢者総世帯数の半数近くに激減している。また1年間に，祖父母と孫が顔を合わせる機会も少なく疎遠化し，お互いの世代のことを知らない時代になっている。

　高齢者が増えるということは，老後の年金や医療費や介護経費も増えるということを意味している。今日，「公的保険制度」の給付財源が逼迫し，現役世代の負担がますます増加しつつある。このように，若者世代や壮年世代が高齢者世代と無関係を装うことは，もはやできなくなってきている。毎日の暮らし向きに直接影響する課題となり，まさに「21世紀は高齢者の世紀」といわれる時代になっている。高齢者や高齢社会の実情や，今後早急に解決していくべき諸課題の重要性を，年齢の若い児童・生徒の時代から，自覚しなければならない。

　また，歳をとるほど体力も低下し老化も進行し，病気にも罹りやすくなる。老化が進む中で，ある人は重病に罹り，寝たきりや認知症にならずに亡くなる。またある人は，病気になったが幸運にも命は取りとめたものの，寝たきり状態になってしまう。また，病気の有無にかかわらず，認知症になってしまう人もいる。このように好むと好まざるとにかかわらず，いろいろな老後がある。特に，寝たきりや認知症の高齢者を「要介護高齢者」とよび，2025年には，520万人にまでの増加が見込まれている。[★10] このような人たちの介護や看護を担う人材の養成や介護の質を高める技術の向上が今後の課題とされている。

5 死亡率の低下と平均寿命の伸長

今日，私たちは，科学技術の進歩で農作物の生産高が増大して食生活が豊かになるとともに，栄養状態が改善されて病気になりにくい身体になってきた。また病気になってもその治療法の格段の進歩によって，すぐに死亡に至ることはなくなった。2006（平成18）年現在の日本の平均寿命は，男性79.00歳，女性85.81歳で，世界最長の長命国になっている。そのように個人が長生きできるようになったことも，平均寿命が延びたおもな原因の1つであるが，それ以上に人口が高齢化した最大の要因は，出生率の低下であるといわれている。

(1) 出生率

わが国では，高齢者世代の増加とともに，新たに生まれる乳幼児の数が減少している。1人の女性が一生の間に生む子どもの数のことを「合計特殊出生率」（以下，出生率とよぶ）というが，2004（平成16）年度の国別比較によると，イタリア1.18人，日本1.29人，ドイツ1.41人となっている。このように，日本は世界有数の少子国で，2004（平成16）年に生まれた子どもの数は，120万人以下となっている。つまり，医学や医療技術の進歩と栄養の改善にともなって，人は死ににくくなり，他方，新たに生まれる新生児の絶対数が激減しているということになる。その理由の大きなものとして，母親となる若い女性たちが職業を持ち，社会で活躍する機会が増えたことや，子育てに多額の養育経費と教育経費がかかり，子育ての物心両面における負担感が大きすぎることがあげられる。育児はやりがいがあり，物心ともに負担も多くなく楽しくできるという子育てイメージや保育環境を整備していくことが，少子化に歯止めをかける契機になると思われる。

(2) 少子化の進行

日本の出生率は，2005（平成17）年現在1.25人で，戦後最低の水準となっている。東京都に限定してみると出生率1.0人以下で，まさに超少子化というべき状況にある。少子化とは，出生率2.1人未満を続けていることを意味している。東アジア全体でみても，少子化が続いているが，「一人っ子政策」を実施している中国が，その低下傾向を引っ張っているのが現状である。2005（平成17）年現在，中国の高齢者（65歳以上人口）は約8,800万人で，世界一の高

齢者数である。韓国は，高齢化率が7％から14％になる期間，すなわち高齢化社会から高齢社会に移行する期間がわずか20年と，日本の同一移行期間の24年を超えて世界で最短になると推計されており，平均寿命世界一の日本を加えると，東アジア3国で，世界の高齢社会の人口問題をリードしていることになる。このような世界規模で進行している人口の高齢化の中で，高齢者にかかわる介護や貧困問題などの負の遺産ばかりでなく，高齢者を生産者として位置づける産業構造の変化，高齢者をおもな消費者とする市場経済の展開，高齢者を中心とした老人文化の開花といった産業・経済・文化の新たな発展も期待されている。

4 ジェロントロジーの概念と領域
—ジェロントロジー教育の必要性—

　ジェロントロジー（Gerontology）とは，日本語では「老年学」と訳される。語源は，ラテン語のGeront（老人）＋logos（学問）に由来しているといわれている。[12]人口が高齢化していくと，「厚生労働白書[11]」に書かれているような，さまざまな社会的変化が起き，そういう変化が子どもに企業に，あるいは政府にさまざまな影響を及ぼしていく。しかもこれらの影響性は相互に関連しあっており，この分野だけでよいというものでもなく，全体的な視点をもって取り組んでいかないと解決できないという観点から構築された学問が「老年学＝ジェロントロジー」であるといえる。21世紀は，老年学が今後ますます重要となることは必定で，生まれてから死ぬまでの人の心身に認められる加齢現象や高齢社会の特質について研究する学問であると定義されている。アメリカではジェロントロジーがかなり盛んで，分野としては研究，教育，活動，事業，政策とに分かれている。[13]研究の分野に限定してみても，遺伝学，医学などの自然科学，心理学，社会学，法律学などの社会科学，さらに哲学，宗教，人間学などの人文科学など，他分野から研究の成果を持ち寄って，老年や高齢社会の諸問題に取り組み，解決策を模索していくという学問として位置づけられている。そういう研究成果を教育という形で供給している大学等の高等教育研究機

関が，米国には約 300 ほどあり，ジェロントロジー教育の原理原則を教育したり，世代別の老年学用テキストの開発などを行なっている。米国のジェロントロジーを取り巻く環境は多領域にわたっており，社会・個人に関わる老年学は，「研究」と「教育」と「実践」の面からアプローチしようとしている。研究においては，米国老年学会（GSA: The Gerontological Society of America）や高齢化に関する全米委員会（NCOA: National Council on the Aging）などがあり，教育においては，ジェロントロジー高等教育協会（AGHEA: American Gerontology Higher Education）や全米エイジング教育学習アカデミー（NATLA: Nation Academy Teaching Learning Association）や Aging101（中学・高校でのカリキュラム）などの組織がある。そして，実践の場として，全米退職者協会（AARP: American Association for Retired Person）や高齢化に関する全米協議会（ASA: American Society of Aging）等がある。

　このように1つの学問分野から研究・教育していくのではなく，さまざまな学問分野から，老いの問題にアプローチしていくことが特徴とされる。すなわち老年学とは，学際的研究によって成立する新たな学問である。老年学は，既述のように，米国で 1945 年に誕生した学問で，その研究成果は，毎年季刊される『Journal of Gerontlogy』（現在は，医学・生物学領域，心理学領域，社会学領域に分冊刊行）という権威ある研究誌に掲載されている。心理学・社会学領域の研究テーマの例をあげると，「高齢者のメンタルヘルス」「高齢者によいサービスを提供する方法の開発」「終末期・治療期の患者の精神的医療」「認知症性高齢者に対するキュアとケア」「高齢者の心身の実情に即した各種製品の開発」などである。

　私たちは，ともすると暗い老いの病理に目を向けがちになるが，明るい老いの生理に目を向けて，加齢をポジティブに捉えるということに主眼を置くべきであるとする哲学を有しているのが，老年学が新たに生まれた思想的背景である。老年学の精神は，「幸福な老い」「理想的な老い」すなわち「サクセスフル・エイジング」を追求することである。老年学は，加齢（老い）は万人に例外なく平等に起きる現象とみなし，老いることを衰退とみるのではなく，発達と捉え直す学問ともいえる。そして，高齢者から学ぼうという姿勢，まわりの人々が，高齢者を積極的に評価すること，高齢者が潜在的に持っているポジティブな面

を引き出すこと，高齢者が持つ有形・無形の資産を社会に生かすための方法を模索することを目的にしている。このように，加齢について，明るい積極的な面を研究し，その成果を学問として集大成していこうという目標を持っている。老いることは，よいこと，自然なことであり，いろいろな老いの姿が社会に受け入れられることで，高齢期の存在が社会にきちんと根づくようになることをめざしている。21世紀の半ばには，世界の人口の過半数は，40歳以上の人で占められると推計されている。それは，現在10代である若い世代が，高齢者の仲間入りをする時期にあたる。21世紀は，まさに全人類で「加齢」を共有する時代であるといえる。その時に，高齢世代，つまり自分たちが社会から，家族からどのようにみられ，どのように処遇されるかは，現在の若者世代を対象とした老年学教育のあり方にかかっているといえるだう。

文　献

- ★1　嵯峨座晴夫　1996　エイジング（社会）現代エイジング辞典　早稲田大学出版部　Pp. 35-36.
- ★2　Hall, G. S.　1922　*Senescence: The last half of life*. New York: Appleton.
- ★3　米井嘉一　2003　イラスト図解・老化と寿命のしくみ　日本実業出版社
- ★4　NPO法人・日本ケアフィットサービス協会　2005　寿命の変遷　じぇろ Vol.1　6-9.
- ★5　橘　覚勝　1971　老年学：Gerontlogy―その問題と考察　誠信書房
- ★6　西村純一　1994　成人発達の心理学　酒井書店
- ★7　堀　薫夫　1995　老年心理学の基礎　村井潤一・藤田綾子（編）　セミナー介護福祉―老人・障害者の心理　ミネルヴァ書房　Pp. 1-15.
- ★8　Havighurst, R. J.　1953　*Human Development and Education*. New York: Longmans, Green. 荘司雅子（訳）　1958　人間の発達課題と教育―幼児期から老年期まで　牧書店
- ★9　Levinson, D. J.　1978　*The Seasons of a Man's Life*. New York: The Sterling Lord Agency. 南　博（訳）　1992　ライフサイクルの心理学（上・下巻）　講談社
- ★10　厚生統計協会　2004　国民福祉の動向　第52巻第12号　厚生の指標〈臨時増刊〉
- ★11　厚生労働省　2004　厚生労働白書　平成16年版
- ★12　高橋　亮・柴田　博　1999　アメリカ合衆国の老年学教育　老年社会科学，**21**（3），358-371.
- ★13　宮内康二　2004　第29回ジェロントロジー高等教育協会（AGHE）2003年度年次総会報告資料　第4回早稲田大学心理学会・老年学研究部会発表

【参考文献】

厚生統計協会　2006　国民福祉の動向　第53巻第12号　厚生の指標〈臨時増刊〉
国際長寿センター（監）　2001　ジェロントロジーを求めて―高齢社会のあり方を考える　国際長寿センター
Atchley, R. C., & Barusch, A. S.　2004　*Social Forces and Aging: An Introduction to Social Gerontology*.

10th ed. Belmont, CA: Wadsworth/Thomson Learning. 宮内康二(監訳) 2005 ジェロントロジー――加齢の価値と社会の力学 きんざい
マドックス G. L. (編)エイジング大事典刊行実行委員会(監訳) 1997 エイジング大事典 早稲田大学出版部
老年心理学研究会(編) 1975 スタンレー・ホールの「老年期」について 老年心理学研究, **1** (1), 41-49.
厚生労働省 2006 厚生労働白書 平成18年版
Havighurst, R. J. 1972 *Developmental Tasks and Education*. 3rd ed. New York: David Mckay. 児玉憲典・飯塚裕子(訳) 1997 ハヴィガーストの発達課題と教育――生涯発達と人間形成 川島書店

第2章

生涯発達とその研究法

1 生涯発達研究法の特徴

1 生涯発達心理学の目的と課題

　生涯発達心理学（life-span developmental psychology）は，人間の受胎から始まり，成人期・老年期を含む人間の全生涯に生起するすべての心理学的な発達変化の記述と説明を目的とする。

　しかし，従来の発達心理学では，人生初期の急速な成長・発達変化は青年期の終わりにピークに達し，成人期は安定期すなわち発達停滞期とみなされていたため，成人期以降には研究に値する発達変化はもはやないと仮定されていた。そしてまた，「発達」という用語を成人期にまで延長することに対する発達心理学者の心理的抵抗感の存在も，青年期以降の発達研究が遅れた原因であろう。

　だが，児童・青年の心理特性が，成人期以降の心理特性との比較によって，その独自性が明らかになるとすれば，青年期以前に関する心理学もまた，全生涯とのかかわりを前提として成立するはずである。

　「成長（growth）」と「成熟（mature）」という用語は，これまで，成熟のピークである「完態（perfect state）」をもって発達過程の終局状態と仮定され，使用されてきた。すなわち，その後の変化は，「発達（development）」ではなく，「減退（decline）」または「老化（aging）」とみなされてきたのである。

　しかし，生物学的成長（biological growth）から生物学的老化（biological

aging) への発達的交代 (developmental change) は，発生学 (genetics) の見地からみれば必ずしも成人期以降のみにみられるというものではなく，出生早期からみられる現象である（たとえば，皮膚の老化現象，脳細胞の老化現象，新生児反射から自律的行動への発達的交代）。こうした生物学的変化に精神発達 (mental development) を重ね合わせて人間を捉えようとするのが，生涯発達心理学である。

　生涯発達心理学では，一般原理として特定の成熟状態ないしそのピーク（たとえば，知能＝IQ のピーク）というものは仮定せず，発達＝生涯プロセス（社会的知能，知恵，叡智などの特徴とその変化）とみる。したがって，生涯発達心理学の課題は，生涯のさまざまな時点で生じる変化の形態と特徴をつきとめ，その時間的順序と相互的な関係のパターンを探り出すことである。

2　生涯発達心理学の視点と理論

　生涯発達研究は，伝統的な発達理論が，成人期および老年期を適切に概念化していない，という批判から誕生した。伝統的な発達理論の問題点は，単に，研究対象を子どもに限定していたというだけではない。生涯発達研究は，長期間にわたる行為のあり方の変化過程に焦点を当てる点が，他の諸分野と異なり，かつ，その行為のパターンを適応的に変容させるための実践的理論として機能する。したがって，その理論は，没価値的あるいは中立的ではありえず，社会的な価値に対応していることが必要とされる。

(1) 弁証法的視点

　ここでは，まず，幼い時期の経験が，必ずしも将来を規定するものではないことの例をガーゲン (Gergen, K. J.) の著書から引用しよう。[★1]

> 「私の父は，真面目な公務員でした。母は，もっぱら家事に従事していて，私たち子どもに愛情をたっぷり注いでくれました。……どうして，そういうことになったのか，今となってはわかりませんが，ある日，私は，画家，つまり，芸術家になろうと思いました。……そして，不思議なことに，私は成長するにしたがって，だんだんと建築に興味をもつようになりました。……建築も，音楽と同じく，芸術の女王だと思えたのです。」

さて，彼はどのような芸術家になったのであろうか？　実は，この人物は，後にヨーロッパ全土を恐怖に陥れることになる，かのアドルフ・ヒトラーなのである。

次の例はどうだろうか？

> 「私は臆病者でした。強盗，幽霊，蛇に対する恐怖心に，いつも，つきまとわれていました。夜になったら，屋外には出ませんでした。暗闇は，私にとって恐ろしいものだったのです。真っ暗なところで眠ることなんて，ほとんど不可能でした。」

この臆病な若者が，いかなる暴力にも屈しなかったマハトマ・ガンジーへと成長したことを想像できるだろうか。

これらの例からわかることは，若いころの心理的事実に基づくだけでは，長期にわたる人の発達の様相は理解できない，ということである。生涯にわたる変化過程を継時的に捉える視点の重要性は，このような例から示唆される。

発達的変化過程を捉える視点として，たとえば，リーゲル（Riegel, K. F.）は，弁証法的アプローチを提唱した。リーゲルによれば，人間の生涯にわたるプロセスは，外的（物質的），内的（生物学的），個人的（心理学的），そして文化的（社会的）の4次元における相互の葛藤や危機，あるいは矛盾とその解決への努力からなる弁証法的過程とされる。[★2]

たとえば，引退には年金が用意され（物質的），肉体的にも精神的にも過重な負担から解放され（生物学的，心理学的），若い世代にその地位と役割を譲る（社会的）行為ではあるが，一方で，精神的充実がおびやかされ，生きがいを失うことにもなりかねない。このような葛藤や危機を乗り越えるために，引退期にはさまざまな努力がなされる。新たな職を探したり，独立開業をする人，また趣味や学習による生きがいづくりに熱中する人もいる。つまり，こうした4領域の1つまたはそれ以上の領域における再体制化に向かうのである。

そして，この再体制化が，十分に劇的である場合には，そこにいわゆる「発達段階」を認めることもある。いずれにしても，生涯発達心理学で捉えようとするこの再体制化は，きわめて自律的・能動的な判断と行動が要求される行為パターンである。

■ 表2-1　80歳のピアニスト・ルービンシュタインのインタビューへのSOC理論の適用[5][6]

質　問：どうすれば，いつまでもすばらしいピアニストでいられるのか？ 回答1：演奏する曲のレパートリーを減らす（選択） 回答2：少ないレパートリーに絞って，その練習の機会を増やす（最適化） 回答3：指の動きのスピード低下を隠すためにテンポに変化をつける（補償）

(2) SOC理論

　次に，実践理論の例として，バルテス（Baltes, P. B.）の「補償を伴う選択的最適化理論（SOC理論：Theory of Selective Optimization with Compensation）」を紹介しよう。[3]

　バルテスは，常に同時に生起している成長（獲得）と老化（喪失）という人間発達の力動を，両者の比率に関連づけて説明しようとする。この立場から，たとえば，高齢者では，心身機能の低下によってそれまでの水準を維持できなくなった場合への対処法としてSOC理論を適用する。SOC理論では，そのための方略として，これまでよりも狭い領域や特殊な内容を探索し（選択），その狭い領域・特殊な内容に対する適応の機会を増し（最適化），そして，機能の低下を補うための新たな方法や手段を獲得する（補償）ことによって，新たな発達的適応が可能であると考えている。[4]この理論の説明のためにバルテスの用いる例として，高名なピアニストであるアーサー・ルービンシュタインが80歳になったときのインタビューを表2-1に示した。[5][6]

2　研究のモデル
—ライフサイクルとライフコース—

1　発達段階とライフサイクル

　受胎から死に至る生涯プロセスを，ジンバルドー（Zimbardo, P. G.）は9つの段階に分類した。[7]

　各段階と段階の間には，心理的に劇的な変化過程（再体制化過程）が認めら

れる。段階の変化過程には，こうした心理的変化に基づいて生活環境の変化が生じたり，あるいは逆に，社会的にあらかじめ準備された環境の変化が心理的変化を促す要因となって，私たちの人生は展開していく。たとえば，6歳になると小学校，12歳で中学校に入学し，18歳で高等学校を卒業する。そして，20歳代に就職と結婚によって親から独立するのが通常の人生である。一般的な被雇用者は，60歳代で職業から引退して老年期の生活に入る。

このような変化過程をライフサイクル（人生周期）とよび，標準的な人生のあり方を示そうとする。心理学的なライフサイクル論においては，なんらかの心理的側面に焦点を当てて，その変化過程（再体制化過程）を記述することによって，人の発達の様相を捉えようとする。表2-2には，ピアジェ（Piaget, J.）の認知の発達段階，フロイト（Freud, S.）の心理性的発達段階，エリクソン（Erikson, E. H.）の心理・社会的発達段階，およびコールバーグ（Kohlberg, L.）の道徳性の発達段階が示されている。ピアジェとフロイトは，ともに初期発達が人生後半期を規定するという考えを基礎においていたため，青年期までの記述にとどまっているが，ピアジェの認知発達を応用したコールバーグとフロイトの自我理論を発展させたエリクソンは，生涯に及ぶ発達段階を構想した。

発達段階論には，次のようないくつかの前提がある。各段階は質的に異なり，その順序で一つひとつ順に通過する。この順序に個人差はないが，段階を通過する年齢には個人差がある。そして，到達しうる最終的な水準にも個人差が存在する。

各段階は質的に異なるが，各段階間がまったく乖離（かいり）していて完全な不可逆性が支配しているというわけではない。通常は，後続の段階がおもに諸機能を支配しているものの，前段階の特徴が完全に消え去っているというものではなく，その性質は徐々に消失していくが，複数の段階の特徴は共存しうるものである。また，子どもの幼児がえりに認められるように，特殊な事情あるいは特定できないなんらかの条件によっては，すでに通過してきた古い段階の特徴が現われることもある。

■ 表2-2 生涯発達の諸段階[7]

段階	年齢期間	主要な特徴	認知的段階（ピアジェ）	心理性的段階（フロイト）	心理・社会的段階（エリクソン）	道徳性段階（コールバーグ）
胎児期	受胎から誕生まで	・身体の発達	ー	ー	ー	ー
乳児期	誕生から約18か月まで	・移動運動の確立 ・言語の未発達 ・社会的愛着	感覚運動期	口唇期 肛門期	信頼 対 不信	前道徳期 (段階0)
児童前期	約18か月から約6歳まで	・言語の確立 ・性役割の獲得 ・集団遊び ・就学「レディネス」とともにこの段階は終わる	前操作期	男根期 エディプス期	自律性 対 恥・疑惑 自主性 対 罪悪感	服従と罰 (段階1) 互恵性 (段階2)
児童後期	約6歳から約13歳まで	・操作の速さを除いて，多くの認知過程が成人なみになっていく ・チーム遊び	具体的操作期	潜在期	勤勉性 対 劣等感	良い子 (段階3)
青年期	約13歳から約20歳まで	・思春期の始まり ・成熟の終わり ・最高度の認知の発達 ・両親からの独立 ・性的関係	形式的操作期	性器期	自我同一性 対 自我同一性拡散	法と秩序 (段階4)
成人前期	約20歳から約45歳まで	・職業と家庭の発達			親密性 対 孤立	社会的契約 (段階5)
成人中期（中年期）	約45歳から約65歳まで	・職業が最高のレベルに達する ・自己評価 ・「空の巣」の危機			世代性 対 自己陶酔	原理 (段階6または7，いずれもまれに出現)
成人後期（老年期）	約65歳から死まで	・退職 ・家族や業績を楽しむ ・依存性 ・やもめ暮らし ・健康の弱さ			統合性 対 絶望	
死	ー	・特別な意味をもった「段階」				

2　エリクソンのライフサイクル・アプローチ

　段階理論またはライフサイクル・アプローチの例として，ここではエリクソンの心理・社会的理論を取り上げる。

　エリクソンは，幼児期の研究から始め[★8][★9]，次いで青年期の自我同一性の研究[★10]，そして最後には老年期の研究[★11]まで，まさしく生涯発達を研究対象とした。

　エリクソンの研究領域は，精神分析学に立脚した自我発達（ego development）であるが，エリクソンは，自我の機能は現実社会の要求に適応することであると規定し，社会的存在としての人間の発達過程を，社会的な要求に基づく新たな順応力の変化として捉えた。人間は，発達の新たな段階に至ると新たなる社会的な「危機」に直面する。それを乗り越える能力の健康な発達によって新たな「徳」が生まれ，次の段階に発達していくが，解決できない場合には，神経症的パーソナリティが形成されると考えた。

　エリクソンは，幼児期から老年期に至る8段階を示したが，青年期の「自我同一性 対 自我同一性拡散」は，青年心理学の重要なモデルとなり，今日に至るまで青年期の諸問題の理論的根拠となっている。また，死後出版された『ライフサイクル，その完結（*The Life Cycle Completed: A Review*）[★12]』では，平均寿命が格段に長くなった現代の先進諸国における超高齢者を対象とする第9段階の構想があったことが明らかにされている。

3　ライフサイクル・アプローチの問題点

　人間の発達に遺伝的規定性があり，そのため特に初期発達において，特定の発達順序のもとに特定の行動パターンが発現してくることは否定できない。しかしながら，人間発達は，その初期発達においても大いに偶然に支配される。人間は，歴史的存在であり，社会的存在であるために，常に変化に直面している。その変化は多くの場合，偶発的であり，また，個人の力を超えたところに源がある。

　したがって発達段階は，「偶発的出来事を排除した標準的人生というものがあるとすれば」という仮定のもとでしか意味をなさない。たとえば，調査などで大量データの中の平均的な人生を記述する場合などである。

わが国では，終身雇用制のもとに生きた被雇用者とその妻にみられるような，戦後の高度成長期に築かれた典型的人生コースは消滅しつつある。現代は，特に成人期後期以降において，かつての標準的ライフサイクル論では説明できない，それとは別の生き方をする個人が増加してきているからである。新しい世代の発達的様相は，前の世代の発達プロセスとは異なるために，今や，社会環境の異なる時代に生きる新旧世代を，同一の発達理論で説明することは困難になってきている。

これは，高齢者の生き方にも現われてきている。かつては，老年期は子どもと同居することが普通（標準的）であったが，現在は，子どもと同居する高齢者は半数程度しか存在しない。介護が必要になった場合にも，子どもではなく，ホームヘルパーなどの専門家に頼るか，あるいは施設入居を選択することが増加してきており，要介護状態になった高齢者ですら，終末期の生き方の多様性はますます増加している。

4　ライフコース・アプローチ

生涯発達心理学におけるライフサイクル・アプローチが，時代の変化や個人的な事情への考慮が十分でなかったという反省から，現代のような急速な時代変化や個人のライフスタイルの多様化へ対応するような研究方法が必要になってきている。

近年，おもに社会学や人口学で注目されているライフコース・アプローチは，人間の生物学的成長を背景とする発達への影響力に加えて，その個人の生きる時代に起きた出来事や，個人がその生涯の中で出会う重要な出来事を，発達に影響を与える要因と規定し，それらの相互作用の中で人の発達を捉えようとする。すなわち，生物という普遍性に加えて，同時代性（歴史性）と個人の人生の独自性をも含む研究方法である。

このアプローチによる代表的研究として，エルダー（Elder, G. H.）の第1次世界大戦後の世界恐慌下に生きた子どもたちに関する研究をあげることができる。1929年10月にアメリカで始まった未曾有の経済不況は，約10年に及び，その間の失業者数は，1,000万人以上ともいわれている。エルダーは，この時代の子どもたちを対象に，小学生時代から成人期までの縦断研究を実施し，家

庭の経済的困窮と特に父親の態度の影響によって，子どもたちが，深刻な情緒的不安定に陥り，青年期にはさまざまな問題行動を引き起こすようになり，社会階層が低い男女では，成人期の職業生活にまでその影響が及んでいることを示した。[★13]

5　生涯発達に影響する要因

　ライフコース・アプローチによる観点を，生涯発達心理学に取り入れたバルテスは，人の発達に影響する要因を「標準年齢的影響」「標準歴史的影響」「非標準的影響」に整理し，各要因の及ぼす影響力の一般的な発達的変化を示した[★3]（図2-1）。

　「標準年齢的影響」は，児童期に最も影響力が高く，その後は低下していくが，老年期に，再度，影響力が高まる。暦年齢は，時間的・物理的指標ではあるが，発達初期には遺伝的規定性が強いために，年齢という時間経過にともなう標準的な生物的変化が発達を規定し，相対的に個人差は小さい。一方，老年期には，「死に向かう遺伝的プログラム」に従うために，再び影響力が高まる。

　このような生物的影響とともに，進学・経済的自立・結婚・家族のライフサイクル・職業的地位の変化など社会慣習を含む社会的影響も標準年齢的影響に含まれる。

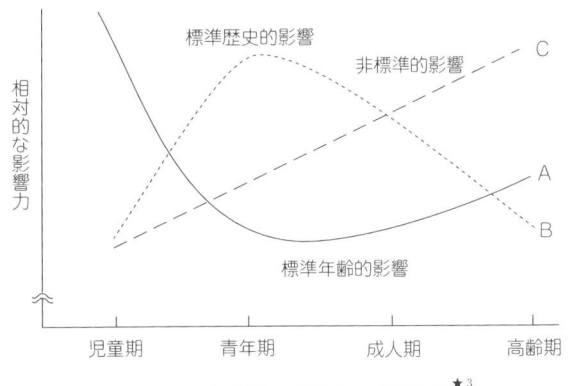

■ 図2-1　相対的な影響力の発達的変化[★3]

「標準歴史的影響」は，人の生涯における同時代性を意味し，歴史的文脈に関連する要因である。すなわち，歴史上のある時点でさまざまな世代に同時に影響を与えるような出来事や社会的・環境的変化による要因である。具体的には，①社会の近代化にともなう物質的・環境的・社会的変化，②人口統計学上の年齢分布・社会階層の構成比率・家族構成・職業構成等の変化，③戦争・経済不況のような社会変動，④大規模な疫病の流行・天災・災害，⑤その他の世代差などをあげることができる。

同時代に同じ地域に生まれた集団を，コホート（cohort）とよぶが，標準歴史的影響は，青年期に特に強力に影響するものの，異なる年齢コホート間ではその影響力も異なるものと考えられる（コホート効果）。先に述べたエルダーの大恐慌時代の子どもたちに関する研究は，人の発達に与える標準歴史的要因の影響を示した例である。

「非標準的影響」は，個人がその人生の中で出会う重要な出来事（ライフイベント）で，就職・配置転換・失業・別居（単身赴任），離婚，大切な人の死，大病，傷害，事故，入院，施設入所，転居，予想外の幸運（宝くじ当選・受賞）などである。入学や結婚などは，標準歴史的影響の要因として扱うことも可能だが，個人的にユニークな経験と考える場合には，ライフイベントとしてもよいであろう。

ライフイベントの影響に関する代表的な研究としては，ライフイベントが心身の健康に与える影響を数量化したホームズ（Holmes, T. H.）らの研究をあげることができる（表2-3）。[14]

非標準的影響の相対的な影響力は，ネガティブなライフイベント体験が加齢とともに増加するために，老年期が最大と考えられるが，同じライフイベントでも，高齢者よりも若者により強い緊張を強いることがあるように，イベントに対する感受性には，年齢差があると考えられている。

表2-3 社会再適応評価尺度[14]

順位	出来事	生活変化単位値	順位	出来事	生活変化単位値
1	配偶者の死	100	23	息子や嫁が家を離れる	29
2	離婚	73	24	姻戚とのトラブル	29
3	夫婦別居生活	65	25	個人的な輝かしい成功	28
4	拘置, 拘留, または刑務所入り	63	26	妻の就職や離職	26
5	肉親の死	63	27	就学・卒業・退学	26
6	けがや病気	53	28	生活条件の変化	25
7	結婚	50	29	個人的な習慣の変更	24
8	解雇	47	30	上司とのトラブル	23
9	夫婦の和解調停	45	31	仕事時間や仕事条件の変化	20
10	退職	45	32	住居の変更	20
11	家族の病気	44	33	学校をかわる	20
12	妊娠	40	34	レクリエーションの変化	19
13	性的障害	39	35	教会活動の変化	19
14	新たな家族成員の増加	39	36	社会活動の変化	18
15	職業上の再適応	39	37	約230万円以下の抵当（借金）	17
16	経済状態の変化	38	38	睡眠習慣の変化	16
17	親友の死	37	39	親戚づきあいの回数の変化	15
18	転職	36	40	食習慣の変化	15
19	配偶者との口論の回数の変化	35	41	休暇	13
20	約230万円以上の抵当（借金）	31	42	クリスマス	12
21	担保, 貸付金の損失	30	43	ささいな違法行為	11
22	仕事上の責任の変化	29			

3 データ収集の方法
―横断法・縦断法・時代差法・系列法―

1 年齢効果・コホート効果・時代効果

　生涯発達に関するデータは，横軸に年齢，縦軸に指標値をとった発達曲線として示される（図2-2）が，このデータには，通常，年齢効果（age effect）に加えてコホート効果（cohort effect），および時代効果（time effect）が混交

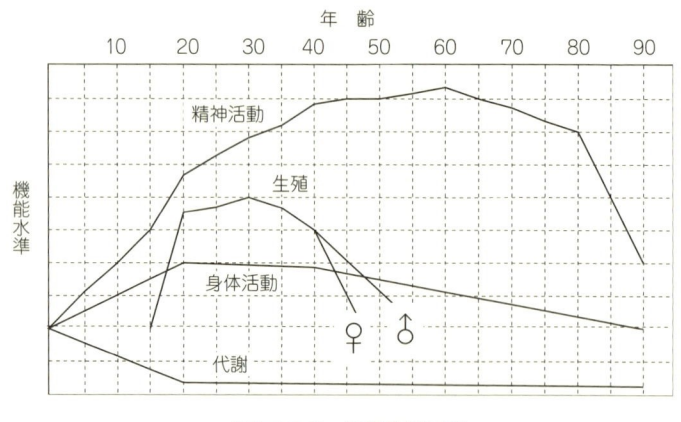

■ 図 2-2　発達曲線の例

していることを考慮する必要がある。なお，年齢効果を成熟効果（maturation effect），コホート効果を世代効果（generation effect），時代効果を歴史効果（historical effect）ということもある。

　年齢効果は，先に述べた標準年齢的影響の指標となる加齢にともなう生物的・社会的変化に与える年齢の効果のことである。発達心理学のおもな興味は，加齢にともなう変化にあるので，データから年齢効果を抽出することが研究の眼目である。しかし，加齢に関連するデータには，どのような時代に生まれた集団なのか（コホート効果），どのような出来事に遭遇したのか（時代効果）という影響が混在しているので，これらの影響を分離する必要が出てくる。また，研究の目的によっては，コホート効果や時代効果自体の抽出を目的とすることもあるので，データに混在するこうした要因には常に注意しておくことが必要となる。

　時代効果は，先に示した標準歴史的影響に対応するが，同じ歴史的出来事でも，年齢が異なればその影響も異なる。これがコホート効果である。

2　横断法・縦断法・時代差法

　図 2-3（a）は，生涯発達データに現われるこれら 3 つの効果を示したものである。横断法（cross-sectional design）は，研究対象とする複数の年齢コホー

第2章　生涯発達とその研究法

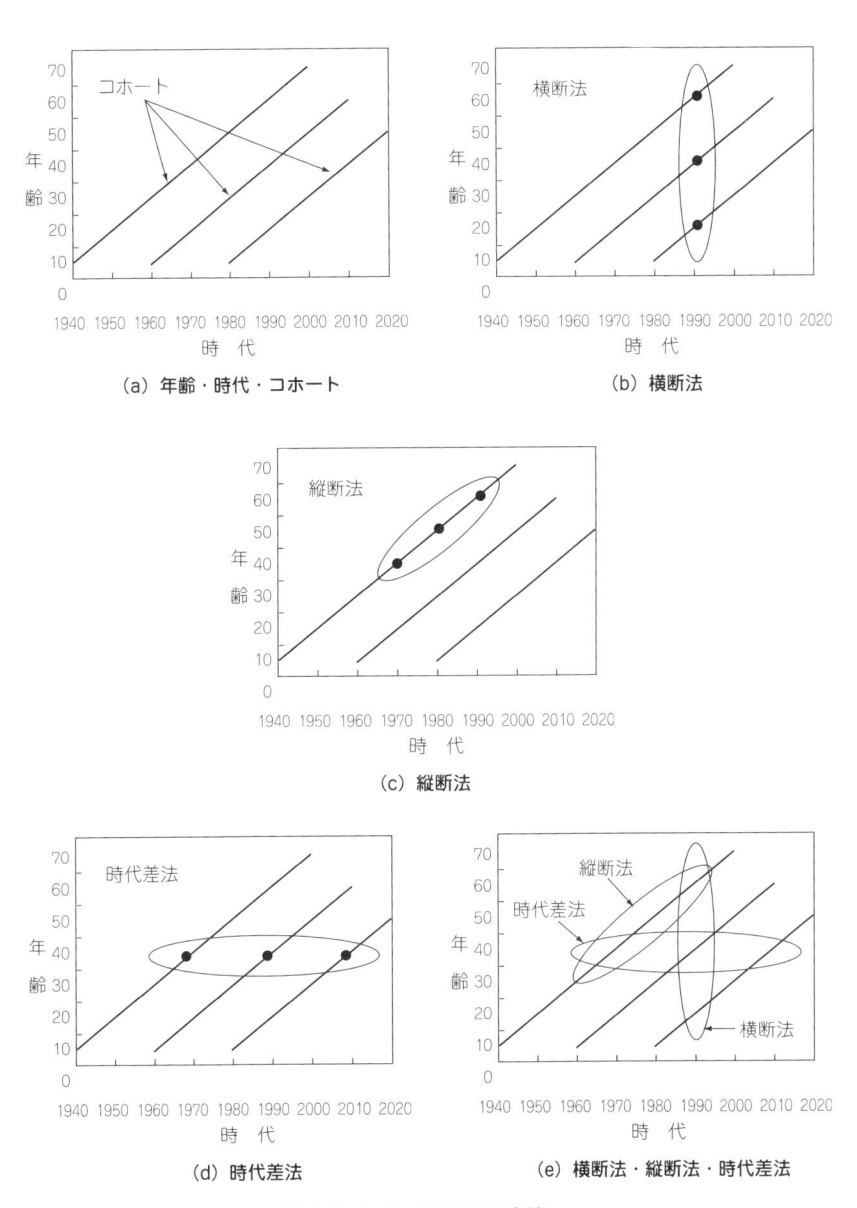

■ 図2-3　生涯発達の研究法

トを同時に測定し，それをつなぐことによって発達曲線を描く方法である（図2-3 (b)）。たとえば，10歳，20歳，……80歳の各年齢群に同時に知能検査を実施し，その結果を折れ線グラフなどで表示し，これを知能の加齢変化とみなす場合，発達を個人内の変化と捉えるとすれば，横断法は，年齢効果とコホート効果が交絡しているために，同一個人の加齢変化のみを捉えているわけではないので，十分な方法とはいえない。

同一個人の加齢変化を追跡していく縦断法（longitudinal design）は，発達研究デザインとして横断法に比べれば優れた方法ではあるが（図2-3 (c)），この方法が理想的かというと，必ずしもそうはいえない。縦断法は，データを収集するために長い時間と労力を要するだけでなく，同一の検査や調査をくり返すことによる慣れの効果や，対象者がさまざまな理由で脱落し，回を重ねるごとに対象者数が減少してしまうというような問題点と同時に，方法論的には，年齢効果と時代効果が交絡するという問題が存在する。たとえば，知能検査の結果に学校教育が影響することは当然考えられるが，教育の方法や内容が，時代とともに変化しているとすれば，こうした時代の効果が，縦断研究の結果にも影響しているからである。

横断法とは対照的に，異なるコホートの同じ年齢群の差を分析する方法が，時代差法（time-lag design）である（図2-3 (d)）。同一の年齢群を比較することによって，時代の違いを検討する研究に用いられる。しかし，異なるコホート間の比較であるために，この方法にも時代効果とコホート効果が混交しているという問題が残る（図2-3 (e)）。

3 系列法

以上のように横断法，縦断法，時代差法には，年齢効果，コホート効果および時代効果の3つの要因のうちの2つが混交しているために，各効果を個別に導き出すことができないという欠点を持っている。この欠点を補うために考えられたのがシャイエ（Schaie, K. W.）の系列法（sequential design）である[★15]（図2-4）。

系列法には，複数のコホートを対象として縦断データを収集するコホート系列法（cohort-sequential design），複数の横断法を異なる時代に実施する時系

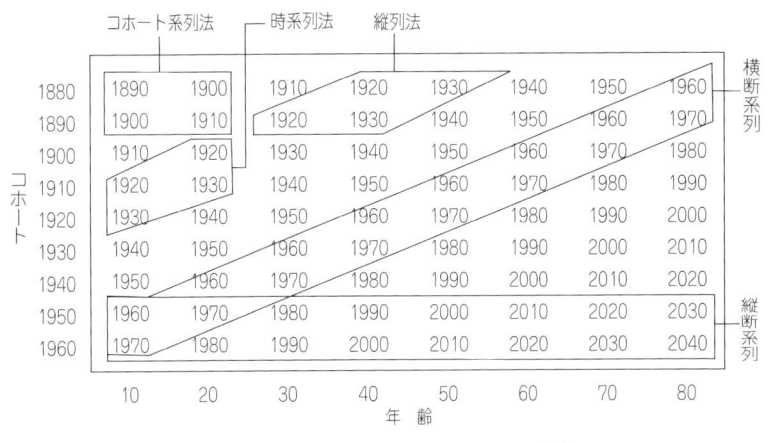

■ 図2-4 系列法による研究モデル[★15]

列法（time-sequential design），そして複数の時代に複数のコホートを測定する縦列法（cross-sequential design）の3種類があるが，これらも上記3つの要因のすべてを同時にコントロールできないために，シャイエはこれら3種の系列法を同時に実施し，年齢効果，コホート効果，時代効果とそれらの交互作用を推定可能な包括的系列法（overall sequential design）を提唱した。

シャイエの包括的方法による長期縦断研究法では，まず，①3つ以上のコホートに横断法を実施し，次いで，②同じ対象を追跡（縦断法）するとともに，新しいコホートに最初の測定を行なう。③②をくり返す（長期縦断研究），④年齢効果，コホート効果，時代効果およびそれらの交互作用効果を検討する。

シャイエは，この方法を用いて長期縦断研究を実施し，おもに認知機能の生涯発達に関する検討を行なうとともに，データベースを作成し，公開している。[★15]

4 統計的分析の方法
―イベント・ヒストリー分析―

シャイエの包括的系列法が，データ収集による生涯発達研究法であるのに対

して，近年さまざまな統計的方法による生涯発達データの分析法が提案されている。

構造方程式モデリングや潜在成長曲線分析による縦断データの分析法とともに，長期縦断データの分析に用いられることの多くなった方法が，イベント・ヒストリー分析（event history analysis）である。

イベント・ヒストリー分析は，統計学的には医療統計学で用いられる生存分析（survival analysis）と同一の方法で，あるイベントの生起とその時間的タイミングを従属変数とする多変量解析法である。たとえば，「出産」というイベントの生起とそのタイミング（結婚後の時間経過）を従属変数とし，出生年，出生地，結婚年齢などの時間固定変数と教育水準，職業形態，健康状態などの時間変動変数を独立変数として分析し，出産が結婚後のどのような時間的タイミングで生じるかに関する独立変数の効果を検討する方法である。

時間を従属変数として扱うところが，他の多変量解析とは異なる点であり，これによって，時間的前後関係による因果の分析を可能にしている。

イベント・ヒストリー分析は，ライフコースの分析法として用いられる以外にも，社会科学の諸分野において用いられるようになってきているが，心理学では，独立変数としてのイベントの生起（質的変化）とその時間的タイミングを明確にするのが困難であることが多いため（たとえば，記憶の低下がいつ生起したのか，低下をどのような質的変化と定義するかなど），使用には困難がともなう面もあるが，生涯発達の分析法として期待される。

なお，標準年齢的影響と標準歴史的影響は，シャイエの包括的系列法やイベント・ヒストリー分析において分析対象となるが，個人的な体験である非標準的影響は，それを標準年齢的影響としてのライフイベントと捉えない限り，通常は誤差として扱われることも多かった。しかし，近年では，個人の独自性要因（heterogeneity）として分析対象とする方法も提案されている。

文 献

★1　Gergen, K. J.　1994　*Toward Transformation in Social Knowledge.* 2nd ed. London: Sage

Publication. 杉万俊夫・矢守克也・渥美公秀（監訳） 1998 もう一つの社会心理学―社会行動学の転換に向けて ナカニシヤ出版
- ★ 2 Riegel, K. F. 1976 The dialectics of human development. *American Psychologist*, **31**, 689-700.
- ★ 3 Baltes, P. B., Reese, H. W., & Lipsitt, L. P. 1980 Life-span developmental psychology. *Annual Review of Psychology*, **31**, 65-100.
- ★ 4 佐藤眞一 2003 心理学的超高齢者研究の視点―P. B. Baltes の第 4 世代論と E. H. Erikson の第 9 段階の検討 明治学院大学心理学紀要, **13**, 41-48.
- ★ 5 Baltes, P. B. 1997 On the incomplete architecture of human ontogeny: Selection, optimization, and compensation as foundation of developmental theory. *American Psychologist*, **52**, 366-380.
- ★ 6 Baltes, P. B., & Smith, J. 2002 New frontiers in the future of aging: From successful aging of the young old to the dilemmas of the Fourth Age. *Plenary Lecture for Valencia Forum*, Valencia, Spain, 1-4 April.
- ★ 7 Zimbardo, P. G. 1980 *Essentials of Psychology in Life*. 10th ed. Glenview, Illinois: Scott, Foresman. 古畑和孝・平井久（監訳） 1983 現代心理学（第 10 版） サイエンス社
- ★ 8 Erikson, E. H. 1950 *Childhood and Society*. New York: Norton.
- ★ 9 Erikson, E. H. 1963 *Childhood and Society*. 2nd ed. New York: Norton. 仁科弥生（訳） 1977 1980 幼児期と社会 I・II みすず書房
- ★ 10 Erikson, E. H. 1959 *Psychological Issues Monograph Vol.1: Ego Identity and Life Cycle*. International Universities. 小此木啓吾（訳） 1973 自我同一性 誠信書房
- ★ 11 Erikson, E. H., Erikson, J. M., & Kivnick, H. Q. 1986 *Vital Involvement in Old Age*. New York: Norton. 朝長正徳・朝長梨枝子（訳） 1990 老年期 みすず書房
- ★ 12 Erikson, E. H., & Erikson, J. M. 1997 *The Life Cycle Completed: A Review*. Expanded ed. New York: Norton & Company. 村瀬孝雄・近藤邦夫（訳） 2001 ライフサイクル，その完結〈増補版〉 みすず書房
- ★ 13 Elder, G. H. 1974 *Children of the Great Depression: Social Change in Life Experience*. Chicago: University of Chicago Press. 本田時雄・川浦康至・伊藤裕子・池田政子・田代俊子（訳） 1986 恐慌時代の子どもたち―社会変動と人間発達 明石書店
- ★ 14 Holmes, T. H., & Rahe, R. H. 1967 The social readjustment rating scale. *Journal of Psychosomatic Research*, **11**, 213-218.
- ★ 15 Schaie, K. W.（Ed.） 1983 *Longitudinal Studies of Adult Psychological Development*. New York: Guilford Press.

【参考文献】

Schaie, K. W., & Willis, S. L. 2001 *Adult Development and Aging*. 5th ed. Upper Saddle River, New Jersey: Prentice Hall College. 岡林秀樹（訳） 2005 成人発達とエイジング ブレーン出版
村田孝次 1989 生涯発達心理学の課題 培風館
高橋惠子・波多野誼余夫 1990 生涯発達の心理学 岩波新書

第3章

高齢期のサクセスフル・エイジングと生きがい

1　サクセスフル・エイジングの歴史的展開

1　サクセスフル・エイジングに関する諸理論

　老年期には，さまざまな心身の変化や社会環境の変化が訪れる。それらに適応しながら，さらに，張りのある豊かな老年期を送ることが万人の希望するところである。このようなあるべき望ましい老後の生き方を「サクセスフル・エイジング（幸福な老い）」とよび，そのためにはどのような生活の仕方が望まれるかに関して，理論的検討がなされた。表3-1には，サクセスフル・エイジングに関連する3つの理論を示した。

　活動理論によれば，引退後もさまざまな活動を活発に行なうことで職業生活の埋め合わせを行ない，友人を失っても新たな社交によって他の友人を得ることで埋め合わせるというように，引退前の活動水準を維持することによって，サクセスフル・エイジングの実現が可能となる。

　一方，離脱理論によれば，社会への参加水準が低いほど個人の幸福感は高いと考えられている。そして，個人が離脱を受け入れるのは，自分に死が近づきつつあり，残された時間がもうそれほど長くないと感じたとき，自分の生活領域が以前と比べて縮小してきたと感じたとき，そして，自分の内から湧いてくる力が衰えたと感じたとき，といわれる。

　さらに，連続性理論（または継続性理論）によれば，老年期の適応に対して

■ 表3-1 サクセスフル・エイジングに関する諸理論

活動理論（activity theory）
　提唱者：Havighurst, R.J. and Albrecht, R. [1]

職業は，成人期の個人生活の多くを占めており，個人に役割を与え，対人的交流や能力を発揮する機会を与えてくれる。個人は，そのような場面でこそ喜びや生きがいを感じることができる。すなわち，職業は，人に生きる意味を与えてくれる重要な生活の場である。こうした観点からみれば，職業からの引退は，その後の生活における不適応の直接の原因であるから，職業において得ていたものを引退後も継承すること，つまり，活動の継続こそ，老年期の幸福感を維持させるもの，ということになる。

離脱理論（disengagement theory）
　提唱者：Cumming, E. and Henry, W.H. [2]

引退のもたらす個人の活動量の低下と人間関係の減少は，加齢にともなう自然で避けられない過程であり，それは産業上の世代交代あるいは社会の機能を保つという意味で必然的なことであるばかりでなく，個人の人生を職業生活や他者との関係にのみ結びつけずに，自分自身の内なる世界，個人的な価値や目標の達成に費やすための時間として個人が望むものである。

連続性理論（continuity theory）
　提唱者：Neugarten, B.L. et al. [3]

社会的離脱によって老年期に適応できるか否かは，個人のパーソナリティによって異なる。老年期にある個人も，発達心理学的観点からみれば，その前段階からの変化が連続しており，その変化もまた個人が選択してきたものである。

は活動理論も離脱理論もともに適切ではないという。老年期に至った人々は，自分の力ではどうすることもできない社会環境や身体的変化のなすがままになっているというわけではなく，各自が人生の中で確立してきた要求に沿って，環境を選択し続ける。したがって，活発な社会的活動を維持し続けることで幸福感を得る人もいれば，逆に，社会的活動を抑制することによって老年期に適応する人もいる。パーソナリティは，人それぞれの加齢パターンや社会的活動と人生に対する満足度の関係を規定する重要な次元である。

　活動理論と離脱理論が，活動をし続けるか，あるいは，社会から離脱していくかという一方的な観点に立って老年期の適応を説明しようとしたのとは対照的に，連続性理論は，老年期に適応し，サクセスフル・エイジングを実現するにはいろいろな方向があり，それは個人のパーソナリティに依存すると考えるのである。

サクセスフル・エイジングに関するこれらの議論は，結局，未決着のままさまざまな研究が進展していくことになる。しかしながら，離脱理論が提唱されて以来，数多くの研究者によってその実証化が試みられてきたし，また，活動理論と対立するこの理論に対して数多くの反論も主張されてきた。いずれにしても，この理論が引き起こした論争によって，サクセスフル・エイジングの研究が刺激され活発化するなど，離脱理論は社会老年学の発展にきわめて大きな貢献を果たしたといえるであろう。

2　サクセスフル・エイジングの測定

上記の諸理論は，いずれもサクセスフル・エイジングは社会的活動性の程度と関係があるという前提に立っている。したがって，それぞれの理論を実証するための研究は，社会的活動のレベルとサクセスフル・エイジングがどのような関係にあるかを実証することである。

そこで，サクセスフル・エイジングの程度を客観的に実証するために定義された概念が「主観的幸福感(subjective well-being)」である。ラーソン(Larson, R.)は，サクセスフル・エイジングを測定しようとしてなされてきたそれまでの多様な試みを展望し，モラール，生活満足度，幸福度などの操作的定義に基づく方法（テスト・尺度）によって測定される内容を主観的幸福感という概念に統合し，サクセスフル・エイジングの程度を表わす変数として用いることを

■表3-2　主観的幸福感測定のための代表的尺度

尺　度	開発者
生活満足度尺度 (Life Satisfaction Index: LSI)	Neugarten, B. L. et al.[5]
自尊感情尺度 (Self-Esteem Scale)	Rosenberg, M.[6]
アフェクト・バランス尺度 (Affect Balance Scale)	Bradburn, N. M.[7]
PGCモラールスケール改訂版 (Revised Philadelphia Geriatric Center Morale Scale)	Lawton, M. P.[8]

提唱した。これによって，主観的幸福感に関する実証的研究が発展することになった。表3-2に4種類の代表的な尺度と開発者を示した。

これまでの研究で明らかになっている主観的幸福感に関連の高い要因は，健康，社会・経済的地位，社会的相互作用（対人関係），結婚状況，家庭生活，交通機関の利用可能性，パーソナリティなどである。

3　PGCモラールスケール

サクセスフル・エイジングの測定尺度として最も広範囲に使用されてきたモラールスケールの開発に関して，ロートン（Lawton, M. P.）は，次のような老年期への適応観を示している。

a．精神医学的症候が存在しないこと
b．楽天的思考
c．現在の状態を受容していること
d．加齢とともに環境が悪くなるという認識を持っていないこと
e．高齢者に対する画一的な考え方の拒否
f．環境をプラスに評価すること

さらに，ロートンは，これらを以下のようにまとめている。

① 自分自身に対して基本的な満足感を持っていること。すなわち，生涯を通じて何かを達成してきたという感覚，自分が有用な人物であるという感覚を持っていること。
② 努力しても動かしがたいような事実は，事実として受容できていること。
③ 自分の居場所があると感じていること。すなわち，自分の出会う他者や事物がなんらかの満足を与えてくれ，欲求と環境から与えられるものが一致していること。

そして，1975年の改訂版（17項目）において，上記に対応した「心理的安定」「老いに対する態度」「孤独感」の3成分を見いだした（表3-3）。

■ 表 3-3　PGC モラールスケール改訂版[8]

1. 年をとるほど物事は悪くなっていくと思いますか？
   　　1 そう思う　<u>2 そうは思わない</u>
2. 去年と同じように元気ですか？
   　　<u>1 はい</u>　　2 いいえ
3. さびしいと感じることがありますか？
   　　<u>1 ない</u>　　<u>2 あまりない</u>　　3 時々感じる　　4 いつも感じる
4. 今年になって，以前よりもささいなことが気になるようになりましたか？
   　　1 はい　　<u>2 いいえ</u>
5. 友人や親戚によく会いますか？
   　　<u>1 はい</u>　　2 いいえ
6. 年をとるにつれて役に立たなくなると思いますか？
   　　1 そう思う　<u>2 そうは思わない</u>
7. 心配だったり，気になったりして眠れないことがありますか？
   　　1 ある　　<u>2 ない</u>
8. 年をとるということは，若いときに考えていたよりも良いと思いますか？
   　　<u>1 良い</u>　　2 同じ　　3 悪い
9. 生きていても仕方がないと思うことがありますか？
   　　1 ある　　<u>2 あまりない</u>　　<u>3 ない</u>
10. 今も若いときと同じように幸せだと思いますか？
    　　<u>1 はい</u>　　2 いいえ
11. 悲しいことがたくさんありますか？
    　　1 はい　　<u>2 いいえ</u>
12. いろいろなことを心配しますか？
    　　1 はい　　<u>2 いいえ</u>
13. 以前よりも腹を立てることが多くなりましたか？
    　　1 はい　　<u>2 いいえ</u>
14. あなたにとって，生きるということは大変なことですか？
    　　1 はい　　<u>2 いいえ</u>
15. 今の生活に満足していますか？
    　　<u>1 はい</u>　　2 いいえ
16. 物事を深刻に考える方ですか？
    　　1 はい　　<u>2 いいえ</u>
17. ちょっとの事でおろおろする方ですか？
    　　1 はい　　<u>2 いいえ</u>

注）下線の回答に 1 点を与える。得点可能範囲は 0 〜 17 点。

4　主観的幸福感と生きがい

　主観的幸福感の測定は，社会への参加の程度を引退以前の水準に維持し続けるべきか，それとも徐々に減少させて後進に道を譲り，みずからの内面生活を充実させていくことが重要なのかの検討を目的としていた。

　このような問題設定の背景には，健康，職業，生活目標などの喪失期としての老年期の一面が確かに存在する。しかし，こうした喪失感や無用感を自覚し，また社会からも認識を迫られるからこそ，人々は，そこから抜け出し，自分の人生を意味あらしめ，価値あらしめるものを探すのであろう。ここに挑戦期という老年期の，もう1つの側面が立ち現われてくる。

　挑戦期としての老年期は，新たな価値を見いだそうという自己の統合過程でもある。老年期の生きがいは，人生の終末において，いかに自己の存在を肯定的に自己認識するかに関連しているからである。

　井上[★10]によれば，「生きがい」という語の「かい＝かひ」という部分は，古く「万葉集」や「竹取物語」にみることができるという。そこでは，「かひ」は「貝」（貴重な宝物）と掛けて「価値」あるものの意味を与えられたり，行動の「意味」を示す言葉として用いられていることがわかる。すなわち，わが国で用いられる「生きがい」という言葉は，「人（人生）に生きる価値や意味を与えるもの（事，人，出来事）」と定義することができる。

　生きがいは，このような"対象"を示す言葉であるとともに，未来に向けての充実感や達成感を指す言葉でもある。青井[★11]は，生きがいは，「単なる満足し，充実している状態ではなく，希望を持ってより高い目標に向かい，進んで行こうとしている"プロセス"」であると述べている。

　さらに，生きがいとは，自分が生き続けていくうえで価値があり，意味のある重要な対象を意味するだけでなく，その対象が存在することによって，自分の生に意味があると感じられるその"感情"を指す言葉でもある。

　幸福な老いの評価のための主観的幸福感を構成する満足感，モラール，正の感情，自尊感情などは，生きがいの一部である現在の生活への適応感情を測定しているものと考えられる（表3-4）。

　老年期の生きがいをこのように定義した場合，それまでの生活の糧を得るた

■ 表3-4　生きがいの分類

分類	内容
対象としての生きがい	趣味，学習，ボランティア，家族など
感情としての生きがい	達成感，有用感，満足感，幸福感など
プロセスとしての生きがい	行為の過程，没頭していることなど
自己実現的生きがい	趣味，学習，ボランティアなどの行為とプロセス
対人関係的生きがい	家族との生活，子どもの成長，社交など

めの職業活動や子育てなどの家庭の維持機能から離れて，個人としての人生の意味を実感できるような活動を行なうこと，と理解することができる。これを「自己実現的生きがい」と名づけた。[★12]

しかし，佐藤ら[★13]の研究では，家族や友人，志を同じくする仲間とともにいることそのものが，強い生きがい感をもたらすということが明らかとなっている。これを「対人関係的生きがい」とよんでいる。

自己実現的生きがいを達成することは，実はそう容易ではない。目標自体が高みにあるために，中途で挫折してしまうこともあるし，孤高を保って打ち込むだけの精神的な強さが必要なこともある。そのため，獲得することそのものが困難な対象といえるかもしれない。

それに対して，対人関係的生きがいは，他者とともにある生きがいであり，他者の喜びをも自分のものとすることで得られる生きがいである。このような生きがいに自己の存在の意味を見いだす人々のほうが，通常の生きがいの概念として規定される自己実現的生きがいを追求する人々以上に，広く認められるのである。

2 サクセスフル・エイジングの危機
―超高齢者と第4年代―

1 超高齢期の出現

　従来の西欧における一般的な人生モデルにおいては，老年期を児童・青年世代，成人世代に次ぐ第3年代（Third Age）と捉えてきた。そこでは，引退後の生活においても新たな獲得（成長）が確かに認められ，それを達成した老年期をサクセスフル・エイジングと位置づけてきた。
　サクセスフル・エイジングについて，ロウ（Rowe, J. W.）とカーン（Kahn, R. I.）★14は，以下の3要素をあげている。

① 病気や障害のリスクを最小化していること
② 心身の機能を最大化していること
③ 社会的・生産的な活動を維持していること

　すなわち，心身ともに健康で，社会貢献をし続けることが望ましい老後の姿であると規定しており，この考えは広く西洋，特に米国の人々に受け入れられてきた。
　だが，近年の，特に先進諸国における超高齢化の進展により，サクセスフル・エイジングという捉え方で，はたして80歳代，90歳代あるいは100歳を超えるような人々の人生の最後のステージを捉えることができるであろうかと，老年期という時期そのものを再考する機運が高まってきている。
　老年期を65歳から74歳までの前期高齢期（young old）と75歳以上の後期高齢期（old old）に分けて，特に前者を依然として社会貢献のできる人が多数を占める世代，一方，後者を慢性疾患や心身の障害などを抱えながら生活し，自立した生活さえも困難になる人の比率が高まる世代と考え，わが国においても，たとえば厚生労働省の政策にみられるように，政治・経済的にも両世代を区分して考えるようになっている。
　しかし，この考え方は，引退後の生活に関して個人のパーソナリティによる違いを指摘し，連続性理論を提唱したニューガーテン（Neugarten, B. L.）が

すでに1974年に示したものであり[15]，その後の先進諸国における高齢者自体の余命の延びによって高齢期そのものが拡大し，また，障害をともなうような状態に至る時期もより高年齢へと移行してきていることから，75歳での区分とは別に80歳または85歳を超高齢期（oldest old）の開始時期と捉える研究例が，老年学や人口学の分野では増加してきている（たとえば，Dunkle et al.[16], Suzman et al.[17]など）。

2　第4年代

　生涯発達心理学の提唱者であるバルテス（Baltes, P. B.）は共同研究者とともに，老年期を仕事からの引退以後の世代と一括りにする伝統的な西欧の考え方に対して，85歳前後以降の人々を新たに第4年代（Fourth Age）と捉え，その人々への論考を進めている[18]。

　バルテスは，第4年代の人々は第3年代の人々に比べて心身の状態や生活そのものへの適応が困難であることを，彼らのベルリン加齢研究[19]をはじめ，各種の客観的データを引用しながら論じている。

　身体的には約80％の人がさまざまな多重障害を経験しており，虚弱者の比率も増大する。認知症の有病率も激増し，90歳代では約半数の人々になんらかの認知症の症状が認められる。心理学的機能としては，新たなことの学習などに関連する認知機能の著しい低下，第3年代までは衰えのわずかだった結晶性知能の低下，さらには満足感の低下と孤独感の増加が示され，そして，社会的にも配偶者との死別，病院への入院や施設への入居，そして多くが孤独な死を迎える（表3-5）。

　これらの諸事実から超高齢期に対しては悲観的にならざるを得ないということを，彼らは率直に述べている[18]。そして，心身あるいは社会的にさまざまな否定的問題を抱える超高齢者は，人間としての尊厳を保つことさえ困難になるため，このことを，超高齢期を生きることの最大の問題点と認識している。

　すなわち，第4年代は身体的機能の低下に加えて心理的機能（意思，アイデンティティ，将来に対する心理的制御，尊厳ある生と死の機会）が低下する。したがって，第4年代では明らかに人間としての尊厳が低下する。なぜなら，健康とサクセスフル・エイジングに限界があるからだと彼らは言う。そして，

■ 表3-5　第4年代の特徴[18]

＜行動観察＞
・第4年代では慢性的な生活緊張が蓄積する。
　　80％の人々が3～6領域における喪失を経験する（合併症）。
　　たとえば，視覚，聴覚，筋力，生活機能（IADLとADL），疾病，認知
・心理的適応性が系統的に衰弱する。
・生活の肯定的側面（幸福感，対人接触など）を喪失する。
・死に先立つ2年間の諸機能は，85歳から100歳にかけて増悪する。
　　認知機能の喪失
　　アイデンティティの喪失（孤独感と心理的依存性が高まる）

＜社会的側面＞
・超高齢者の多くは女性である。
　　大多数の女性は未亡人で一人暮らしである。
・大多数は最近数年間に何度か入院経験がある。
・大多数は病院か高齢者施設で，一人で死亡する。

この長寿のジレンマをいかにして解決するかが超高齢者研究の課題だと主張するのである。

　このような超高齢にまで人類は寿命を延ばしてきた。寿命は生物学的要因と文化的要因の相互作用によって延伸するが，人間の高齢化は，医療や福祉，栄養をはじめとするさまざまな技術や資金の投入によって実現されてきており，明らかに文化的要因の効果が大きい。しかし，50歳または60歳を無事に迎えられた人々の50％死亡率が先進諸国では85歳前後であるという超高齢化時代においては，そのような文化的な効果が生み出した長寿化が人間の尊厳を脅かすというジレンマを引き起こしている，と彼らは言うのである。

3　百寿者の心身機能

　慶應義塾大学医学部の広瀬信義を代表とする東京百寿者研究会は，東京都23区に在住の100歳以上の高齢者の心身の状況を調べてきたが，それによると，百寿者（英語ではCentenarian，本稿では百寿者とよぶ）の50％は寝たきりの状態で，30％がなんらかの介護を必要としており，一方，自立している人[20]

は19%であった。約30年前の1973年の調査結果と比較すると，寝たきりが23%から約2倍に増えた一方，自立が12%から同じく2倍に増えており，身体的に全面的な介護の必要な者と他者の援助なしに暮らせる自立者の両極化傾向に変化していることを見いだした（図3-1）。

また，MMSE（Mini Mental State Examination）によって認知機能を測定してみると，前期高齢層や後期高齢層のより若い世代の人々の得点が高得点寄

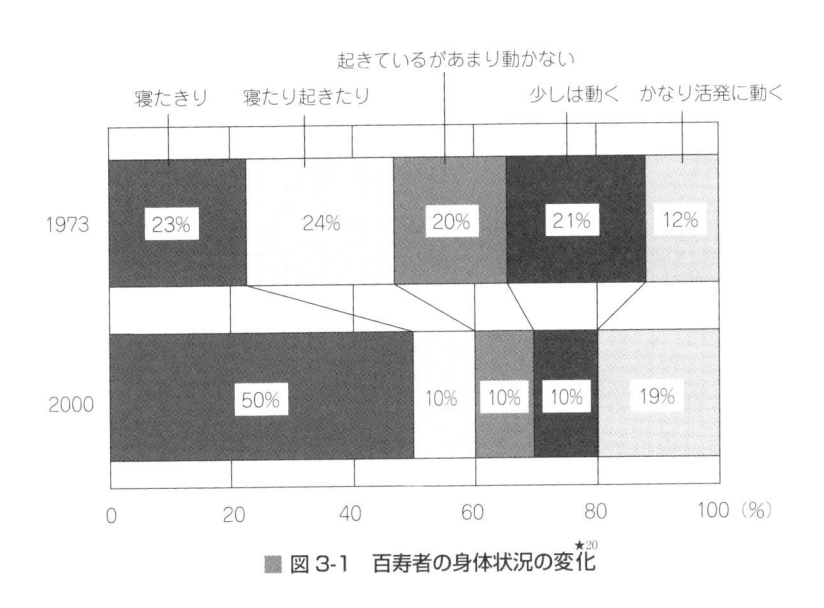

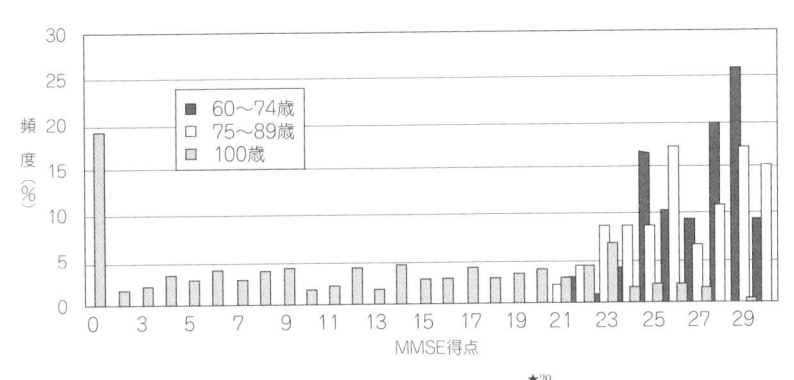

■ 図3-1　百寿者の身体状況の変化[20]

■ 図3-2　百寿者の認知機能[20]

りの正規分布を示していたのに対し，百寿者では全く解答のできない者が最も多かったものの，それ以外の者の得点はほぼ一様分布を示し，百寿者の多様性，個別性が示された。百寿者は，一人ひとりが全く異なり，一括りで述べることのできないきわめて個性的な人々で構成されていることが示唆された（図 3-2）。

3　サクセスフル・エイジングと生きがい

1　幸福な老いと生きがい

　欧米におけるサクセスフル・エイジングという考え方の背景には，心身機能の低下としての老いは，たとえ避けがたいものだとしても自立を妨げるほどのものではなく，社会貢献をなしうるだけの十分な余力を高齢者も持ち合わせているという確信が存在しており，それを実践していくことに理想の老年期を見いだしていた。他者への依存は，一部の重度の障害に陥った特殊な人々の特殊な問題と捉えられてきたのである。

　しかし，今日の先進諸国は，サクセスフル・エイジングの可能な第 3 年代を越えて超高齢期を生きる人々が激増している社会である。人間の超高齢化を実現してきたのが文化的要因だとすれば，その時期を生きることが人間一般にとっても，また，個人にとっても意義あることでなければならないであろう。そうでなければ，これまでに人類がつくり上げてきた医療技術や社会保障制度は，大きな矛盾に直面してしまうことになるからである。

　すでに，若い世代には長寿を望まない人が数多く存在する。医療施設や福祉施設で高齢者ケアに携わる人々でさえ，あるいは，だからこそ自分自身の長寿を望まない人がいる。これは，きわめて不幸なことである。もはやサクセスフル・エイジングと定義された状態を維持し続けることのほとんど不可能な人が大半を占める超高齢期を生きることの不安と恐怖を，このことは示してはいないだろうか。

　多くの人々にとって，「長く生き過ぎること」は不安と恐怖の対象である。しかし，この不安と恐怖の源泉である超高齢期を実際に生きている超高齢者自

身のことを，私たちはどれほど知っているのだろうか。彼らが真に抱いている肯定的な側面を，私たちは知っているのだろうか。私たちは，超高齢者自身の中に存在する肯定的な側面を理論的にも，また，事実としても明らかにしなければならない。超高齢期を肯定的に捉えなければ，発展をめざしてきた人類の医療・福祉の努力が大きな矛盾に陥ってしまうからである。

その1つの可能性として，私たち日本人が「生きがい」という言葉の中に感じてきた人間的環境あるいは人間的接触のうちにそれを見いだすことはできないだろうか。

第3年代の人々の生活目標がサクセスフル・エイジングを達成することにあるということは，米国や西欧諸国の社会老年学の枠組みでは当然と考えられてきた。しかし，日本ではサクセスフル・エイジングの訳語として「幸福な老い」が用いられてきた。私たち日本人にとっての「幸福な老い」とは何だろうか。日本人は，米国や西欧諸国の人々が考える心身の自立と社会貢献を基本とする高齢者像とは異なるイメージを，高齢者の「幸福な老い」の中に抱いていたはずである。

日本人には，自立が個人の最大の尊厳であるという考え方が欧米に比べて希薄なこともあり，特に高齢者の幸福な老いの根拠を必ずしも自立においてきたわけではない。日本人の多くがイメージする幸福な老いは，それよりも家族や友人とともにある孤立しない生活である。

わが国の高齢者の生きがい研究の多くにおいて，生きがい対象として家族や友人をあげる人が多いことや，筆者たちが行なった生きがい研究においても，他者への親和性の高い人は生きがい感も高いということが明らかになっている[★13]。このような結果は，欧米とは異なるわが国の幸福な老いのイメージの根拠となるように思われる。

2　エリクソンの第9段階の可能性

夫エリック（Erik H. Erikson）の亡きあと，妻ジョアン（Joan M. Erikson）は，生前の夫との議論に基づいて，ライフサイクル（人生周期）の中に新たに第9段階を加えた[★21]。エリクソン夫妻も80歳代あるいは90歳代の人々には，第8段階（統合性 対 絶望／英知）の人々とは異なる新たなニーズと困難が現われる

と考えていた。そして，やはりバルテスと同じように，身体的能力の喪失とそれのもたらす自立性の欠如がこの年代の人々に大きな試練を与えると考えた。

第9段階は，それゆえに，これまでの段階以上に，こうした失調要素（たとえば，第8段階の「絶望」。それに対する同調要素が「統合」）に対する不安が，第8段階で現われた絶望をいっそう切実なものとする。第8段階で獲得された英知は，視覚と聴覚のはたらきの低下のためによく機能しなくなるので，絶望を乗り越えるには多くの困難が予想される。

さらに第9段階の人々は，親しい人との死別などこれまでに多くの悲しみを体験してきており，自分自身の死がそう遠くはないということ以外にも，多くの悲しみと向かい合わなければならない。そして，このような身体的自立の喪失と多くの悲しみのために，第9段階の人々は過去をふり返る余裕すらなく，日々の苦しみに対峙するだけの生活であると考えている。

超高齢者に対するエリクソン夫妻の捉え方は，バルテスと同様に，身体的にも，また，心理・社会的にもきわめて否定的なものである。しかし，エリクソン夫妻は，それでも超高齢者にもそのような喪失を生き抜き，それらに対処することは可能だとしている。それを可能にするのが人生の出発点ですでに獲得したはずの「基本的信頼感」であるとする。そこに希望の源があり，その希望によって生きる理由を持つことができると考えている。

バルテスがあくまで個人の力による対処を構想しているのに対して，エリクソン夫妻は他者の存在を前提とした。この点に違いがあり，このことがまた，バルテスの言う超高齢期を生きることのジレンマを乗り越える示唆となっているように思われる。

さらに，エリクソン夫妻は，私たちの社会は老年期に対する理念を文化として持たなければならないと指摘している。確かに，それが欠如していては，もはや生産活動や直接的な社会貢献の資源としてはその多くが無力な超高齢者に，医療や社会保障を通じて莫大な資金を社会が投入することの矛盾を乗り越えることはできないであろう。

90歳を超えるような超高齢者を私たちの社会に受け入れる理念が欠如しているために，私たちは身近にそのような人を友人や知人として持つことがきわめて少ない。つまり，私たちには自分がそのような年齢になったときのための

第3章　高齢期のサクセスフル・エイジングと生きがい

モデルがないので，人生の終わりを彼らから学ぶこともできないというわけである。このような視点は，社会の側が超高齢者を必要とする理由を述べたものと評価することができよう。

　老年期をどのように生きることが，個人の幸福と希望ある社会の実現に寄与するかという問題は，心理学を含む社会老年学の最も重要な命題と言ってもよい。

　確かに，わが国のように健康寿命が延伸して，健康な長寿が実現することは人類の望みであろうし，心身の自立を保ち，社会貢献をすることが人間としての尊厳を保つには，理想的な姿ではあろう。

　しかし，現実では，そのような状況を超えて介護を受けるところにまで，人々の寿命は延びてきている。この現実を受け入れるだけの知恵を持つことが，人類に与えられた次の課題である。

　サクセスフル・エイジングを超える知恵を私たちは追求しなければならないのである。

文　献

★1　Havighurst, R. J., & Albrecht, R.　1953　*Older People*. New York: Longmans.
★2　Cumming, E., & Henry, W. H.　1961　*Growing Old: The Process of Disengagement*. New York: Basic Books.
★3　Neugarten, B. L., Havighurst, R. J., & Tobin, S. S.　1968　Personality and pattern of aging. In B. L. Neugarten (Ed.), *Middle Age and Aging*. Chicago: The University of Chicago Press. Pp. 173-177.
★4　Larson, R.　1978　Thirty years of research on the subjective well-being of older Americans. *Journal of Gerontology*, **33**, 109-125.
★5　Neugarten, B. L., Havighurst, R. J., & Tobin, S. S.　1961　The measurement of life satisfaction. *Journal of Gerontology*, **16**, 134-143.
★6　Rosenberg, M.　1965　*Society and the Adolescent Self-Image*. Princeton: Princeton University Press.
★7　Bradburn, N. M.　1969　*The Structure of Psychological Well-Being*. Chicago: Aldine.
★8　Lawton, M. P.　1975　The philadelphia geriatric center morale scale: A revision. *Journal of Gerontology*, **30**, 85-89.
★9　Lawton, M. P.　1972　The dimensions of morale. In D. P. Kent, R. Kastenbaum, & S. Sherwood (Eds.), *Research Instrument and Action for the Elderly: The Power and Potential of Social Science*. New York: Behavioral Publishing. Pp. 144-165.

★10 井上勝也 1993 老年期と生きがい 井上勝也・木村 周（編） 新版老年心理学 朝倉書店 Pp. 146-160.
★11 青井和夫 1974 家族とは何か 講談社現代新書
★12 佐藤眞一 1999 生きがい——その評価と測定のポイント 生活教育, **43**（6），28-31.
★13 佐藤眞一・東 清和 1998 中高年被雇用者および定年退職者の行動特徴と生きがい 産業・組織心理学研究, **11**, 95-106.
★14 Rowe, J. W., & Kahn, R. I. 1997 Successful aging. *The Gerontologist*, **37**, 433-440.
★15 Neugarten, B. L. 1974 Age groups in American society and the rise of young-old. *Annuals of the American Academy of Politics and Social Sciences*, **9**, 187-198.
★16 Dunkle, R., Roberts, B., & Haug, M.（Eds.） 2001 *The Oldest Old in Everyday Life: Self-Perception, Coping with Change, and Stress*. New York: Springer.
★17 Suzman, R. M., Willis, D. P., & Manton, K. G.（Eds.） 1992 *The Oldest Old*. New York: Oxford University Press.
★18 Baltes, P. B., & Smith, J. 2002 New frontiers in the future of aging: From successful aging of the young old to the dilemmas of the Fourth Age. Plenary Lecture for Valencia Forum, Valencia, Spain, 1-4 April.
★19 Baltes, P. B., & Mayer, K. U.（Eds.） 1999 *The Berlin Aging Study: Aging from 70 to 100*. New York: Cambridge University Press.
★20 慶應義塾大学医学部老年内科 2002 百寿者の多面的検討とその国際比較 平成13年度厚生科学研究費補助金（長寿科学総合研究事業）研究報告書（主任研究者：広瀬信義）
★21 Erikson, E. H., & Erikson, J. M. 1997 *The Life Cycle Completed: A Review*. expanded ed. New York: Norton & Company. 村瀬孝雄・近藤邦夫（訳） 2001 ライフサイクル，その完結（増補版） みすず書房

【参考文献】
神谷美恵子 1966 生きがいについて みすず書房（改訂新版2004）
小林 司 1989 生きがいとは何か——自己実現への道 NHKブックス
東京都老人総合研究所（編） 1998 サクセスフル・エイジング——老化理解のために ワールドプランニング

第 II 部

エイジング心理学の領域別理解

第4章

体力・筋骨格系機能のエイジング

1 高齢者の健康

　世界保健機関（WHO: World Health Organization）は，高齢者の健康を「生死や疾病の有無ではなく，日常生活機能の自立の度合いで判断すべきである」と提唱している[★1]。つまりは，高齢期の健康目標は，長寿を全うするだけでなく，日常生活を自立して送るための身体機能を維持した健康寿命の延伸が目的になる。WHOは，健康寿命の考え方に基づいた「障害調整平均余命（DALE: Disabilities Adjusted Life Expectancy）」を提唱しており，この指標による国際比較では，わが国のDALEは74.5歳と世界の中でも高い水準にある[★2]。

　その一方，高齢社会を迎えたわが国では，老人医療費の増加は財政を圧迫する切実な問題となっている。2003（平成15）年度の国民医療費統計によれば[★3]，国民1人あたりの医科医療費は65歳未満では年間15万1,500円であるが，65歳以上では65万3,300円と約4倍になっており，65歳以上の医療費は，全体の約50％を占めている。また介護保険制度の施行以来，要介護認定者も毎年増加傾向にあり，介護保険にかかる総費用も2000（平成12）年度は3.6兆円だったものが，2005（平成17）年度予算では6.8兆円と約2倍近い伸びとなっている。

　このような背景から，国や地方自治体は，医療費の削減や介護予防の視点から健康寿命の延伸に対する取り組みに力を入れている。この中では，日常生活の活性化を図り，自立した生活を送るために必要な最低限の体力や心身の健康

を保持していくことが重要な課題となっている。

2 高齢者における体力の概念とその評価

1 高齢者の体力の概念

　体力の構成要素は，行動体力と防衛体力に大別される。行動体力は，筋力や筋パワーなどの行動を起こす能力，筋持久力や全身持久力などの行動を持続する能力，平衡性や敏捷性，巧緻性，柔軟性などの行動を調節する能力などが含まれる。一方の防衛体力は，健康や生命を脅かすようなさまざまなストレスや侵襲に対して抵抗する能力から構成される（図4-1）。

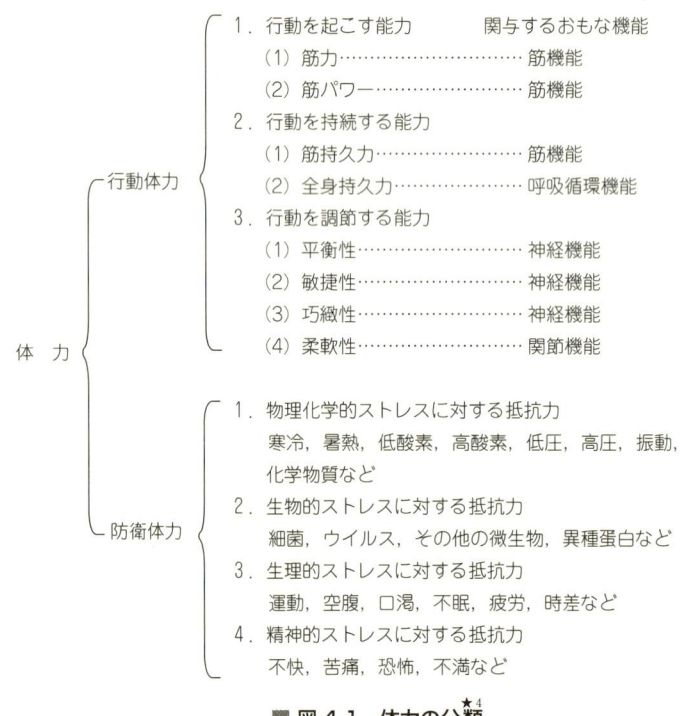

```
                    ┌ 1. 行動を起こす能力       関与するおもな機能
                    │    (1) 筋力……………………… 筋機能
                    │    (2) 筋パワー…………………… 筋機能
                    │  2. 行動を持続する能力
                    │    (1) 筋持久力…………………… 筋機能
        ┌ 行動体力 ┤    (2) 全身持久力………………… 呼吸循環機能
        │           │  3. 行動を調節する能力
        │           │    (1) 平衡性……………………… 神経機能
        │           │    (2) 敏捷性……………………… 神経機能
        │           │    (3) 巧緻性……………………… 神経機能
体 力 ┤           └    (4) 柔軟性……………………… 関節機能
        │
        │           ┌ 1. 物理化学的ストレスに対する抵抗力
        │           │      寒冷，暑熱，低酸素，高酸素，低圧，高圧，振動，
        │           │      化学物質など
        │           │  2. 生物的ストレスに対する抵抗力
        └ 防衛体力 ┤      細菌，ウイルス，その他の微生物，異種蛋白など
                    │  3. 生理的ストレスに対する抵抗力
                    │      運動，空腹，口渇，不眠，疲労，時差など
                    │  4. 精神的ストレスに対する抵抗力
                    └      不快，苦痛，恐怖，不満など
```

■ 図4-1　体力の分類[★4]

このように体力の概念は広義にわたっているが，一般的に体力とは行動体力を示すことが多い。池上[★4]は，健康の観点からの体力について，「体力が高水準にあるかどうかということよりも，自分が持っている力をフルに発揮してもどこにも異常や支障をきたすことのないということの方が重要である」と述べており，行動体力が強ければ強いほど健康的であることにはならないことを指摘している。谷口[★5]は，高齢者に必要な体力を考える場合，「日常生活動作能力（ADL：Activities of Daily Living）を基本として自分の生活をどれだけ維持する能力があるか，生活を楽しむ余力があるかということが重要な意味を持つ」と述べている。このようなことからも，高齢期における体力は，健康維持や自立した日常生活を送るために必要な要素で捉えることが重要であり，そのための体力水準をできるだけ長い期間にわたって維持していくことが重要となる。

2 高齢者の体力の評価

前述のように高齢者の体力については，健康の維持や日常生活の自立に必要な要素を評価することが求められる。このような高齢者に必要とされる体力は，生活体力や機能的体力といった概念で表わされてきた。生活体力は，「機能的に自立して日常生活を支障なく過ごすための身体的な動作能力」[★6]，機能的体力は，「苦労なしに安全かつ自立して日常生活を遂行するために必要とされる身体的な能力」[★7]と定義されている。

このような体力概念を測定するフィールドテストとしては，生活体力テスト[★6]やAAHPERD式高年者用機能的体力テスト[★8][★9]などがあげられる。生活体力テストは，「起居能力」（立ちあがったり，座ったりする時間），「歩行能力」（10mの歩行時間），「手腕作業能力」（棒の差し替え時間），「身辺作業能力」（ロープをまわす時間）の4つの検査項目から，そしてAAHPERD式高年者用機能的体力テストは，「長座体前屈」（柔軟性），「バランス歩行」（動的バランス），「缶置き換え作業」（巧緻性），「腕屈伸作業」（筋持久力），「ハーフマイルウォーク」（全身持久力）の5つの検査項目で構成されている。文部科学省の「新体力テスト」[★10]においても，65歳以上の高齢者を対象に，健康に関連する体力と歩行能力に重点をおいた測定項目が設定されている。具体的には「握力」「上体起こし」「長座体前屈」などの全年齢に共通した項目に加えて，歩行能力の評価

である「10m 障害物歩行」やバランス能力の評価である「開眼片足立ち」，全身持久力の評価である「6分間歩行」が実施されている。また東京都老人総合研究所が提案している老年症候群の早期発見のためのスクリーニング検査においても，「歩行能力検査」や「握力」「片足立ち」などの日常生活に必要な体力を反映するような検査項目が含まれている。これらのテストに共通する特徴は，若年者層のように体力を運動能力と同義に捉えるのではなく，日常生活の遂行に必要な体力要素を評価するための検査項目で構成されていることである。

3 体力・筋骨格系機能のエイジング

1 体力のエイジング

体力の加齢変化に関しては，全般的に10歳代後半から20歳前後でピークに達し，それ以降は加齢とともに低下の傾向を示すことや，高齢期においても，日常生活の自立に必要とされる体力の低下が進行することが確認されている[12]（図4-2）。

地域高齢者を対象に体力・運動能力の加齢変化について横断的に検討した研究[13]では「握力」「開眼片足立ち」「自由速度歩行」「最大速度歩行」「最大タップ頻度」のすべての項目で，女性と比較して男性が高い値を示すことや，男女ともに加齢にともなう体力・運動能力の低下が認められることが確認されている。また課題により程度は異なるものの，高齢者においては，若い世代と比較して歩行能力などの体力・運動能力の個人差が大きくなることも指摘されている。

体力などの加齢変化を検討する場合，同一の対象者を追跡調査していく縦断的な方法が望ましい。しかしながら，わが国においては，代表的なサンプルを用いて高齢者の体力に関する縦断的な加齢変化を検討した研究の蓄積は非常に少ない。数少ない研究の1つとして，杉浦らが秋田県の地域在住の高齢者を対象に実施した研究[14]があげられる。地域在住高齢者510名の歩行能力を4年間にわたる追跡調査によって検討したこの研究では，加齢にともなう歩行能力の低下は，縦断的手法を用いても確認されることや，歩行能力の相対的低下率

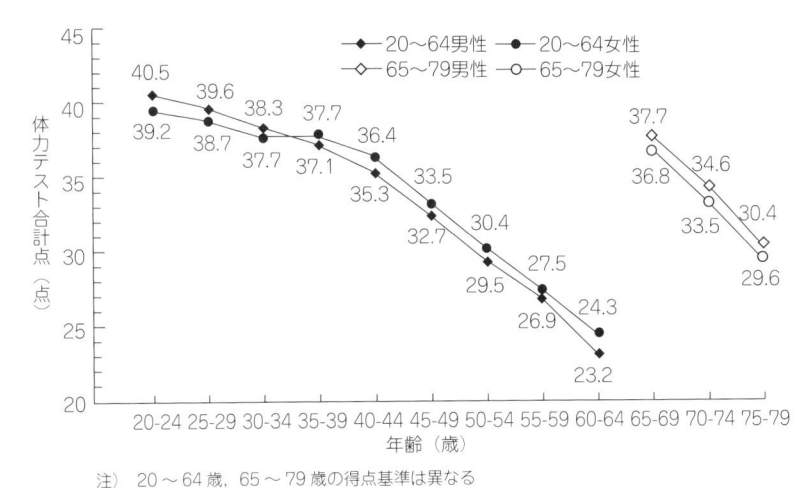

注) 20〜64歳，65〜79歳の得点基準は異なる

■ 図4-2　新体力テスト合計点の加齢にともなう変化：20〜79歳[★12]

は70歳以上で高くなり加齢変化が加速されることなどが報告されている。また，1年目の最大歩行速度で示される歩行能力が4年後の死亡リスクと手段的ADL障害の発生の予測因子になることも報告されている。つまりは，最大歩行速度で表わされる歩行能力の低い高齢者は，4年後の死亡率や手段的ADLの低下の割合が高いことが明らかにされている。

2　筋骨格系機能のエイジング

　骨量の加齢変化に関しては，成長とともに骨量は増加し，おおよそ20歳代で最大骨量に達する。そして40歳くらいまで最大骨量は維持され，それ以降は加齢とともに減少する。特に女性では，閉経後に骨量の急激な減少がみられることが特徴である。

　吉村[★15]は，地域住民を対象に，女性の腰椎と大腿骨頸部の骨密度の10年間の変化を検討した。その結果，女性においては，40歳以降のすべての年代で骨密度が低下し，腰椎では，40歳，50歳代で約9％と低下率が最も大きく示され，大腿骨頸部では，70歳代で10％以上の低下がみられることが確認されている。骨密度は，骨粗鬆症の診断基準として用いられているが（日本骨代謝学会の基

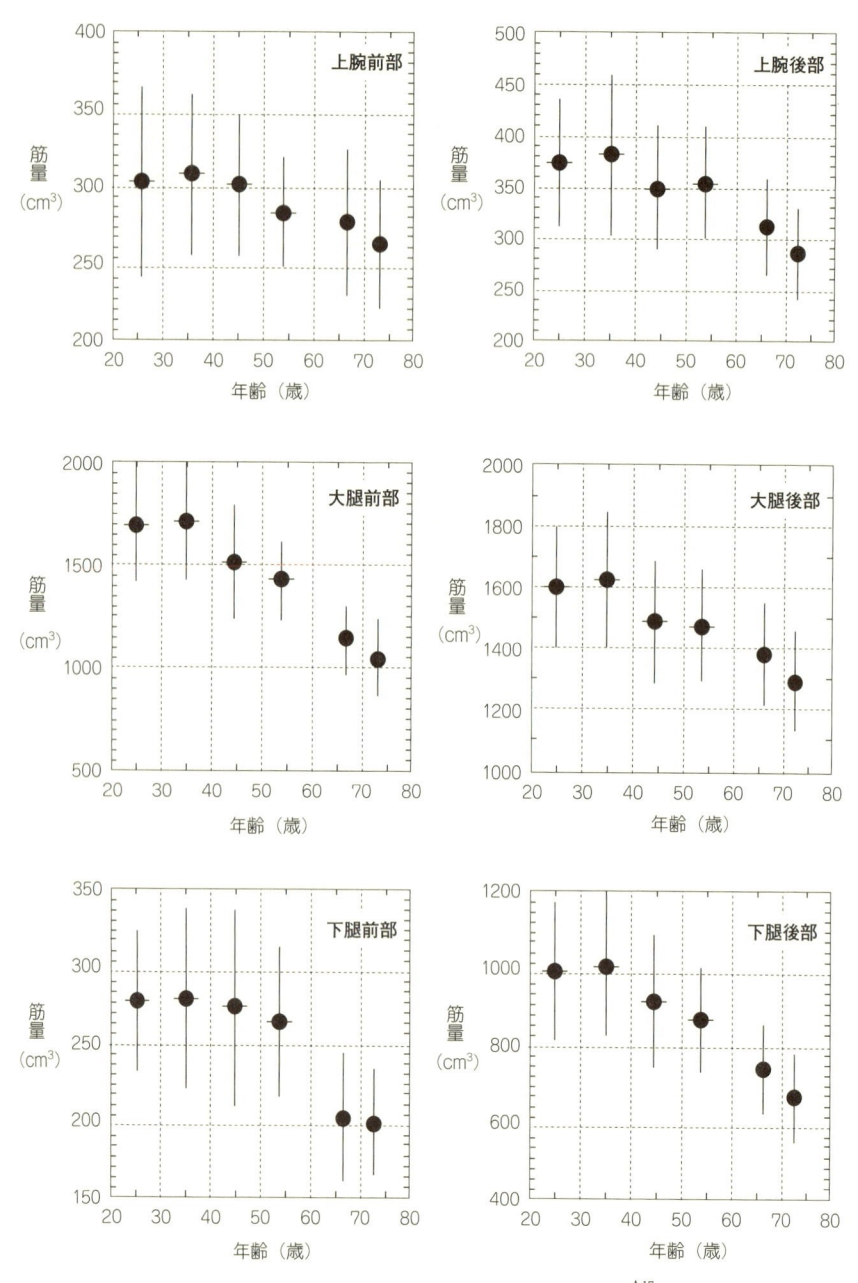

第II部　エイジング心理学の領域別理解

■ 図4-3　身体各部位の筋量にみられる加齢変化[17]

準では，脆弱性骨折がない場合，男性は大腿骨頸部，女性は腰椎の骨密度が若年成人平均値の70％未満），日本人女性では，40歳以上の24.0％，50歳以上の30.6％が，男性でも，40歳以上の10.3％，50歳以上の12.4％が骨粗鬆症域の骨密度を示すことが推定されている[16]。このような骨量の減少や骨密度の低下は，転倒などにともなう骨折の大きな危険因子となり，日常生活を制限する大きな要因となる。

一方，筋量の加齢変化に関しては，30歳ごろからゆるやかに減少が始まり，50歳を過ぎたころからその変化は急速になる。そして，遅筋繊維の萎縮よりも速筋繊維の萎縮が顕著であることや上肢よりも下肢の筋量の低下が顕著であることなどが特徴である。

福永[17]は，超音波法で測定した上肢および下肢の筋量の加齢変化を検討した（図4-3）。図に示されているように，20歳代と比較して70歳代では，上肢の筋量は，上腕前部で約87％，上腕後部で約76％まで減少する。一方の下肢の筋量は，大腿前部で約60％，大腿後部で約80％，下腿前部で約70％，下腿後部で約67％まで減ることが示される。このように，加齢にともなう筋量の減少は，上肢と比較して下肢の筋量の減少が著しい。筋量は，筋力の発揮を規定する主要な要因であることから，下肢の筋量の急激な減少は，歩行能力などの日常生活における基本動作の低下をひき起こし，閉じこもりや寝たきりにつながる大きな要因となる。

4 高齢者の心身の健康と運動・身体活動

1 高齢者の運動・身体活動の実態

2004（平成16）年国民健康・栄養調査結果によれば[18]，1回30分以上の運動を週に2日以上，1年以上にわたって継続している運動習慣者は，60〜69歳で男性43.4％，女性34.7％，70歳以上で男性43.5％，女性30.9％と若年層と比較して高い割合となっている。しかしながら，歩数で示される身体活動量は，加齢とともに減少傾向を示す（図4-4）。図からも示されるように，男性で

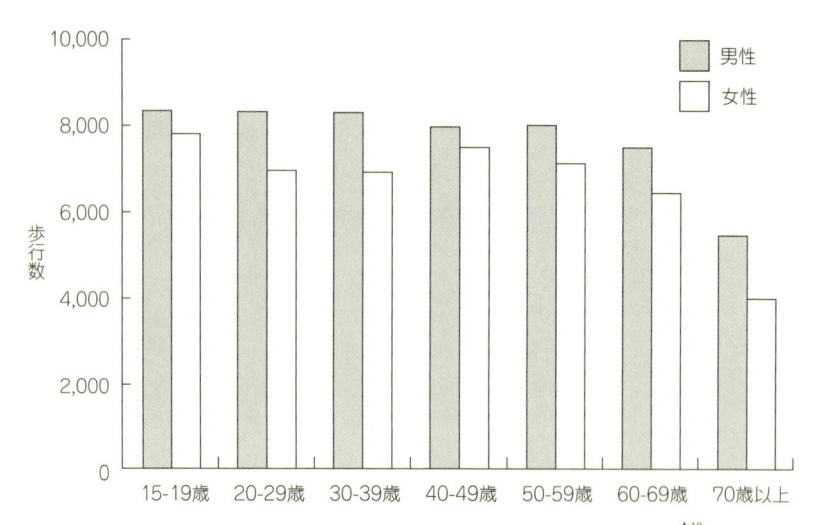

■ 図4-4　1日の歩行数の加齢にともなう変化 (『国民健康・栄養調査の現状報告』[18]をもとに作成)

15〜50歳代までは，8,000歩前後で推移しているが，60〜69歳では7,434歩，70歳以上では5,386歩と低下傾向を示す。女性においても，15〜19歳が7,817歩と最も多い歩数を示すが，20〜50歳代では7,000歩前後で推移し，60〜69歳では6,421歩，70歳以上では3,917歩と，高齢期に入ると身体活動量の急激な低下がみられる。また1日平均1万歩以上歩いている人の割合も，15〜19歳の26.8％と比較して，70歳以上の高齢者では8.8％と約3分の1まで低下する。

このような加齢にともなう身体活動量の低下は，身体的能力の減退を導き，さらに老いの自覚の増加や自尊心の低下などの社会・心理的加齢を加速させる。そしてこのような心身の状態は，さらなる身体活動量の低下につながり，やがて心臓疾患や高血圧などの予備力の減退を引き起こすという悪循環につながることになる。[19]

2　運動・身体活動の心身の健康に対する効果

加齢にともなう影響に加えて，不活発なライフスタイルは，体力の低下や骨量，筋量などの筋骨格系機能の減少を加速させる。このようなことからも，運動やスポーツ活動などによって日常生活を活性化させ，加齢にともなう体力の

低下や骨量や筋量を維持し，減少を遅延していくことや心の健康を良好に保っていくことは重要な課題である。

(1) 体力への効果

定期的に運動を実践し，活動的なライフスタイルを送っている高齢者は，不活発な高齢者と比較して体力が高いことが報告されている。高齢者の機能的体力と活動水準の関係について検討した研究[20]では，少なくとも週に3日以上の運動を1年間以上継続している活動的な高齢者は，活動量の低い高齢者と比較して，筋力，筋持久力，全身持久力，柔軟性，バランスなどの日常生活に必要な体力要素を反映するすべての項目で測定値が有意に良好なことが報告されている。また体力の低下が急速に進行している高齢期においても，適切な運動を実施することで体力の改善を望むことができることも明らかにされている。米国スポーツ医学会の高齢者への運動・身体活動の指針[21]によれば，高齢期においても中強度から高強度の持久力トレーニングの実施は有酸素系の体力の維持や改善を導き，心臓系の疾患などの危険を減らすことや，筋力トレーニングは加齢にともなう筋量や筋力の減少を遅延させ，身体機能の改善を導くことが示唆されている。このような体力や身体機能の改善は，生活機能の維持につながり，「生活の質（QOL: quality of life）」を充実させる。

(2) 筋骨格系機能への効果

中田ら[22]は，先行研究をもとに，発達段階に合わせた骨量・骨密度の維持・増加に対する運動の取り組みを提案している（図4-5）。具体的には，青年期にはできるだけ強度の高いスポーツ活動を通して骨量・骨密度を増加させることや，成人期では趣味として行なうスポーツ活動を実践して骨量・骨密度の維持に努めること，そして高齢期では，日常生活における身体活動を活性化し，身体にバランスよく刺激を与えることにより骨量・骨密度の維持や加齢変化を遅延させていくことが重要であることを指摘している。筋に関しても，定期的に運動やスポーツを実施している高齢者は，筋量や筋力が高いことや，筋力トレーニングで適度な刺激を与えることは，高齢者においても筋量や筋力を改善させることが報告されている。たとえば，40歳以降の男性を対象に，スポーツクラブなどで日ごろ定期的な運動を実施している中高齢者と，特別な身体運動を実施していない中高齢者の筋力を調査した研究では，握力や肘屈曲パワーにおい

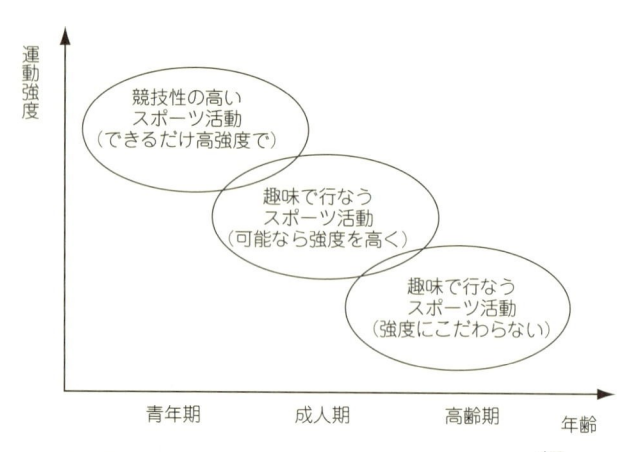

■ 図4-5　ライフステージに合わせた運動種目の選択[22]

ては，運動群と非運動群の間に各年齢ともにほとんど差はみられなかったが，脚伸展パワーでは各年齢群ともに運動群が高い値を示したことが報告されている。この結果から，福永は，「下肢の筋群の老化が著しいことを考えると，定期的な身体運動がとくに下肢の筋機能の低下を防ぐのに効果的である」ことを指摘している[23]。また高齢者の筋へのトレーニング効果については，週2〜3回，10〜12週間の筋力トレーニングを実施することで，筋肥大や筋力の向上などのトレーニング効果が示されることや，90歳以上の超高齢者においてもトレーニング効果が確認されることが報告されている[24]。

加齢にともなう筋量や筋力の低下は，転倒の原因として大きな危険因子となる。そして高齢者では，若年者と比較して，骨量が少ないために，転倒による骨折の危険性が高くなる。このような骨折は，ADLの低下につながり，高齢者のQOLを低下させることになる[25]。したがって，筋力トレーニングなどによって，加齢にともなう筋量の低下の遅延を図ることや，下肢筋力を維持していくことは介護予防の視点からも高齢者にとって重要な課題である。

（3）心の健康や認知能力への効果

運動やスポーツなどの身体活動は，体力や身体機能だけでなく，心の健康や反応時間などの認知機能にもよい影響を与えることがわかっている。バーガー[19]

(Berger, B. G.)は，高齢期の発達課題へ運動や身体活動が果たす役割として，体力や健康の減退に適応することや満足のいく身体的生活条件を発達させることなどの身体的側面への役割と同時に，新たな社会的役割の獲得や人間関係を確立することなどの心理・社会的側面への役割をあげている。

大規模疫学調査によって，高齢女性の身体活動水準と精神的健康の関連について検討した研究では[26]，身体活動水準の高い女性は，低い女性と比較して，精神的健康の状態が良好で，縦断的にみても，良好な精神的健康の状態が維持されることが報告されている。日本人高齢者を対象とした研究においても，1年間にわたって加速度センサー付き歩数計によって客観的に測定された身体活動量が多い高齢者は，少ない高齢者と比較して，抑うつで測定された精神的健康[27]や健康関連QOL[28]が良好であることが確認されている。

また最近では，体力やスポーツ参加と高齢者の認知機能の低下や認知症の発生リスクとの関連が注目されている。55歳以上の中高齢者を対象に有酸素能力と認知機能の関係を縦断的に調査した研究では[29]，ベースラインの有酸素能力は，6年後の認知機能と有意に関連していることが報告されており，高い体力を持つ高齢者は，6年後の認知機能の低下の危険性が低いことが示されている。同様に健常高齢男性を対象とした疫学調査においても，よく歩き活動的な生活習慣を持つ男性は，非活動的な男性と比較して，認知症の発症の危険度が低くなることが明らかにされている[30]。このように，欧米を中心とした疫学研究において，日常身体活動量の多い高齢者や定期的に運動を実践している高齢者は，不活発な高齢者よりも，認知症の発症が少ないことや認知機能の低下が緩やかであることが確認されている。しかしながら，わが国における認知症や認知機能に対する体力や身体活動の効果に関する研究成果の蓄積は，まだまだ十分ではない。加齢にともなう認知機能の低下を緩やかにし，認知症の発症を予防することは，わが国の介護予防対策の大きな柱の1つであることから，高齢者の認知症予防に身体活動や体力の維持がどのように貢献できるかは今後の重要な課題である。

文　献

★1　World Health Organization　1984　The uses of epidemiology in the elderly, reports of a WHO scientific group on the epidemiology of aging. WHO technical report series, 706.
★2　厚生労働省（監修）　2001　平成13年版　厚生労働白書　ぎょうせい　Pp.4-5.
★3　（財）厚生統計協会　2006　国民衛生の動向　**53**（9），200-232.
★4　池上晴夫　1990　新版 運動処方―理論と実際　朝倉出版　Pp.1-54.
★5　谷口幸一（編著）　1997　運動・体力にみられる加齢現象　成熟と老化の心理学　コレール社　Pp.147-164.
★6　種田行男・荒尾　孝・西嶋洋子・北畠義典・永松俊哉・一木昭男・江橋　博・前田　明　1996　高齢者の身体的活動能力（生活体力）の測定法の開発　日本公衆衛生雑誌，**43**（3），196-208.
★7　Rikli, R. E., & Jones, C. J.　1999　Functional fitness normative scores for community-residing older adults, ages 60-94. *Journal of Aging and Physical Activity*, **7**, 162-181.
★8　谷口幸一・古谷　学・井出本隆博　1995　全米健康体育レクリエーション・ダンス連盟（AAHPERD）式の高年者用機能的体力テスト紹介　鹿屋体育大学学術研究紀要，**13**，91-106.
★9　Yaguchi, K., & Furutani, M.　1998　An applicability study of the AAHPERD's functional fitness test for elderly: American adults to elderly Japanese adults. *Environmental Health and Preventive Medicine*, **3**, 130-140.
★10　文部省（監修）　2000　新体力テスト―有意義な活用のために
★11　東京都老人総合研究所　鈴木隆雄・大渕修一（監修）　2004　指導者のための介護予防完全マニュアル　（財）東京都高齢者研究・福祉振興財団
★12　西嶋尚彦　2000　新体力テストとADL　体育の科学，**50**，880-888.
★13　古名丈人・長崎　浩・伊東　元・橋詰　謙・衣笠　隆・丸山仁司　1995　都市および農村地域における高齢者の運動能力　体力科学，**44**（3），347-356.
★14　杉浦美穂・長崎　浩・古名丈人・奥住秀之　1998　地域高齢者の歩行能力―4年間の縦断的変化　体力科学，**47**（4），443-452.
★15　吉村典子　2004　コホート研究からみた骨密度・骨密度変化　日本臨床，**62**，216-220.
★16　曽根照喜・福永仁夫　2004　我が国における骨粗鬆症有病率と国際比較　日本臨床，**62**，197-200.
★17　福永哲夫　2000　中高年者の筋量と筋力　体育の科学，**50**，864-869.
★18　健康・栄養情報研究会（編）　2006　厚生労働省 国民健康・栄養調査の現状報告（平成16年）第一出版
★19　Berger, B. G.　1989　Exercise, aging and psychological well-being: The mind-body question. In A. C. Ostrow（Ed.），*Aging and Motor Behavior*. Indianapolis: Benchmark Press. Pp.117-157.
★20　Rikli, R. E., & Jones, C. J.　1999　Development and validation of a functional fitness test for community-residing older adults. *Journal of Aging and Physical Activity*, **7**, 126-161.
★21　American College of Sports Medicine Position Stand　1998　Exercise and physical activity for older adults. *Medicine and Science in Sports and Exercise*, **30**, 992-1008.
★22　中田由夫・田中喜代次　2004　骨粗鬆症予防のための運動プログラム　浅野勝己・田中喜代次（編）　健康スポーツ科学　文光堂　Pp.173-189.
★23　福永哲夫　1999　高齢者に対しての筋力トレーニングの意義と指導の内容およびその注意点　臨床スポーツ医学，**16**（9），993-1001.
★24　Doherty, T. J.　2003　Physiological of aging invited review: aging and sarcopenia. *Journal of Applied Physiology*, **95**, 1717-1727.
★25　鈴木隆雄　2004　転倒骨折発生状況　日本臨床，**62**，210-215.

★ 26 Lee, C., & Russell, A. 2003 Effects of physical activity on emotional well-being among older Australian women: cross-sectional and longitudinal analyses. *Journal of Psychosomatic Research*, **54**, 155-160.
★ 27 Yoshiuchi, K., Nakahara, R., Kumano, H., Kubok, T., Togo, F., Watanabe, E., Yasunaga, A., Park, H., Shephard, R. J., & Aoyagi, Y. 2006 Yearlong physical activity and depressive symptoms in older Japanese adults: cross-sectional data from the Nakanojo study. *American Journal of Geriatric Psychiatry*, **14**, 621-624.
★ 28 Yasunaga, A., Togo, F., Watanabe, E., Park, H., Shephard, R. J., & Aoyagi, Y. 2006 Yearlong physical activity and health-related quality of life in older Japanese adults: the Nakanojo study. *Journal of Aging and Physical Activity*, **14**, 288-301.
★ 29 Barnes, D. E., Yaffe, K., Satariano, W. A., & Tager, I. B. 2003 A longitudinal study of cardiorespiratory fitness and cognitive function in healthy older adults. *Journal of American Geriatric Society*, **51**, 459-465.
★ 30 Abbott, R. D., White, L. R., Ross, G. W., Masaki, K. H., Curb, J. D., & Petrovith, H. 2004 Walking and dementia in physically capable elderly men. *The Journal of American Medical Association*, **292**, 1447-1453.

第5章

感覚・知覚のエイジング

1 感覚・知覚のプロセス

1 情報処理過程としての感覚と知覚

　人の行動は末梢の感覚器官から外界の刺激を脳に取り込み，その刺激が持つ情報を知覚することから始まる。たとえ，正確無比なコンピュータであっても，正しい情報が入力されなければ，誤った答えを出すだろう。つまり，感覚器官から外界の刺激を脳に取り入れる感覚・知覚のプロセスは，人の行動を考えるうえで非常に重要であるといえる。

　感覚は，末梢の感覚神経に対する物理的刺激による神経の興奮のプロセスを，また知覚は，感覚神経から入力された刺激が，心理的に認識されるプロセスを意味する。目の前に「白い石鹸」があるとしよう。「白い石鹸」の視覚的な情報は，眼球の中の網膜に投影される（図5-4を参照）。そして，投影された映像は，網膜上に並ぶ神経細胞によって電気信号に変換され脳に送られる。この時点では，目の前にある「白い石鹸」は物理的な情報であり，受け手に「白い石鹸」として知覚されているわけではない。脳に送られた情報は，はじめに形や色に関する形態的属性に関した一連の処理がなされたあとに，心理的なイメージ（表象）として脳の中で再構成される。その表象が自分自身の記憶と照合され，一致した時点で，「白い石鹸」として知覚されるのである。

　このような知覚の成立には，感覚器官からボトムアップ的に脳に送られる情

報だけでなく，情報の受け手が刺激に対して能動的に意識を向ける，トップダウンのプロセスが必要である。トップダウンのプロセスは，大きく分けて，注意と認知的な構えという2つの機能で構成されている。第1の機能である注意のプロセスは，情報の受け手が対象物に向ける意識の方向を規定し，情報の入力を効率的に行なう役割を果たす。脳には処理できる情報に限界があるので注意のプロセスによって，入力される情報を制御するのである。

トップダウンのプロセスの第2の機能である認知的な構えとは，情報の受け手が認知的な構えを持つことで情報処理の効率をよくすることである。「幽霊の正体見たり枯れ尾花」と言われるように，夜，幽霊が出るのではないかと怖がっていると，風にゆれるススキであっても，幽霊として知覚してしまうのである。

ここまで述べたように，人が外界の刺激を知覚するプロセスは，単純に外界から入力される情報が受動的に処理された結果ではなく，受け手の注意や認知的構えといった能動的な意識のはたらきとの相互作用の結果として生じる。したがって，感覚・知覚における加齢の影響を考えるには，単に感覚器官の加齢変化だけでなく，トップダウンプロセスとのかかわりを考慮する必要がある。

2 感覚・知覚のプロセスにおける加齢の影響

感覚のプロセスにおいて，なんらかの情報の誤りや喪失があると，知覚に問題が生じ，次の行動に大きな問題が生じかねないことは，想像に難くないだろう。高齢になると，視覚や聴覚において感覚器官の加齢が進行し，若いときのように正確に情報を取り込むことがむずかしくなったり，取り込める情報の範囲が制限されるようになったりする。そのために，その先の行動に問題が生じることがある。

直接的な影響としては，見えが悪いために，字が読みにくくなったり，食器や衣服の汚れに気づかず不潔になったり，段差に気づかず転倒する危険性が高くなる。また，聞こえが悪いために，意思の疎通がうまくできなくなったり，電話での会話が困難になったり，警笛やエンジン音が聞こえず事故に巻き込まれやすくなるなどがあげられる。味覚や嗅覚の低下のために，高齢になると料理の味つけが濃くなったり，過度に醤油などを使ったりする，といった話を聞

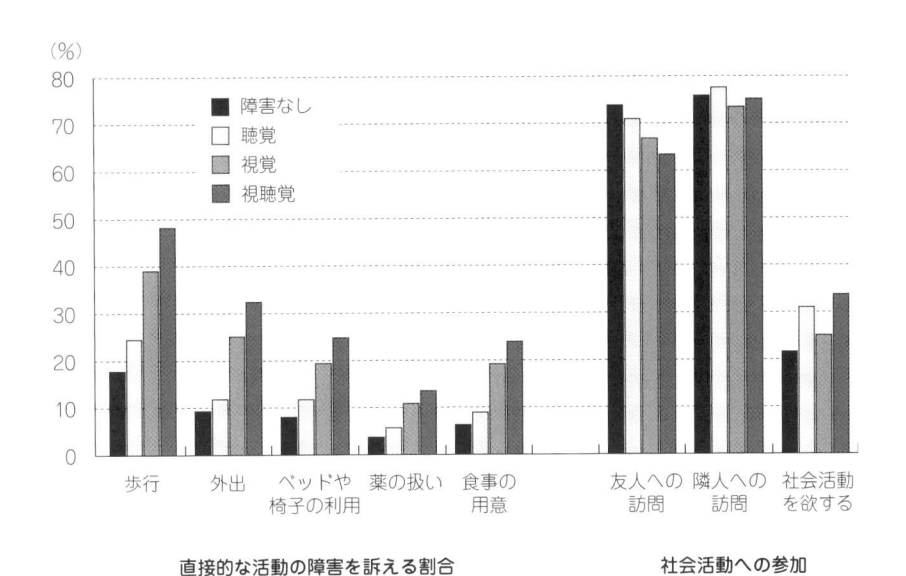

図 5-1 視聴覚の障害が直接的な活動，社会的な活動へ与える影響[*1]

いたことがあるかもしれない。

　間接的な影響としては上記の経験が積み重なった結果，外出に臆病になったり，対人交流が減少したりするといった問題がある。クルーズ（Crews, J. E.）とキャンベル（Campbell, V. A.）[*1]は70歳以上の高齢者約1万人を調査し，視覚に問題がある人（24.4%），聴覚に問題のある人（9.4%），両方に問題がある人（8.2%）と問題のない人（58.0%）の間で日常生活における活動レベルを比較している。その結果，図5-1に示すように，歩行，外出，ベッドや椅子の利用，薬の扱い，食事の用意といった直接的な行動に関して，聴覚，視覚，視聴覚障害の順で困難度が増加することを示している。社会的活動の側面では，近隣の人への訪問といった最低限の人との交流は維持できているものの，友人への訪問という重要な対人交流が減少し，視聴覚に問題を持つ高齢者の多くが自分自身の社会活動は少ないと感じているのである。このように，高齢期における感覚・知覚の問題は，単に情報の理解や意思疎通の問題といった側面にとどまらず，社会生活全般の質にも影響する問題なのである。

2 視覚のエイジング

1 加齢によって生じる視覚上の変化

　加齢による視覚の低下は，比較的早い年齢から始まる。図5-2では，年齢群別，性別に「目のかすみ」と「物を見づらい」という自覚症状を訴えている人の割合を示す。両症状とも有訴者の割合は40代前半までは，約2%程度であるが，45〜54歳で急激に増加する。その後，年齢とともに漸増し，75歳以上では約15%が「目のかすみ」，約13%が「物を見づらい」との自覚症状を訴えている。視覚の加齢は比較的若い40歳代から生じることがわかる。コスニック(Kosnik, W.)らは，視覚における加齢の特徴をさらに詳細に分類した。彼は，幅広い年齢層を対象に日常生活で感じる視覚に関する問題点の主観的報告を収集し，以下の5つの側面を見いだした。

① 本や新聞などを読んだり視覚的な作業を実行する際に時間がかかること（視覚情報処理速度：visual processing speed）。

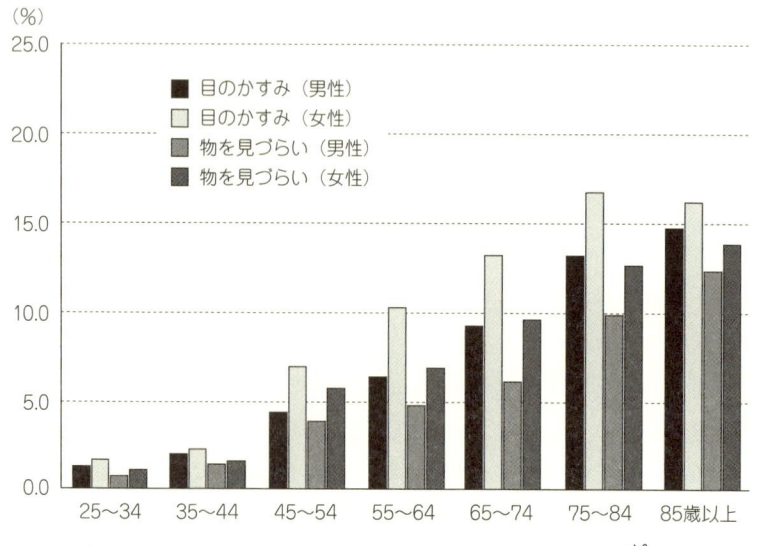

■ 図5-2　年代ごとにみた視覚の問題を訴える人の割合

② 暗がりや薄明かりの中で物を見ることや暗い場面に対する順応（暗順応）を苦手に感じること（明るさに対する感度：dim illumination）。
③ 映画のエンドタイトルや電光掲示板などに流れる文字を見たり，動く物体を追従したり，その中の目標を抽出すること（動体視力：dynamic vision）。
④ 近視点距離の作業の実行が苦手になったり，小さい文字を読むのが難しくなること（近視力：near vision）。
⑤ 電車の路線図から自分の行き先を探す，人ごみで待ち合わせ相手を探す場面のように，多くの刺激の中から目標刺激を見つけ出すこと（視覚探索：visual search）。

なお，これらの中でも，視覚情報処理速度と近視力は，比較的早い年齢から急激に低下するが，他の側面に関しては，比較的緩やかな低下を示すことが報告されている。

視覚の諸機能に関してはその他にも，視野の中心から外にいくにしたがって物の知覚が悪くなること（周辺視：peripheral vision），物の位置関係がわかりにくくなること（奥行き知覚：depth perception），立体的な知覚が悪くなること（立体視：stereoscopic vision），背景と対象の間で明度の差（コントラスト）が小さい場合に知覚が低下し（コントラスト感度：contrast sensitivity），明暗がはっきりしない状況下で物の弁別が悪くなることなどが知られている。

こういった視覚機能の低下は，スポーツや自動車の運転場面で高齢者にとって不利にはたらく。特に動体視力は，交差点における対向車や合流路における接近車との距離の見きわめに重要である。図5-3に静体視力と動体視力を年齢別，性別に比較した結果を示す[*4]。この図からわかるように，動体視力が静体視力よりも劣る傾向は高齢者だけの特徴ではないが，高齢者では若年者よりもより顕著であることがわかる。また，トンネル通過時には昼夜を問わず，急激な明るさの変化をともなう。トンネルに入ってしばらく中のようすが見えないことを経験したことがあるだろう。長いトンネルは，出入口付近の照明の明るさを中間付近と変化させ，急激な明るさの変化を感じさせないように設計されている。高齢者では暗順応や明順応に時間がかかる。また，対向車が発するヘッ

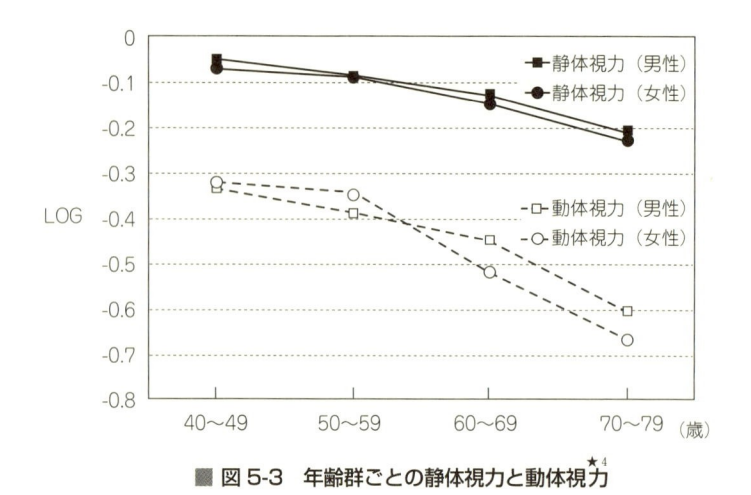

■ 図5-3　年齢群ごとの静体視力と動体視力[4]

ドライトによる光の乱反射（グレア：glare）に対しても脆弱である。したがって，高齢ドライバーはトンネルの入口，出口付近だけでなく，トンネル内でも，十分に速度を落とすことが必要である。また，後に言及する注意のプロセスの加齢変化や有効視野の減少[5]なども，高齢者の運転を困難にする重要な要因である。

2　人の目の構造と加齢の変化

視覚に対する加齢の影響について述べたが，その背景には感覚器官の生理的変化が存在する。眼球の構造を図5-4に示す。外界に存在する刺激は，眼球の前方に位置する角膜と水晶体を経由して，網膜上に投影され，そこに並んだ神経によって電気信号に変換される。

加齢によって生じる生理的変化は，水晶体と網膜上の桿体細胞で顕著に現われる。外界の刺激は，レンズ構造を持つ水晶体の厚さを調節することで網膜上に焦点を結ぶことができる。水晶体の調整は毛様体とよばれる筋肉でなされるが，加齢にともなって，水晶体の弾力性が低下し，レンズの厚さが十分に変化しなくなる。そのために，ピント調節が困難になり近点視力が低下するのである。これが，早い人では40歳ぐらいから始まる老人性遠視（老眼）の原因となる。

網膜上には錐体細胞と桿体細胞という特性の異なった神経細胞が配置されて

■ 図5-4 人の目の構造[7]

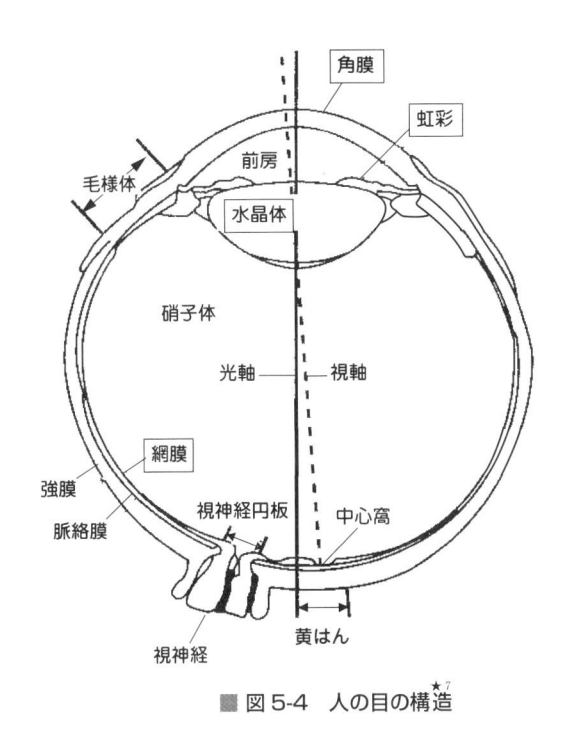

いる。錐体細胞は視野の中心の情報を集める部位により多く分布し，文字や記号などの細かな情報を取り入れるのに適している。一方，周辺の視野の情報を集める部位に多く分布する桿体細胞は，刺激の詳細な判別よりも，動きや色といった物体の大まかな特徴を捉える能力にすぐれている。加齢の影響は桿体細胞において大きい[6]。そのために，加齢の影響は動体視力，明るさの知覚，などの低下として現われるのである。また，周辺視の低下は，まぶたを支える筋力の低下にともなうまぶたの物理的な下垂によって生じることもある。

3　視覚における病的な加齢変化

　視覚に対する加齢の影響を考えるうえで，高齢者で増加する眼科疾病を無視することはできない。白内障や緑内障はその代表的な疾患であり，視覚に関する問題に与える影響も大きい。白内障は加齢だけではなく，化学物質や紫外線

の影響で水晶体のたんぱく質が変性し白濁する病気である。症状として，白濁の影響で，眼球に取り入れられる光が乱反射し，網膜上に正確な像が結べなくなったり，まぶしさを感じたりすることがあげられる。白内障が進行した高齢者が明るい光の下で過度にまぶしさを訴えるのはそのためである。白内障の有病率は 60 歳代で約 70％，80 歳代ではほぼ 100％といわれるほど，加齢にともなう有病率が非常に高く，避けることは難しい。[7]しかし，現在は，濁った水晶体を人工物と入れ替える手術が普及しており，ほとんどの場合，機能が回復する。一方，緑内障は眼圧の上昇によって視神経が損傷し，視野が欠損する。視野の欠損は周辺視から生じることが多く，視野が狭小化し最終的には失明に至る。緑内障の有病率は 60 歳代で約 8％，70 歳代で約 13％と加齢にともなって上昇するが，白内障と比べて低い。[8]なお，進行を鈍化させることはできるが，白内障と異なり，失った視覚機能を回復することはできない。

3 聴覚のエイジング

1 加齢によって生じる聴覚上の変化

聴覚に関しては，視覚ほど早い年齢から機能低下は始まらないが高齢期には問題を持つ人の割合が激増する。図 5-5 には，年齢群別，性別に「耳鳴りがする」と「聞こえにくい」という自覚症状を訴える人の割合を示す。[2]視覚と異なり，65 歳未満では，聞こえにくさに関する有訴率は 5％以下と低いが，その後急激に増加することがわかる。そして 75 歳以上になると約 15％，85 歳以上になると約 25％が「聞こえにくい」という自覚症状を持っている。先に紹介したクルーズとキャンベルの研究でも示されたが，[1]高齢者では視覚よりも聴覚に問題を持つ人の割合が高いことがわかる。

スラウィンスキー（Slawinski, E. B.）ら[9]は，日常生活における聴覚に関する問題を自己報告によって分類し，加齢によって低下する以下の 5 つの特徴を報告している。

第5章 感覚・知覚のエイジング

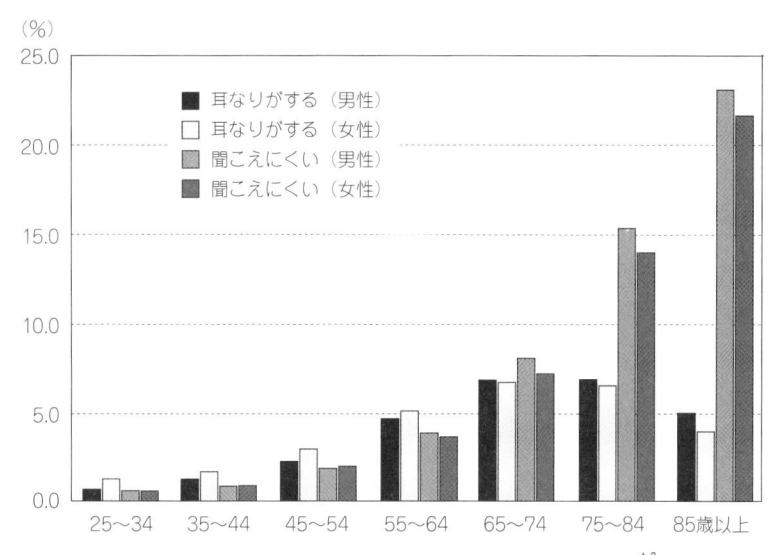

■ 図5-5 年代ごとにみた聴覚に問題を訴える人の割合[*2]

① 人ごみや多くの人が同時に話をしているような，背景ノイズがある状況での聞き取り（背景雑音：background noise）
② 方言や子どもことばの聞き取り（なまり：distorted speech）
③ 「ば」と「ぱ」や「か」や「が」といった，音の聞き分け（時間解像度：temporal resolution）
④ 相手の性別年齢を問わず普段の会話の聞き取り（普段の会話：normal speech）
⑤ カエルの鳴き声や落ち葉の上を歩く時に聞こえるカサカサというような，高周波数の音の聞き取り（高周波数音：high pitch）

なお，高齢期における聴覚の低下が最も問題になるのは，会話の聞き取りであるが，会話の聞き取りの低下には，音の聞き分けのほかにも，音の切れ目の知覚（音の切れ目：gap detection），音の聞こえる方向を同定する能力（音源定位：localization of sound）の低下の影響が指摘されている[*10]。また，後に言及する注意機能の低下も会話場面で高齢者にとって不利にはたらく要因である。

2 聴覚の構造と加齢変化

　聴覚機能は，外界からの刺激を聴覚神経によって電気信号に変換し脳に情報を取り入れることによって実現される。図5-6に示すように，聴覚は大きく分けて，耳たぶから鼓膜までの外耳，鼓膜から耳官までの中耳，蝸牛から前庭までの内耳に分かれる。物理的には空気の振動である聴覚刺激は，鼓膜，耳小骨を経て，蝸牛に伝達され，その振動を蝸牛に配置された有毛細胞が電気信号に変換し脳に伝える。加齢にともなう聴力の低下は，大きく2つのタイプに分けられる。伝音性難聴は，内耳より外の鼓膜の障害などによって生じる。感音性難聴は，おもに蝸牛にある有毛細胞が脱落し，音の電気信号への変換が悪化することで生じる。有毛細胞は一度脱落すると再生しないために聴力が回復することはない。[★11]

　聴力は，特定の周波数の音からなる純音の聞き取り能力によって評価されることが多い。純音の聞き取り能力は，音の高さ（Hz）と音の大きさ（dB）の

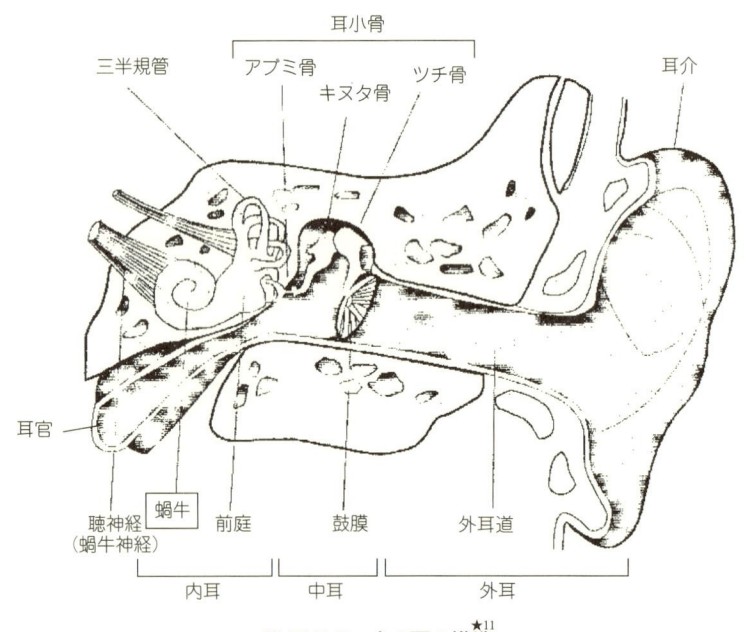

■ 図5-6　人の耳の構造[★11]

第5章 感覚・知覚のエイジング

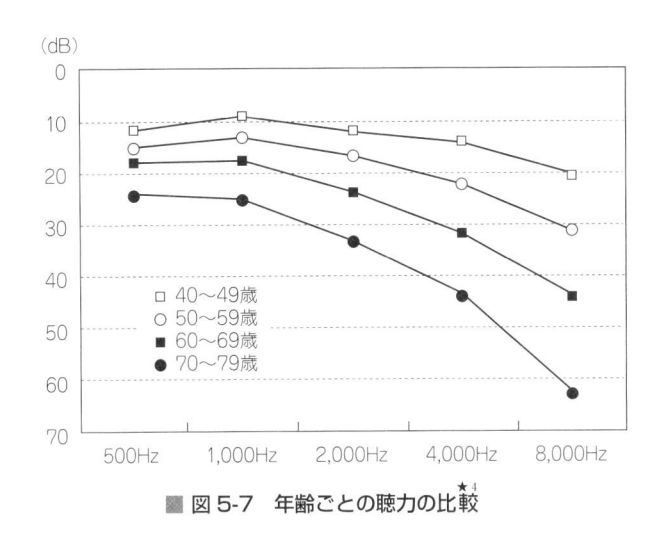

■ 図5-7　年齢ごとの聴力の比較[★4]

2つの側面から測定される。図5-7に，年齢ごとの聴覚検査の結果を示す[★4]。この図からも1,000Hz以下の周波数に対する感度よりも，より高い周波数の音域で，加齢の影響が大きいことがわかる。一般的に女性の声よりも男性の声のほうが聞き取りやすいといわれているのは，このように，高周波数の音に対する感度が悪くなるためである。

4　感覚・知覚測定の実際

1　視覚の測定

　視覚機能にはさまざまな側面があるが，代表的な例として静体視力と，視野の測定法を紹介する。視力検査は，ローマ字のCに似た，ランドルト環とよばれる模様を用いて測定されることが多い。基準となるランドルト環は直径7.5mm，線の太さが1.5mmの円が基準になっている。ランドルト環は，上下左右と斜めの計8方向のうちいずれかが欠けており，この欠けている部分の視認の可否で視力を判断する。5mの距離から視認できる能力が視力1.0である

と定義されている。そして2分の1の距離でしか視認できなければ視力0.5で，1.5倍の距離から視認できれば視力は1.5となる。しかし，一般の視力検査においてはランドルト環の大きさを変えて実施されることは，よく知られている。近年は，焦点距離を調節した小さなボックス型の装置を利用して測定する方法が一般的になっている。

視野の測定には，被検査者に一点を注視するように求め，周辺視域に提示された事物が視認可能であるかどうかを評価する方法がとられる。簡易的には，同心円を描き，1 mの距離から視認できる範囲を確認する方法もとられる。一方，定量的に測定するためには，ゴールドマン視野計とよばれる装置が長らく使用されてきた。ゴールドマン視野計は，大きな中華なべに似たすり鉢様の物体からなる装置である。すり鉢の真ん中には注視点があり，被検査者は，それを凝視しながら，周辺から中心に移動するさまざまな色や明るさの光点に対して反応する。反応が得られた点を結ぶことによって，視野の広さや欠損が確認できる。

2 聴覚の測定

聴力は，ある高さの音（周波数）が，どれくらいの大きさ（音圧）で聴取可能であるかという2つの次元から評価される。一般的な聴覚検査で用いられるのはオージオメータとよばれる測定機器である。オージオメータは，125Hzから8,000Hzの間のさまざまな周波数の純音（正弦波）の刺激を順を追って提示し，各周波数における知覚できる音圧（dB）を測定する。高齢者において，高い音が聞こえにくくなるのは，高周波数の刺激を聞き取るためには強い音圧が必要になることからわかる（図5-7参照）。

なお，この方法は，心因性難聴のように，感覚器官に異常が見られないにもかかわらず音の知覚ができない場合には機能しない。その場合は，生理的，心理的な変化に影響を受けにくい音刺激に同期して10msecまでに生じる脳波の変化（聴覚性ERP）を捉える方法も用いられる。聴覚性ERPは，音の物理的な大きさなどに影響を受け波形が変化するために，音の知覚ができない原因が，感覚器官にあるのか，心理的なものであるかを弁別することが可能である。あとで紹介する聴覚における注意研究などでこのテクニックが用いられている。

5 感覚・知覚に関する研究動向

1 注意の加齢

　注意は，行動を目標に対して方向づけるはたらきで，認知機能の中でも最も基本的で重要な機能の1つといえる。その中でも選択的注意は，外界にある複数の刺激の中から，自分の行動に関連する目標に焦点を当てる機能である。分配的注意は，いくつかの行動や目標に同時に注意をふり分ける機能である。[12]

(1) 選択的注意と加齢

　先に加齢にともなう視覚機能低下の一側面として，視覚探索をあげた。高齢者が視覚探索を苦手に感じる要因として，感覚器官の低下だけでなく，選択的注意の低下があげられる。選択的注意の役割は処理能力に限界がある脳に外界から入力される情報を制限するはたらきであると述べたが，高齢者は目標の周囲に存在する妨害刺激の存在によって，目標となる刺激の知覚効率が低下するのである。[13]

　日常場面での例として駅の路線案内図（図5-8）を紹介する。案内図には，多くの駅名が大まかな位置関係とともに示されている。目的地までの運賃を調べて切符を購入するには，案内図の自分の目的地（目標刺激）を目的地以外（妨害刺激）の中から見つけることが求められる。このような場面において，高齢者は妨害刺激が多くなるほど，若年者に比べて目標の検出に時間がかかること

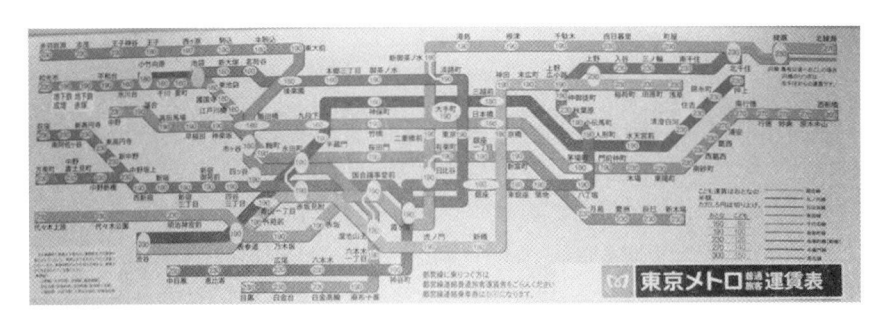

■ 図5-8　東京の地下鉄の路線図

が知られている。[14]

　聴覚においても同様に，同時に2人の人に話しかけられ，一方に対応しなければならないような場面のように，目標語と妨害語の聞き取りを同時に行なう場合などで，高齢者では聞き取りの成績が低下することが知られている。[15]

　このように高齢者では，選択的注意機能の低下のために，視覚，聴覚問わず，妨害刺激の影響を受け目標刺激の知覚が低下するのである。その原因として，加齢にともなって生じる認知情報処理速度の普遍的遅延[16]や抑制機能の低下[17]などがあげられる。いずれにせよ，高齢者に対して視覚的に情報を提供する場合や聴覚情報のやりとりである会話場面では，複数の情報を同時に与えることは避け，情報を整理し順序立てて提示することが重要である。

(2) 分配的注意と加齢

　選択的注意は，意識を1つの対象に向けるはたらきであるが，日常生活を考えると，1つの対象のみに意識を向けていると，他からの刺激の入力を制限することになり，危険な状況をつくり出しかねない。たとえば，ウインドーショッピングをしながら歩いているときに，ディスプレイのみに注意を向けていると，正面から歩いてくる人や電柱にぶつかる可能性が高い。しかし，実際にそのようなことがあまり起こらないのは，分配的注意とよばれる機能が注意を複数の方向に同時にふり分けるはたらきを持っているからである。ただし，選択的注意において述べたように，人の情報処理能力には限界があるために，分配できる注意には限度がある。また，分配的注意そのものには加齢の影響は認められないとも考えられているが[18]，高齢者では，注意を分配しなければならないような複雑な状況では，若年者よりも作業効率が低下することが知られている。[19]また，感覚・知覚場面でも注意を分配することによって，高齢者では知覚が低下することがわかっている。

　視覚における注意の分配の例として，有効視野（UFOV: useful field of view）を紹介する。視野には中心視野と周辺視野があると先述したが，実は両者の中間には，有効視野とよばれる領域がある。[9]有効視野は情報を取り込むことができる視野領域とされており，刺激の属性や，課題の難易度によって変化する。写真（図5-9）の例は，ロープウェーの駅で到着するゴンドラを待っている場面である。真ん中の透明な円が中心視野，霞がかかった部分が有効視

■ 図5-9 中心視野に注意した場合（左）と，注意を向けない場合（右）の有効視の違い

野である。写真右では，何気なくゴンドラに描かれたマークと文字を見ている（注意を向けていない）ので，有効視野は比較的広く，駅員の動きを知覚できる。一方，写真左では，マークと文字に注目している（注意を向けている）ために，駅員の動きが知覚しにくくなる。高齢者では，注意を中心視野に向けると，若年者よりも有効視野の狭小化が顕著になり，視野内で生じた変化を知覚することがむずかしくなる。[20]

聴覚においても同様に，注意の分配が知覚の低下に影響を与えることが知られている。パーティ会場のような喧騒の中で人と会話をしていても，自分の名前が呼ばれたら，気がつくことがあるだろう。カクテルパーティ効果とよばれるが，親密度が高い言葉が耳に入ると，注意を向けていなくても，自動的に情報が取り込まれ知覚されるのである。これは，注意が相手の声だけでなく，環境音にも分配されているため，両方の音が脳で処理されるからだと考えられている。しかし，高齢者では，感覚器官の低下によって入力される情報の損失が大きいために，相手の話す言葉を聞くことに，より注意を向ける必要が生じる。

その結果，注意を向けていない情報に関する処理が進まないのである。[21]

2 トップダウンのプロセスと加齢

　感覚機能の低下のためにボトムアップの情報に損失や劣化が生じると，人はトップダウンの処理でその損失を埋めようとする。筆者も，自宅のリビングルームのテーブルの上に置かれていた，ホテルに備え付けてあるような小さい「白い石鹸」を，ホワイトチョコレートとまちがえて包みを開けて口にしたことがある。その原因は，単に夕方で部屋が薄暗く感覚器官から入力される視覚的な情報が損失していたためだけではない。リビングにあるのは食べ物に違いないという，認知的な構えを筆者が持っていたことが，この誤りの原因といえる。

　これは，トップダウン処理がうまく機能しなかった例である。しかし，このエラーの過程を裏返してみれば，薄暗くなり，視覚情報が損失した状態でも，自分が置かれた状況と文脈を利用すれば，損失した情報を補うことができる可能性を示唆している。普通はリビングテーブルの上に石鹸が置かれることはまれであろう。筆者が持っていた認知的な構えどおり「ホワイトチョコレート」がテーブルの上に置かれていれば，薄暗い環境下でも，トップダウンのプロセスのおかげで，無事おいしい思いができたはずなのである。あらかじめ持っている知識や与えられた手がかりを利用し，認知的構えを形成することは，情報を効率よく処理することにつながる。

　では，このようなプロセスは高齢者ではどのようにはたらいているのであろうか。視覚情報の知覚に関しては，視覚探索場面であらかじめ目標に関する手がかりが与えられていると，高齢者にとってその手がかりの効果は大きい。[22]先の路線図（図5-8）でいえば，上野は北西の方向にあるといった，目的地についての知識があると，その手がかりを利用することで，高齢者はより効率的に目的地を発見できるのである。

　聴覚においては，会話場面での文脈効果の影響として観察できる。静かな場所で人と会話をしているような場面でも，聴覚機能が低下した高齢者には，喧騒の中で会話していることに等しい。したがって，聞き取れなかった言葉を前後の文脈から補うということが必要になるが，高齢者は，この文脈の手がかりを若年者と同様に利用していることが知られている。[23]

一方で，高齢者は予測に依存する傾向が強いことも指摘されており[24]，与えられる手がかりがまちがっていたり，手がかりの規則性が変化したりすると，筆者の先の経験のようにまちがった反応をする可能性も高くなる。しかし本章のはじめで述べたように，感覚・知覚のプロセスは，単純に感覚器官の加齢とともに低下するのではなく，トップダウンのプロセスによってその低下が補われている。したがって，感覚器官の低下を補う，さまざまな手がかりとともに情報を与えることが，高齢者には大きな助けとなることは確かである。

文　献

- ★ 1 Crews, J. E., & Campbell, V. A. 2004 Vision impairment and hearing loss among community-dwelling older Americans: implications for health and functioning. *American Journal of Public Health*, **94**, 823-829.
- ★ 2 厚生労働省　平成10年 国民生活基礎調査
- ★ 3 Kosnik, W., Winslow, L., Kline, D., Rasinski, K., & Sekuler, R. 1988 Visual changes in daily life throughout adulthood. *Journal of Gerontology*, **43**, 63-70.
- ★ 4 国立長寿医療研究センター　老化に関する縦断的研究の結果から　http://www.nils.go.jp/department/ep/index-j.html
- ★ 5 石松一真・三浦利章　2003　分割的注意と加齢　心理学評論，**46**（3），314-329.
- ★ 6 Gao, H., & Hollyfield, J.G., 1992 Aging of the human retina. Differential loss of neurons and retinal pigment epithelial cells. *Investigative Ophthalmology and Visual Science*, **33**, 1-17.
- ★ 7 安藤　進・鈴木隆雄・高橋龍太郎　2000　目の老化を考える　図解 老化のことを正しく知る本―健康に生きるための基礎知識　中経出版　Pp. 103.
- ★ 8 日本緑内障学会　多治見市民眼科検診報告会配布資料　http://www.ryokunaisho.jp/general/ekigaku/tajimi.html
- ★ 9 Slawinski, E.B., Hartel, D.M., & Kline, D.W. 1993 Self-reported hearing problems in daily life throughout adulthood. *Psychology and Aging*, **8**, 552-561.
- ★ 10 Kline, D.W., & Scialfa, C. T. 1997 Sensory and perceptual functioning: basic research and human factors implications. In A. D. Fisk, & W. A. Rogers（Eds.）, *Handbook of Human Factors and the Older Adult*. San Diego, CA: Academic Press. Pp. 27-54.
- ★ 11 安藤　進・鈴木隆雄・高橋龍太郎　2000　耳の老化を考える　図解 老化のことを正しく知る本―健康に生きるための基礎知識　中経出版　Pp. 119.
- ★ 12 川口　潤　1995　注意　高野陽太郎（編）認知心理学2―記憶　東京大学出版会　Pp. 49-69.
- ★ 13 McDowd, J. M., Oseas-Kreger, D.M., & Filion, D. L. 1995 Inhibitory processes in cognition and aging. In F. N. Dempster, & C. J. Brainerd（Eds.）, *Interference and Inhibition in Cognition*. San Diego, CA: Academic Press. Pp. 363-400.
- ★ 14 Scialfa, C. T., Esau, S. P., & Joffe, K. M. 1998 Age, target-distractor similarity, and visual search. *Experimental Aging Research*, **24**, 337-358.
- ★ 15 Barr, R. A., & Giambra, L. M. 1990 Age-related decrement in auditory selective attention.

Psychology and Aging, **5**, 597-599.
★ 16 Cerella, J. 1990 Aging and information-processing rate. In J. E. Birren, & W. K. Schaie (Eds.), *The Handbooks of Aging*. 3rd ed. San Diego, CA: Academic Press. Pp. 201-221.
★ 17 Hasher, L., & Zacks, R. T. 1988 Working memory, comprehension, and aging: a review and a new view. In G. Bower (Eds.), *The Psychology of Learning and Motivation* Vol. 22. San Diego, CA: Academic Press. Pp. 193-225.
★ 18 Salthouse, T. A., Fristoe, N. M., Lineweaver, T. T., & Coon, V. E. 1995 Aging of attention: does the ability to divide decline? *Memory and Cognition*, **23**, 59-71.
★ 19 Hartley, A. 2000 Attention. In I. M. F. Craik, & T. A. Salthouse (Eds.), *Handbook of Aging and Cognition*. 2nd. ed. Mahwah, NJ: Lawrence Erlbaum Associates. Pp. 3-49.
★ 20 Scialfa, C. T., Thomas, D. M., & Joffe, K. M. 1994 Age differences in the useful field of view: an eye movement analysis. *Ophthalmology and Visual Science*, **71**, 736-742.
★ 21 Alain, C., McDonald, K. L., Ostroff, J. M., & Schneider, B. 2004 Aging: a switch from automatic to controlled processing of sounds? *Psychology and Aging*, **19**, 125-133.
★ 22 Madden, D. J., Whiting, W. L., Cabeza, R., & Huettel, S. A. 2004 Age-related preservation of top-down attentional guidance during visual search. *Psychology and Aging*, **19**, 304-309.
★ 23 Pichora Fuller, M. K., Schneider, B. A., & Daneman, M. 1995 How young and old adults listen to and remember speech in noise. *The Journal of the Acoustical Society of America*, **97**, 593-608.
★ 24 Humphrey, D. G., & Kramer, A. F. 1997 Age differences in visual search for feature, conjunction, and triple-conjunction targets. *Psychology and Aging*, **12**, 704-717.

【参考文献】

Strouse, A., Ashmead, D. H., Ohde, R. N., & Grantham, D. W. 1998 Temporal processing in the aging auditory system. *The Journal of the Acoustical Society of America*, **104**, 2385-2399.

第6章 記憶・学習のエイジング

1 記憶・学習のエイジングの特徴

1 さまざまなエイジングの特徴

 日常的に,「どこで,いつ会ったとか,どんな話をしたかとか,他のことはみんな思い出せるけれど,肝心の名前が出てこない」というように,そこまで思い出せるのに言葉になって出てこないという経験をすることがある。これは,「のどまで出かかる現象(TOT: tip-of-tongue)」として知られているが,4週間にわたって経験したTOTを記録し分析した結果,「高齢者は若い人よりTOT状態になることが多い」「思い出そうとしている単語について,TOT状態中に浮かぶ細部の情報の量は若年者のほうが多い」「TOT状態を最もよく発生させるのは固有名詞で,それ以外では,高齢者は日常的な事物の名称,若年成人では抽象名詞が多い」「TOTの解消の比率は差がない(探り当てる確率90%)」などのことが明らかにされている。[★1]

 これ以外にも,「何かをするために立ち上がったのはいいけれど,そのすることを忘れてしまった」「新しいことを学ぶことがむずかしくなってきた」などのことを経験するが,そこには「加齢にともなう記憶能力や学習能力の低下」という一言でまとめることのできないさまざまなエイジングの特徴がその背景に横たわっている。

 以下,いくつかの観点から記憶能力・学習能力のエイジングの特徴について

みていくことにする。

2 記憶能力・学習能力のエイジングの特徴

(1) 再生と再認

　記憶のメカニズムは，記憶の過程（プロセス）という点からみると，記銘（符号化）→保持（貯蔵）→想起（検索）という3つの過程をたどる。まず，経験したことは記憶として取り込まれる，すなわち，覚える段階である（記銘）。その際，その内容は脳の中に記憶されやすい符号に置き換えられる。このため，この過程は符号化（コーディング）ともよばれる。この記銘された内容は，脳の中で保持される（貯蔵）。そして，それらの内容は必要に応じて，適宜，思い出される（想起）。想起は膨大な記憶内容の中から，必要な情報を引き出していく作業でもある。そのため，検索ともいわれる。

　さて，想起には，大きく，再生と再認の2つの種類がある。以前に経験したそのままを再現することが「再生」であり，経験したことを「そうであった」「なかった」と確認することが「再認」である。

　これまでの研究から，「そのまま自由に再生する（自由再生）」「人の名前のような特殊な事項の再生」「出来事や場所や時間の詳細」などの想起がエイジングにともない低下するということが明らかにされている。

　しかし，自力では再生できなかった情報でも，適切な手がかりを提示されることにより思い出すことができ（手がかり再生），当初みられた年齢間の差がなくなったという研究報告もあり，再認の場合はそれほど大きな年齢差はみられていない。

　このような差は，1つには，貯蔵されている情報を探索し取り出すという操作機能の加齢にともなう低下（検索の精度の衰え）を示すものである。しかし，その低下は，再認の結果で示されるように経験事項をそれと確認できないほどに大きなものではないし，再生の結果で示されるように，細部まで覚えているほど小さなものでもない。記銘の際のコーディングやリハーサルに応じたなんらかの検索の手がかりがあれば細部の再生も可能である，というレベルのものであり，これらのエイジングにともなう低下が，高齢者の日常生活に障害を及ぼすことはきわめて少ないと考えてよいだろう。

(2) アトキンソンらの情報処理モデル

　これまでの研究で情報処理の観点から記憶能力のシステムについては，いくつかのモデル化がなされている。最も基本的なものは，アトキンソン(Atkinson, R. C.)とシフリン（Shiffrin, R. M.）のモデル[★2]であるが，これは，記憶を情報の保持の経過という視点から，「感覚記憶」「短期記憶」「長期記憶」という3つのシステムに分けて考えるものである。

　後述するようにこのモデルは現在，さまざまな発展をみているが，記憶の基本的なメカニズムが理解しやすいということもあり，ここではまず，アトキンソンとシフリンのモデルを紹介する（図6-1）。

　まず，目や耳，皮膚などの感覚器官を通して外界の情報が感覚登録器へと入ってくる。これらの情報は，感覚情報としてきわめて短い時間（1秒以内）保持されるが，その情報は意識するにしろ，しないにしろ注意を向けられることがないと消えてしまう。

　注意が向けられた情報は，まず，感覚登録器（感覚記憶）を経て短期貯蔵庫へと入っていく。しかし，この中では情報（短期記憶）は，秒単位の間しか留まれないし，そこに留まれる情報の量（記憶容量：数字や文字を一度に覚えられる数）も限られている（一般的には5〜9個）。

　短期貯蔵庫の中にあった情報は，なんらかのリハーサル（復唱）がなされな

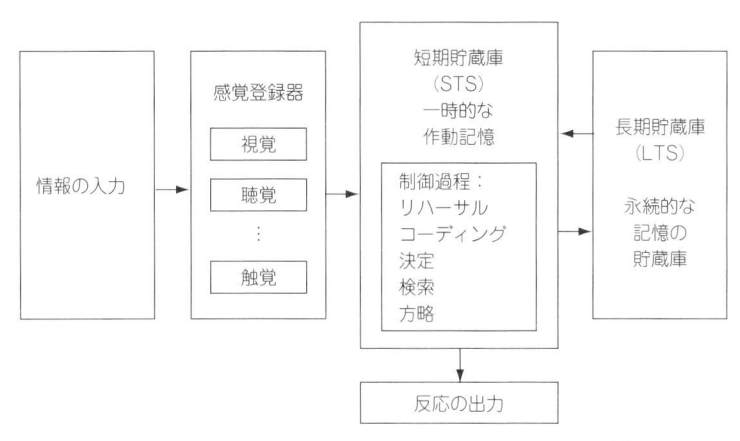

■ 図6-1　アトキンソンとシフリンの情報処理モデル[★2]

い限り抜け落ち，長期貯蔵庫への移行もむずかしくなる。そこで，くり返し数字を言って覚えたり（維持リハーサル），ゴロあわせで覚える（精緻化リハーサル），あるいは，なんらかの意図的な記憶方略をとることによってそれらは自然に長期貯蔵庫へと移行し，貯蔵され，また，検索（想起）がしやすくなる。

　このようにしていったん長期貯蔵庫の中に入った情報（長期記憶）は，すでにある知識構造の中に組み込まれ，長期にわたって保存される。その中に留まれる容量は無限といってもよい。

　長期貯蔵庫の中の情報は，必要に応じ検索され想起されるが，その記憶情報は，再び，一時的に短期貯蔵庫の中に移され，そこで運用される。その意味で，この短期記憶は作動記憶（ワーキングメモリー：working memory）ともいわれる。

　さて，このメカニズムの中に，エイジングにともなう記憶力の低下の理由のいくつかがあげられる。1つは，符号化の際の問題であり，「注意」という心的メカニズムがそこにかかわってくる[★3]。実験室研究レベルで，単語の記憶の最中に「注意をそらす課題」をしたとたんに再生率が低下したという研究があるが，これらは日常的に経験することでもある。エイジングにともない「注意力」が低下し，このことが，情報の符号化に影響をもたらし，「記憶しにくい」「思い出しにくい」という現象につながっていくものと思われる（再認については，大きな影響を及ぼしていないらしいとする研究もある）。

　もう1つは，高齢者と若年者の記憶方略の違いであり，入力・貯蔵された長期記憶からの情報の検索にかかわる問題である。この問題については，学習とのかかわりで後述する。

　さて，このアトキンソンらの理論を参考に，タルヴィング（Tulving, E.）らは，それまでの研究成果を盛り込む形で，手続き的記憶（procedural memory），知覚表象システム（PRS: Perceptual Representational System），一次記憶（primary memory），エピソード記憶（episodic memory），意味記憶（semantic memory）の5つのシステムよりなる記憶理論に発展させている[★4]。手続き的記憶はアトキンソンらのモデルでは取り入れられていない新しい概念であるが，知覚表象システムは「感覚記憶」に，一次記憶は「短期記憶」に対応しており，「長期記憶」はその特徴から，エピソード記憶，意味記憶に分けて使われている。

第**6**章　記憶・学習のエイジング

以下，エイジングの影響がより強くみられるいくつかのシステムを中心にその特徴についてみていくことにする。[★5★6]

(3) 短期記憶・一次記憶・作動記憶

アトキンソンの短期記憶と長期記憶という分け方に端を発し，それぞれのシステムの詳細が研究されてきた。その結果，「短期記憶」と一言でくくれないいろいろな機能を表わす概念（一次記憶，作動記憶など）が使われるようになってきている。以下，それらの機能のエイジングについてみていくことにする。

まず，記憶スパンについてであるが，電話番号を一時的に覚えることにかかわる「一次記憶」は，加齢にともなう大きな低下は認められない。これまでの多くの研究では，低下はおおよそ10％程度にとどまっている。

一次記憶よりもより能動的な処理を必要とされるのが「作動記憶」である。作動記憶は「種々の認知課題を遂行するために一時的に必要となる記憶の機能（はたらき），あるいは，それを実現しているメカニズム（しくみ）やプロセス」と定義されるが，これまでの研究によって一次記憶よりもこの作動記憶のほうがエイジングの影響が大きいことが明らかにされている。[★7]

たとえば，「刺激の操作，保持，変換を求めるような複雑な課題」「貯蔵と次に入力される情報の処理を迅速に切り替えることを求められるような課題」「しばらくの間情報を保持，操作，統合しなければならない課題」「いくつかの情報を保持しながら同時にその後で提示される入力情報を処理しなければならない課題」では，若年者と比べて，高齢者のほうが成績が劣るのである。

この作動記憶のエイジングにともなう低下は，老年期における認知面での低下の底流にもなっているように思われる。ただ，この低下の度合いは，課題によって，また，同じ高齢者でも対象の属性の違い（たとえば大学教授など）によって異なるという研究もあり，作動記憶がエイジングの影響を受けることは確かであるとしても，それにかかわるどのような要因（処理のスピードが重要な要因としてかかわっているとする最近の研究もある）が影響しているのかについての解明は今後の研究に期待されるところである。

(4) 長期記憶・エピソード記憶・意味記憶・展望記憶

アトキンソンらの理論では，長期記憶は1つのシステムとして考えられていたが，後にそれはいくつかの質の違う側面を持つことが明らかにされてきてい

る。タルヴィングらは，大きく「エピソード記憶」と「意味記憶」という2つの異なる側面を指摘しているが，図6-2に示されるようにさまざまな機能の長期記憶がその機能の違いによって区別されるようになってきている。

大きくは，意識して思い出そうとする記憶の「宣言的記憶」（あるいは，「顕在的記憶」），意識しないで思い出せる記憶の「非宣言的記憶」（あるいは，「潜在的記憶」）として区別される。

宣言的記憶・顕在的記憶は，意識にのぼり，言葉として表わすことのできる記憶であるが，これらは先に述べたようにタルヴィングらにより，エピソード記憶と意味記憶の2つに区別されている。

エピソード記憶とは，「ある時間・場所で自分に起こった出来事について意図的に想起する能力」のことである。これまでの実験室研究で（たとえば，見た映画の内容を話したり，書いたりするなど），高齢者は若年者よりも低い再生率を示しており，再生する情報が省略されたり，余分な情報が盛り込まれたり，再生された情報の重複があったりという顕著な傾向が指摘されている[9][10][11]。

再認の場合（いくつかの選択肢から内容を選ぶなど）は，この差は小さくなるが，高齢者の場合，提示された項目と概念的な面や視覚的な面で似ている項目を選ぶ傾向が強いという結果がみられている[11]。

しかし，覚える（記銘）ときや思い出す（想起）ときに，その情報に関する適切な文脈情報が与えられれば（たとえば，記銘時に記憶方略や情報内容の枠組みを提示したり，想起時に手がかり，ヒントを提示することで），年齢差は小さくなることも指摘されている。

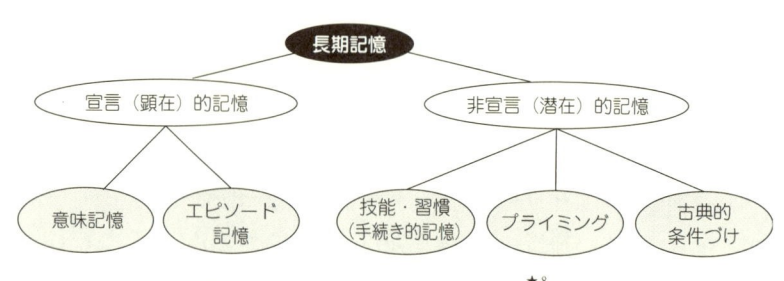

■ 図6-2　さまざまな長期記憶の種類[8]

このエピソード記憶に比べて，エイジングの影響を比較的受けにくいのが「事実に関する知識を想起する能力」を表わす意味記憶である。たとえば，意味記憶を測定している知能検査の「知識」問題，「語彙」問題では，高齢者と若年者ではほとんど差はみられない。また，名詞，動詞，形容詞，形容動詞などさまざまな品詞の単語を提示し，その単語から最初に連想する言葉を答えさせた場合，浮かぶ言葉の性質に年齢の違いもみられない。これらの結果はいったい何を意味するのだろうか。

長期貯蔵庫の中にある膨大な経験と知識に関する記憶（意味記憶）は，けっして無秩序に貯蔵されているわけではなく，なんらかの枠組みの中で構造化がなされている。ある単語から連想された言葉は，この意味構造から検索された言葉にほかならない。これらの検索された言葉には先にみたように年齢的な差はみられない。連想される言葉に差がないということは，その大もとである意味構造に大きな差がないということを示すことでもある。

このように全体的な知識の中に構造化され，貯蔵されている情報は，構造化されているがゆえに概念的に検索が容易であり，それゆえに，加齢にともなう低下の影響が少ないのではないかということが考えられる。

宣言的記憶・顕在的記憶に分類される記憶の中で最近になり注目を浴びている記憶が「展望記憶」である。これは，「将来の約束についての記憶」ともいうべき記憶であり，私たちの日常生活に密接に関連する記憶である。

これまでの研究から，「ある時間になったら電話をかける」「2週間後にはがきを投函する」という日常場面での実験では，高齢者のほうが優れているということが明らかにされている。しかし，「実験が終わったら，実験前に渡した札を返す」などの実験室場面では，差がないか，あるいは高齢者のほうの成績が悪いという結果も出ている。この差には，高齢者の「忘れないように」と手帳に書き込むなどの補助手段の有無が影響していることが予想される。

さらに，「Aさんと会ったら，○○と伝えて」というような「出来事ベースの記憶」は，若年者と大きな差はないが，「10分後に○○をする」というような「時間ベースの記憶」は，高齢者のほうが低下し，手がかりがないと自発的に思い出すことがむずかしいということが明らかにされている。

シャクター[★3]（Schacter, D. L.）は，予定を忘れずに実行できるかは，実行す

べきときに十分な情報を持つヒントが得られるかどうかに大きく左右されるといった「記憶補助具の重要性」を指摘し、「歯を磨いたら、薬を飲む」というように低下の少ない出来事ベースの記憶に切り替えるとか、「ある作業を忘れずに実行するためには、実行する前ではなく、実行の瞬間にヒントを与える」などの対応策を示唆している。

以上のように宣言的記憶・顕在的記憶には、エイジングの影響が色濃くみられる。しかし、一方でそれぞれのエイジングを補うためのさまざまな日常的な工夫もされているのである。

意識にのぼらない非宣言的記憶・潜在的記憶としては、図6-2に示されるように、たとえば、自転車に乗る、泳ぐなどの技能にかかわる「手続き的記憶」、先行刺激が本人の気づかないうちに後続刺激の処理に影響を及ぼす「プライミング（priming）」などがあげられる。これらは、宣言的記憶・顕在的記憶と異なり無意識的、自動的な心的過程によるものであり、これまでの研究により、エイジングの影響は受けにくいという知見が得られている（たとえば、Craik & Jennings）[★12]。

(5) 学習とのかかわり：学習（記憶）の方略

これまで、記憶を中心にそのエイジングの特徴についてみてきたが、記憶と学習とのかかわりは不可分なものであり、「ここまでは記憶」「ここまでは学習」と分けることはできない。先に記憶力低下の要因の1つとして、情報の入力・検索にかかわる「記憶方略」の問題についてふれたが、これは別の視点からみると「学習の方法」の問題でもある。

さて、ここでは、学習とのかかわりの中で、「よりよく覚えることができる」「思い出すことができる」ためにはどのようなことをしていったらよいのか、という学習（記憶）の方略について考えていくことにする。

これまでの研究の概観から、情報の符号化時における注意の問題、検索時の検索のしやすさの問題が、記憶力の低下に大きくかかわってくることが明らかにされてきている。また、カバナフ（Cavanaugh, J. C.）とブラチャード‐フィールド（Blanchard-Fields, F.）[★6]は、エピソード記憶における年齢差に焦点を当て、高齢者と若年者の成績の違いが小さくなる条件として、①新しい問題を学習する前に類似の問題を練習すること、②熟知した文脈、知識、情報を活用するこ

と，③記憶増進のための補完的な方略を独自に用いること，などを指摘している。

これらの特徴を考え合わせて学習の方略について考えてみると，まず，その情報に注意を向ける工夫が前提となるが，なじんでいる個々人の意味構造をうまく用いて，いかにその中に効率的に新たな情報を付け加えていくのかという工夫が重要となってくるように思われる。

このような方法の意図的な手法の１つが先述した精緻化リハーサルといわれるものである。これは既存の意味構造（その中の情報）と新しい情報を関連づけることを目的としている。これまでの研究によって，「高齢者は，若年の年代に比べてこの関連づけが困難である」「高齢者は，学習する際に情報を組織化するためにイメージを使ったり，項目をカテゴリーに分類するという内的な方略を自発的に利用しない。しかし，内的な方略を使うように教示すると反応はよくなる」[★13]「いったん関連づけが成功するとそれは長期にわたって維持される」などのことが明らかにされている。

このように，精緻化リハーサルに代表されるような記憶方略（心的操作の仕方）の違いが，一部には若い人と高齢者の間の学習の違いとなって現われてくる。しかし，外的に学習の方法を工夫することによって，この差は小さくなってくる。記憶力・学習能力の低下は，１つにはこの操作の違いに負うところが大きいことが改めてみてとれる。ただし，一定期間後は，再び指示がなければ再生率が低下することからすれば，それらの方略を自発的・無意識的に使えるようにならないと，個人の日常レベルでその差を埋めることはむずかしいかもしれない。しかし，逆に言えば，意識的にこのような学習方略をとることによってそれらの差は小さくなっていくのである。

2　記憶能力・学習能力の測定

1　測定の意義

これまでに，老年期の記憶能力・学習能力の特徴について概観してきた。そこでの知能や記憶についての知見は，高齢者を含めて広範な年齢範囲にある人

たちを対象とし，さまざまな方法によって知能や記憶を測定し，実験法や調査法を駆使することによって浮かび上がってきたものである。

これらの成果は知能や記憶の正確な測定なしにはあり得なかったともいえる。このように，知的機能の研究に限らず，性格やその他の心理的側面の研究においても「測定」は非常に重要かつ有力な研究手段の1つとなっているのである。

測定のもう1つの重要な側面に，「教育」「治療」「矯正」をあげることができる。これらにかかわる測定の目的として，①診断のため（基準に照らし合わせてどのような問題がみられるかを診断する），②認知，情緒，行動等，個人に関する心理的パターンの情報入手のため，③治療法に役立つ要因の評定のため，④治療の効果の判定のため，の4つがあげられるが，これらの目的に合わせて，適宜測定がなされていく。

「研究のため」にしろ，「治療のため」にしろ，測定の対象となるのは個人である。当然のことではあるが，「測定のために個人があるのではなく」，「個人のために測定がある」のである。この認識なくして，「測定」はあり得ない。

2　高齢者の知的機能測定にかかわる問題点

知能にしろ記憶にしろ，なんらかの方法でそれらの能力を測定したときに留意しておかなければならないことは，「この結果は，本当にその人の能力が十分に発揮された結果なのだろうか」ということである。心理学では，コンピテンス（潜在的な能力）とパフォーマンス（顕在化した能力：テストの成績等）の問題として取り上げられている。

通常，コンピテンスが衰えればパフォーマンスは低下する。しかし，高齢者の場合，コンピテンスが落ちていなくてもパフォーマンスは低下するのである。

たとえば，高齢者が問題に答える場合，本当はわかっていたり，できるにもかかわらず解答に自信がないために答えないことが多い。そして，結果的には誤答とされるケースがある（これらの現象は「回避エラー」として知られている）。この積み重ねの中で，実際以上にコンピテンスが低く見積もられる可能性が大きいのである。

その他に，これらのパフォーマンスを低下させる外的要因として，検査への取り組み（動機づけ），問題自体のなじみのなさ，身体機能（視覚，聴覚）の

衰えなどがあげられる。特に，バルテス（Baltes, P. B.）とリンデンバーガー（Lindenberger, U. K.）は，一連の研究を行ない，認知能力テストの年齢変動の多くは，かなりの部分が，視覚や聴覚の感度などの感覚機能の要因で説明できる強力な媒体であるとする「共通原因仮説」を提唱してもいる。[★14]

ここに高齢者の機能測定のむずかしさがある。テストで得点が低かったからといって，それで，その人の能力が低下しているということを一概に断定できないのである。

3　さまざまな測定法——テストの紹介

先に，高齢者の機能測定にかかわるいくつかの問題点について指摘したが，これらの問題点を克服した標準テストは残念ながら現在のところ開発されていない。その限界をふまえつつ，いくつかのテストを目的に応じて利用するということになろう。

さて，以下で現在日本で用いられているいくつかのテストを紹介していく。

（1）ウェクスラー式記憶検査改訂版・日本版

記憶能力に関する総合的な検査バッテリーであり，適用年齢は，16〜74歳。視覚性記憶指数，言語性記憶指数，遅延記憶指数，注意・集中力指数が，100を平均として示される（標準偏差は15）（表6-1）。

アメリカで1987年に刊行されたウェクスラー式記憶検査改訂版（WMS-R）の日本版として2001年に標準化され，刊行された（ちなみに，アメリカではWMS-Rの改訂版として1997年にWMS-Ⅲが刊行されている）。

（2）ベントン視覚記銘検査

視覚認知，視覚記銘，および視覚運動などの能力を評価することにより，器質性脳疾患，記憶障害の判定をすることを目的として作成された。幾何学図形（3形式のうち1形式を選択）の描いてあるカードを提示時間（5秒，10秒）を違えて示し，それを取り去ったあとですぐに同じ図形を描かせたり（直後再生），15秒後に描かせたり（遅延再生），また，図形を模写したりとさまざまな条件下でその記銘状態をみていく（図6-3）。

結果は，正答数，まちがいの型によって解釈される。被検査者の障害（難聴・言語障害）の影響を受けにくく，簡単に実施できるなどの理由から高齢者に対

第II部 エイジング心理学の領域別理解

■ 表6-1　WMS-Rの問題構成

1. 情報と見当識
2. 言語性対連合
3. 図形の記憶
4. 倫理的記憶
5. 視覚性対連合
6. 言語性対連合
7. 視覚性再生
8. 数唱
9. 視覚性記憶範囲
10. 倫理的記憶
11. 視覚性対連合
12. 言語性対連合
13. 視覚性再生

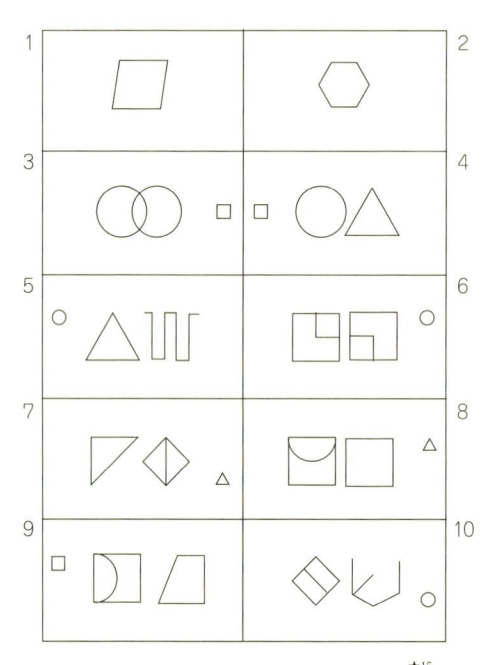

■ 図6-3　ベントン視覚記銘検査の一部[★15]

してもよく実施される。

(3) 日常記憶質問紙

「ウェクスラー式記憶検査改訂版・日本版」「ベントン視覚記銘検査」のような客観的に記憶能力を測定する方法ではなく，自分の日常的な記憶能力について主観的な判断を求める質問紙である。

「自分自身の記憶力についての自分自身の認識」は，メタ記憶ともいわれるが，その認識力は児童期以降，かなり的確なものとなってくる。自分の記憶能力や使い方について知っているからこそ，日常場面でそれに合わせた自分なりの記憶の方略をとることもできるし，より効率的な記憶がなされてもいくのである。

表6-2は，西本[16]によって改変されたバドリー（Baddeley, A. D.）による質問紙である。右側に一般人の平均が示されているので，自分の記憶について自己判断だけでなく，他の人との相対的な比較も可能である。

3　記憶・学習に関する研究動向

1　大きな研究の流れ

本章でふれてきた記憶・学習のエイジングについての内容は，この領域での研究からいえば，その一部にすぎない。エイジングのテキストとして定評のある『*Adult Development and Aging.* 4th ed.』においてカバナフとブラチャード-フィールド[6]は，「情報処理再考」「記憶のエイジングをもたらす原因」「談話記憶（discourse memory）」「日常生活における記憶」「記憶能力についての自己評価」「臨床的問題と記憶の測定」「記憶の治療・訓練」という章立てで，この領域の研究の概観を行なっている。

また，パーク（Park, D. C.）とシュワルツ（Schwarz, N.）[17]の『*Cognitive Aging: A Primer*』では，記憶・学習領域にかかわる章として「エイジングにともなう記憶の変化」「注意とエイジング」「メタ記憶・社会認知的視点」「自伝的記憶とエイジング」をあげている。記憶研究全般を扱った太田ら[18]の『記憶研究の最前線』では，エイジングにかかわる章としては，「作動記憶」「エピソー

■ 表 6-2　日常記憶質問紙[16]

〔評定値〕　　〔判断の目安〕
1　最近 6 カ月で 1 回もない
2　最近 6 カ月で 1 回くらい
3　最近 6 カ月で 1 回以上，月に 1 回以下
4　月に 1 回くらい
5　月に 1 回以上，週に 1 回以下
6　週に 1 回くらい
7　週に 1 回以上，日に 1 回以下
8　日に 1 回くらい
9　日に 1 回以上

(以下の各質問の右欄の評定値は一般の人の平均)

1. 物を置いた場所を忘れる。身の回りの品物をなくす。　5
2. 以前よく通っていたはずの場所について思い出せない。　1
3. テレビ番組の筋書が難しくてついていけない。　2
4. 日常の習慣の変化についていけず，古い習慣に固執する。(例) 物の置き場所や時間の変わったことを忘れて，もとの習慣どおりにしてしまう。　2
5. 物事を予定どおりにやったかどうか，もう一度確かめなければ気がすまない。　4
6. ある出来事がいつのことか思い出せない。(例) きのうだったか先週だったか忘れてしまう。　3
7. 物を持って出かけることをすっかり忘れてしまったり，置き忘れて取りに帰らねばならないことがある。　3
8. あることを，きのう頼まれたのか，数日前だったか忘れたり，言われるまで気づかないでいることがある。　3
9. 1 度読んだことのある新聞や雑誌の記事を，気づかないでもう 1 度読み始めていることがある。　2
10. あまり重要でないことや，会話の内容とかけ離れたことをとりとめなく話す。　1
11. 頻繁に会っている友達や親戚の人に会っても，相手が誰だかわからない。　1
12. 新しいことを身につけにくい。(例) 新しいゲームのルールを覚えられなかったり，1, 2 度練習しても機械の操作ができないことがある。　1
13. ある言葉がのどから出かかっているのに，うまく言い表わせない。何を言うかはわかっているが，適当な言葉がみつからない。　4
14. やると決めたことや，予定していたことをすっかり忘れてしまう。　2
15. きのうやったことや，身の回りのできごとの重要なポイントを忘れている。　2
16. 話し相手に今言おうとしていたことを忘れて，「何を話していたっけ」などと尋ねることがある。　3
17. 新聞や雑誌を読みながら脈絡がわからなくなる。　1
18. 人に大事なことを言うのを忘れる。伝言を言い忘れたり，相手に念をおすことを忘れている。　2
19. 自分自身の重要な出来事を忘れる。(例) 誕生日や出生地など。　1
20. 人の話の内容について，混乱してわからなくなる。　2
21. 同じ相手に，一度しゃべったことのある話やジョークをまた話していることがある。　2
22. 家庭や職場でふだんやっていることのやり方を忘れる。(例) 何をどのようにするか，いつするのかなど。　2
23. テレビや写真などで見慣れているいるはずの有名人の顔が，見覚えのないように感じる。　2
24. 物をしまってある場所を忘れたり，間違った場所を探すことがある。　2
25. (a) よく行ったことのある場所で道に迷ったり，間違った方向に行く。　2
　　(b) 1, 2 度しか行ったことのない場所で道に迷ったり，間違った方向に行く。　1
26. 習慣的動作を間違って 2 回やる。(例) ティーポットに無意識に 2 回続けて紅茶を入れたり，今やったばかりなのに，もう一度髪にブラシをかけている。　2
27. 同じ相手に，今言ったばかりのことを繰り返し言ったり，同じ質問を繰り返す。　1

合計　58

ド記憶」「意味記憶」「非言語情報の記憶」「意識と無意識の記憶」「日常記憶」「展望的記憶」「記憶と自己（自伝的記憶）」などがあげられる。

　このように記憶・学習に関するエイジングの研究領域は，幅が広く，深まってきている。これまでの記憶研究の流れとして，太田[18]は，「作動記憶」「注意」など，先にアトキンソンとシフリンらが示したような情報処理論的アプローチから，「展望記憶」「自伝的記憶」に代表されるような日常の記憶に関する研究までをあげている。そして，今後の研究の1つの方向性として認知症高齢者の記憶障害に代表されるような「現実問題研究」を指摘している。

　このようにこれまでの記憶研究に，ますます，エイジングという視点が求められている。記憶・学習研究にエイジングという軸を加えることによって，いっそう記憶のメカニズム，特徴などが浮かび上がってくるであろうし，また，高齢者の記憶力の低下，認知症の記憶障害の特徴をよりよく知ることによって，その対応への道筋がみえてくるのである。

2　高齢者を対象にした新しい心理療法──学習療法

　さて，本章でふれることはしなかったが，記憶研究，認知研究等において，脳科学とのかかわりはきわめて深くなってきている。記憶，認知のさまざまな現象と脳とのかかわりを探ることによって，いっそうその現象の理解が深まっていくのである（脳とのかかわりについては，たとえば，Ratey[19]，池谷[20]がわかりやすい）。

　この脳科学との関連で日本発の認知症にかかわる現在進行中の心理療法である「学習療法」についての研究を紹介する。この療法の発端は，川島[21]の「音読」「計算」しているときに脳の前頭葉が活性化するという発見にあった。複雑な計算をしているときよりも，一桁の足し算・引き算をしているときのほうがfMRIなどで確認されるように，前頭葉部位の活性化が起こっていたのである。この現象を根拠に，認知症の症状を示す高齢者に対し音読・計算を実施し，認知機能や記憶能力に及ぼす効果を確認しようとする研究が川島らを中心に行なわれ，音読・計算の有効性（指標として，簡易認知機能スケールであるMMSE: Mini-Mental State Examination，前頭葉の機能を測定するFAB: Frontal Assessment Battery，日常生活の観察などを用いている）が確認され

101

た。[21]

　これらの一連の研究を受けて，筆者らは「音読・計算」と「サポーターとのコミュニケーション」を要因として組み合わせた研究を行なった。[22]

　具体的には，コミュニケーションを量的に操作して，対象者1人にサポーター1人で対する「1対1群」，対象者2人にサポーター1人で対する「1対2群」，対象者6人にサポーター1人で対する「1対多群」の3群を設定し，週3日，1回に20分程度の音読・計算を半年間，実施した。

　結果としては，査定のみを行なった対照群と比較して，6か月間にわたる継続的な学習療法は，FABの結果に示されるような前頭葉機能だけでなく，MMSEの結果に示されるような認知機能全体においても効果があることが明らかにされた。また，顕著に得点の上昇のみられた下位尺度が，「場所の見当識」「即時想起」「遅延再生」「文の復唱」であったことから，特に「記憶」に対して効果があるのではないかということが示唆された。作動記憶（ワーキングメモリー）は，脳の部位でいえば前頭連合野の中心的機能の1つであるが，音読・計算により前頭連合野が活性化され，そのことがワーキングメモリーの活性化へとつながり，MMSEの記憶にかかわる問題の正答に結びつき，MMSE得点の上昇へと結びついていったのではないだろうか。この考察の妥当性については，さらに，研究を進めていく必要があろう。

　群別においては，FAB，MMSEともに「1対2群」において一番効果がみられた。サポーター1人で2人の対象者に接することで生じる力動（課題を媒介とすることによる3者間の共通認識がコミュニケーションを高めた，対象者2者間の競争意識が生じた等）が，このような効果をもたらしたものと推測される。

　このように学習療法は，ここ数年の間に開発された新しい心理療法であるが，データをもってその効果がしだいに実証されつつある。認知症者への今後の適用がますます期待されるところである。

第6章 記憶・学習のエイジング

文　献

★1　Burke, D. M., & Harold, R. M.　1988　Automatic and effortful semantic processes in old age: Experimental and naturalistic approaches. In L. L. Light, & D. M. Burke（Eds.）, *Languages, Memory, and Aging*. New York: Cambidge University Press. Pp.100-116.

★2　Atkinson, R. C., & Shiffrin R. M.　1971　The control of short-term memory. *Scientific American*, **225**, 82-90.

★3　Schacter, D. L.　2001　*The Seven Sins of Memory: How the Mind Forgets and Remembers*. Boston: Houghton Mifflin Company. 春日井晶子（訳）2004　なぜ、「あれ」が思い出せなくなるのか—記憶と脳の7つの謎　日本経済新聞社

★4　Schacter, D. L., & Tulving, E.　1994　What are the memory systems of 1994? In D. L. Schacter, & & E.Tulving（Eds.）, *Memory systems*. Cambridge, Mass.: MIT Press. Pp.1-38.

★5　Craik, F. I. M.　2000　Memory and aging. In D. C. Park, & N. Schwarz（Eds.）, *Cognitive Aging: A Primer*. Taylor & Francis. 口ノ町康夫・坂田陽子・川口　潤（監訳）2004　認知のエイジング：入門編　北大路書房

★6　Cavanaugh, J. C., & Blanchard-Fields, F.　2002　*Adult Development and Aging*. 4th ed. Belmont, CA: Wadsworth/Thomson Learning.

★7　齋藤　智　2000　作動記憶　太田信夫・多鹿秀継（編）記憶研究の最前線　北大路書房　Pp.15-40.

★8　Squire, L. R.　1992　Declarative and nondeclarative memory: Multiple brain systems supporting learing and memory. *Journal of Cognitive Neuroscience*, **4**, 232-233.

★9　Spencer, W. D., & Ratz, N.　1995　Differential effects of aging on memory for content and context: A meta analysis. *Psychology and Aging*, **10**, 527-539.

★10　LaVoie, D., & Light, L. L.　1994　Adult age differences in repetition priming:A meta-analysis. *Psychology and Aging*, **9**, 539-555.

★11　Zacks, R. T., Hasher, L., & Li, K. Z. H.　2000　Human memory. In F. I. M. Craik, & T. A. Salthouse（Eds.）, *Handbook of Aging and Cognition*. 2nd ed. Mahwah, NJ.: Erlbaum. Pp.293-357.

★12　Craik, F. I .M., & Jennings, J. M.　1992　Human memory. In F. I. M. Craik, & T. A. Salthouse（Eds.）, *The Handbook of Aging and Cognition*. Hillsdate, NJ: Erlbaum. Pp.50-110.

★13　Verhaeghen, P., Marcoen, A., & Goossens, L.　1993　Facts and fiction about memory aging: a quantitative integration of research findings. *Journal of Gerontology: Psychological Sciences*, **48**, 157-171.

★14　Baltes, P. B., & Lindenberger, U. K.　1997　Emergence of powerful connection between sensory and cognitive function across the adult life span: a new window to the study. *Psychology and Aging*, **12**, 12-21.

★15　Benton Visual Retention Test　高橋剛夫（訳）1985　ベントン視覚記銘検査〈増補版〉形式Ⅰ　三京房

★16　西本武彦　1995　日常記憶　高野陽太郎（編）認知心理学2　記憶　東京大学出版会　p. 227.

★17　Park, D. C., & Schwarz, N.（Eds.）2000　*Cognitive Aging: A Primer*. Taylor & Francis. 口ノ町康夫・坂田陽子・川口　潤（監訳）2004　認知のエイジング：入門編　北大路書房

★18　太田信夫　2000　現代の記憶研究概観　太田信夫・多鹿秀継（編）記憶研究の最前線　北大路書房　Pp.1-11.

★19　Ratey, J. J.　2001　*A User's Guide to the Brain*. New York: Vintage Books. 堀　千恵子（訳）2002　脳のはたらきのすべてがわかる本　角川書店

★20　池谷裕二　2004　進化しすぎた脳　朝日出版社

★ 21 Kawashima, R., Okita, K., Yamazaki, R., Tajima, N., Yoshida, H., Taira. M., Iwata, K., Sasaki, T., Maeyama, K., Usui, N., & Sugimoto, K. 2005 Reading aloud and arithmetic calculation improve frontal function of people with dementia. *Journal of Gerontology Medeical Sciences,* **60**A (3), 380-384.
★ 22 吉田　甫・大川一郎・土田宣明・川島隆太・田島信元・泰羅雅登・杉本幸司・山崎律子　2005　高齢者を対象とした音読・計算による学習療法の試み　高齢者のケアと行動科学, **10** (2), 53-56.

第7章

認知・知能のエイジング

1 認知のエイジング

1 認知とは

　認知とは，外界からの情報を入力して，それを加工し，行動へと出力する情報処理過程である。もう少し言葉を添えれば，認知とは外界のさまざまな刺激を感覚・知覚したり（第5章参照），記憶したり（第6章参照），推論したり，判断したり，決定したり，問題を発見・解決したり，言語を理解し使用したりするといったプロセスである。すなわち，人がすでに生得的あるいは経験的に獲得している既存の情報に基づいて，外界の事物に関する情報を選択的に取り入れ，それによって新しい情報を生成・蓄積したり，外部へ伝達したり，あるいはこのような情報を用いて適切な行為選択を行なったり適切な技能を行使するための能動的な情報収集・処理活動を総称して指す用語である。

　認知機能が加齢とともにどのように変化するかということは，記憶力の減退，課題解決や身体動作の速度の低下，認知症などの関連で特に注目されている。[★1] ここではエイジングによる認知機能の低下の側面とともに，成人期から高齢期にわたる認知機能の成長・成熟の側面について紹介する。

2 エイジングによる認知機能の低下・減退

　認知のエイジングについては，多くの研究から，年齢とともに機能が低下

【知覚機能】

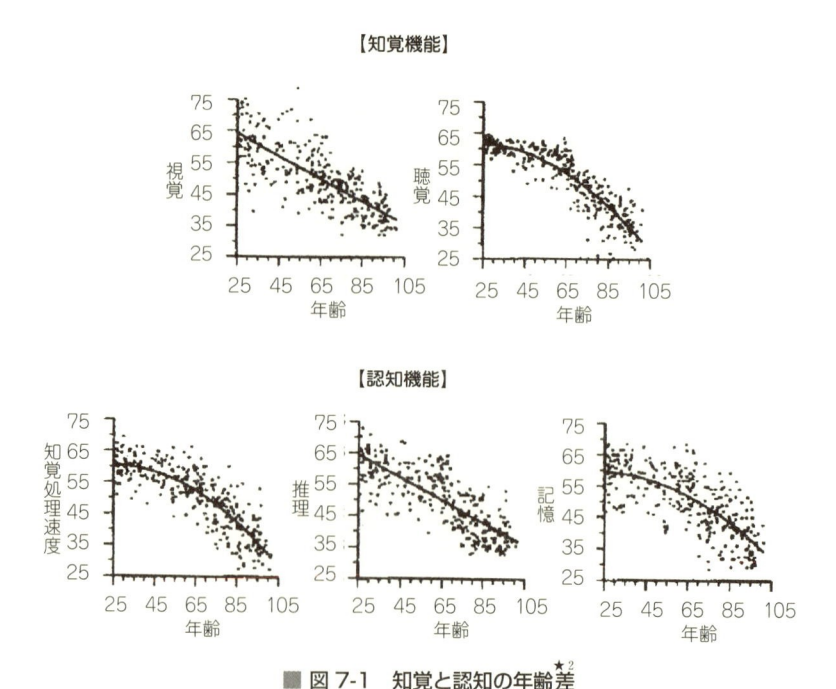

【認知機能】

■ 図7-1　知覚と認知の年齢差[*2]

することが報告されている。バルテス（Baltes, P. B.）とリンデンバーガー（Lindenberger, U. K.）は，ベルリン加齢研究において25〜103歳までの認知機能を検討しているが，彼らは視覚，聴覚といった知覚機能だけでなく，推論，記憶などの認知機能においても年齢差が示されたと報告している[*2]（図7-1）。さらにこの認知機能の低下は認知症を患う高齢者のデータを除外しても同じであるとともに，教育歴，職業，社会階層，収入にかかわらず一様に認められた。これはエイジングによる認知機能の低下は，社会的要因よりもむしろ生物的要因によってもたらされることを示唆している。

3　エイジングによる認知機能の成長・成熟

　一方で，認知のエイジングにかかわる研究の中から，年齢や経験を重ねることにより，成人になって獲得・成長する認知能力があることを指摘する研究もある。

（1）ポスト形式的操作

ピアジェ（Piaget, J.）の認知発達理論では，人の認知能力は感覚－運動段階，前操作段階，具体的操作段階を経て，青年期に形式的操作段階へと発達して完成すると捉えられている。具体的操作段階で中心的になるのは論理的思考，抽象的思考，仮説－演繹的思考などである。しかし，新ピアジェ派とよばれる研究者たちは，成熟した成人にとって重要な思考は相対的なものの見方や，矛盾やあいまいなことへの理解などであり，これは青年の形式的操作後に発達する思考様式であるとし，ポスト形式的操作とよんでいる。

ポスト形式的操作は内省的判断力[★3][★4]，問題発見能力[★5][★6]，弁証法的世界観の獲得[★7]など研究者によっていろいろな呼び方がされている。しかし，これらには共通して，①現実や知識には絶対というものはない，という相対的な思考についての理解があり，②現実の一部として矛盾を容認することができ，③統合的なアプローチをするようになる，という特徴がみられる[★8]。私たちは生活の中で，たとえば家族の可能性について柔軟な考え方ができるようになったり，自分のモノの見方の偏りに気がついたり，人の立場になって物事を考えることができるようになったりするのは，このようなポスト形式的操作という能力を身につけたからである[★9]。

（2）熟　達

私たちはさまざまな経験を通じて有能さを獲得している。職業や趣味の活動を通じて長い時間をかけて有能さは獲得され，また，その分野において人並みはずれた技能や問題解決能力をもつ人々もいる。そのような人のことをエキスパート（熟達者）という。

エキスパートは自分の得意な分野において，さまざまな知識（事実や手続きに関する知識からメンタルモデルまで）を持ち，問題を手際よく解決することができるばかりでなく，得意とする分野で優れた記憶力も発揮する。また，新しい柔軟な発想を持って創意工夫し，新しい発見や発明をすることもできる。さらには信念として問題解決の経験を言語化・抽象化することも可能となる。言い換えれば，エキスパートとは優れた認知能力の保持者なのである。

ある一通りの知識や技能を身につける程度であれば，比較的短時間で成し遂げることができるだろう。しかしエキスパートになるためには何年，何十年と

いう経験や訓練，練習が必要となる。そのためエキスパートの多くは中高年者なのである。

4　認知機能の低下と日常生活

先ほど，エイジングによる認知機能の低下について紹介したが，実際に，処理速度や作業記憶などにみられるエイジングによる機能低下は，日常生活にどのような影響を与えるのだろうか。実は私たちが思うほど，日常生活にはダメージを与えないことが最近の研究からわかってきた。これには2つの理由が考えられている。第一に生涯を通じて知識の量は増えるということである。これによって高齢者は問題解決に有益な知識・情報を容易に利用できるので，認知機能の基礎的なところで低下・減退がみられても，それをやわらげたり，相殺させたりできるのではないかと考えられる。第二に，慣れ親しみ，熟知している行動は自動化する。つまり認知資源をあまり必要としなくなるということである。そのため高齢者が熟知している行動や，慣れ親しんだ環境で行動するときには，認知機能の低下の影響をあまり受けずに上手にできる。逆に，よく知らない環境での行動を余儀なくさせられたり，新奇な課題をしなければならないようなときには，認知機能の低下の影響が出やすいのではないかと考えられている。

2　知能のエイジング

1　知能とは何か

(1) 知能の定義

知能とは，通常，学習能力や抽象的な思考能力，あるいは環境適応能力として扱われることが多い。しかし実は知能にはさまざまな定義があり，研究者の数だけ定義があるともいわれている。成人の知能のエイジング研究で広く使用されている知能検査を作成したウェクスラー（Wechsler, D.）は，知能とは「目的にあった行動をとり，合理的に考え，環境からのはたらきかけに効果的に対

処できる能力」であると定義している。

(2) 知能の構造

知能がどのような構造を持っているか，という点においても，いろいろな捉え方がある。スピアマン（Spearman, C. E.）は，知能はあらゆる知的活動に共通して作用する一般知能因子と，個々の知的活動に固有の特殊因子で構成されているという2因子説を提唱しているし，サーストン（Thurstone, L. L.）は知能は互いに独立した複数の因子からなるとする多因子説を提唱している。キャテル（Cattell, R. B.）は知能を流動性知能と結晶性知能という2つの能力に大別して捉えることを提案している。流動性知能とは新しいことを学習したり，新しい環境に適応したりする能力である。一方，結晶性知能はこれまでの学習や経験と深く結びついた知識や判断力，問題解決とかかわる能力である。この知能の捉え方は，その後の知能研究に大きな影響を与えた。さらに，最近ではより広い視点から知能を捉え直す試みもされている。たとえば，これまでの伝統的な知能理論と近年の認知心理学の成果を統合する試みとして，スタンバーグ（Sternberg, R. J.）は知能の鼎立理論を提案している。

2　横断法からみた知能のエイジング──知能の古典的加齢パターン

1920〜1950年代前半に行なわれた，いわゆる初期の横断法による知能のエイジング研究からは，知能は20〜30歳ころをピークに低下していくことが多く報告された。このことから，知能は遅くとも中年期にさしかかるころにはすでにピークを迎え，その後は急速に低下していくとみなされるようになった。これを知能の古典的加齢パターンとよぶ（図7-2）。

その後，横断法を用いたいくつかの研究から，すべての知能が一様に低下するのではなく，結晶性知能に相応する部分は，流動性知能に相応する部分と比較して，低下が緩やかであることが指摘されるようになった（図7-3）。しかし，これも知能の古典的加齢パターンを否定するものではなかった。

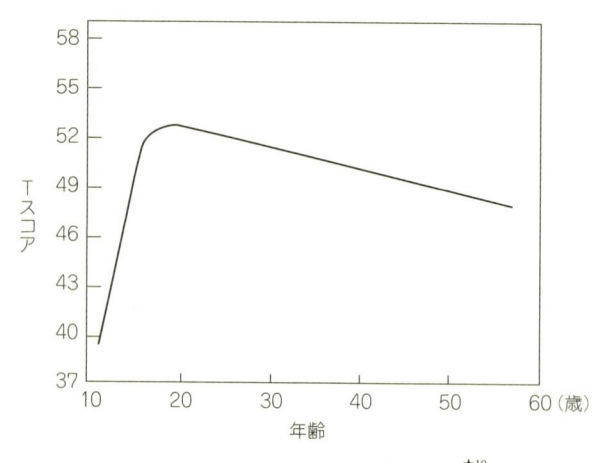

■ 図7-2　横断法による知能の加齢変化[10]

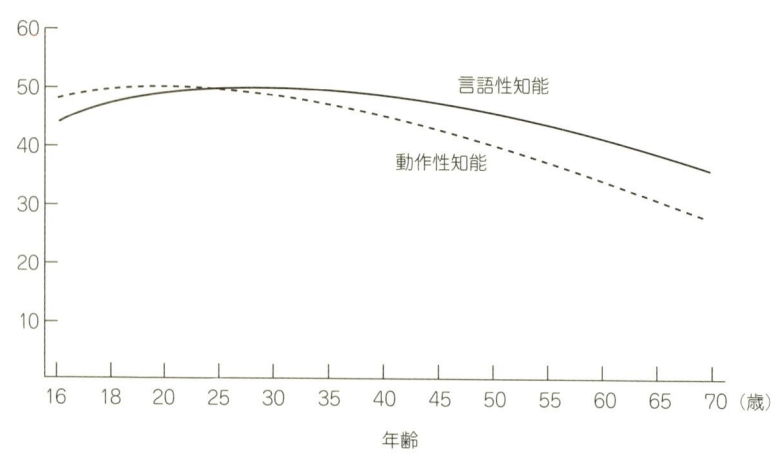

■ 図7-3　WAISを用いた言語性知能・動作性知能の加齢変化[11]（横断法）

3　縦断法からみた知能のエイジング

　しかし，1950年代ごろから，縦断法による研究がなされるようになると，横断法から得られた結果と大きく異なる結果が報告されるようになった。当初，

研究者たちは縦断法であっても横断法の場合と同様に，25〜30歳ごろをピークに知能の低下が確認されるだろうと予測していた。しかし実際にデータを分析すると，知能は中年期になっても低下を示さないばかりか，上昇傾向すら示したのである。たとえば，オーウェンス[12]（Owens, W. A.）は1919年に入学した大学生の約30年後（50歳代）と40年後（60歳代）の知能テストの結果を追跡したところ，50歳代では大学入学時と同程度か，むしろよい結果を出しており，10年後の60歳代になってもそのレベルは維持されていた（図7-4）。

どうしてこのような結果の違いが現われたのだろうか。これには横断法，縦断法おのおのが持つ特徴が影響している。横断法は複数の年齢集団から同時に得たデータを比較し，そこで見いだされた"年齢差"をエイジングによる変化とみなす方法である。横断法はエイジングの傾向を捉えるのに便利であるが，年齢効果とコホート効果が判別できない短所がある。つまり，横断法によって知能テストの結果が高齢者よりも若年者のほうがよかったのはエイジングによるものではなく，若い世代のほうが相対的に就学率が高くかつ高学歴であったり，テストを受けることに慣れているなど，コホートによる差が反映している可能性がある。このことにより，実際よりもエイジングによる低下が強調されやすい。

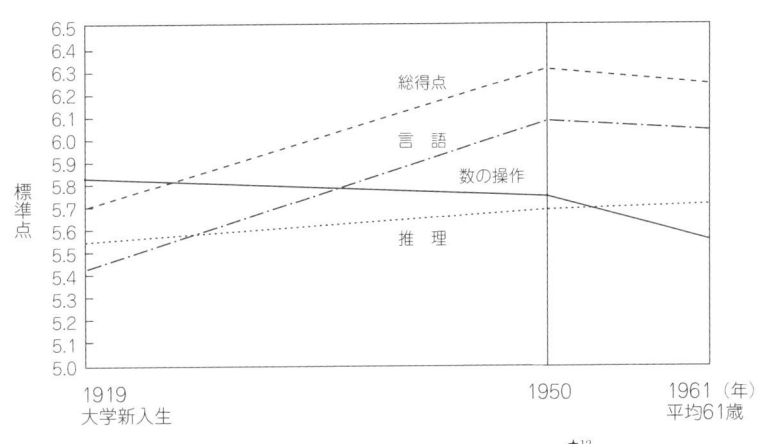

■ 図7-4　縦断法による知能の加齢変化[12]

一方，縦断法では長い年月をかけてエイジングを調査していくことになるが，そのプロセスの中で，病気や死亡などの理由から，途中で調査に参加できなくなる者も少なくない。そのため，調査に最後まで残った調査協力者たちは健康で，もともとテストの結果もよく，調査に協力的な人たちに偏りやすくなる傾向がある（これを生き残り効果とよぶ）。また，くり返しテストを実施することで練習効果の影響を受ける可能性もあるだろう。このように縦断法では，横断法の場合とは逆にエイジングのプロセスを実際以上に楽観的に捉えてしまう可能性がある。

4　系列法による知能のエイジング

横断法による問題点と，縦断法による問題点の解決方法として，シャイエ（Schaie, K. W.）は横断法と縦断法を組み合わせて，得点の変化を調整する方法（系列法）を提案している[★13]。シャイエはこの方法を用いて，図7-5に示したような知能のエイジング曲線を推定した。この曲線では，流動性知能は40歳代ごろにピークを迎えたあと，中年期を通じて維持され，60歳代後半ごろから低下していく。一方，結晶性知能は青年期以降，高齢期にさしかかるころまで緩やかな発達を続け，その後，緩やかに低下していくことが示されている。

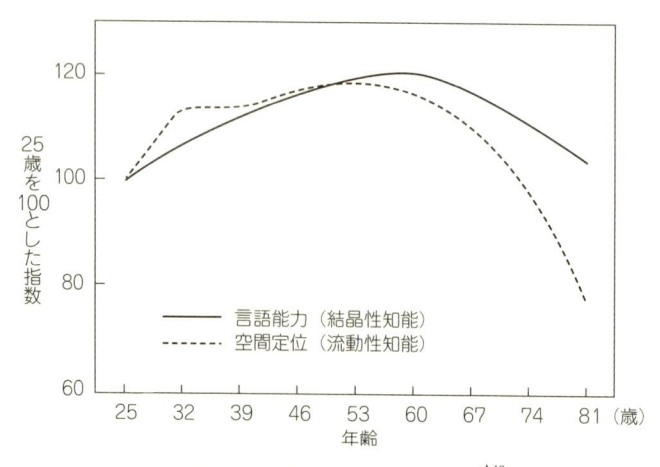

■ 図7-5　推定される知能の加齢変化[★13]

このように知能のエイジングは古典的加齢パターンとは異なり，実際には結晶性知能は中年期にも発達を続け，高齢期に入るころまで発達すること，また流動性知能は高齢期に入ると比較的速い低下を示すが，それでも80歳の時点で20歳代のころの8割程度の能力は維持されていることが示された。これはシャイエの言葉を借りれば「若いころと比べると，新しいことを覚えたりするのがむずかしくなる程度のもの」であり，日常生活に大きな支障をきたすものではない。

5　知能の低下を引き起こす要因

はじめに考えられていたほどではないが，それでも知能はエイジングとともに低下を示す。これには脳や神経組織の生物学的な加齢変化の影響が考えられる。また病気，特に心臓血管系の病気が知能の低下をもたらすことも知られている。生命を脅かすような病気は知能の"終末低下"をもたらすこともある。さらに引退，家族や友人の死，機能不全を起こす病気などによる社会的孤独によっても知能は低下することがある。[★14]

一方，高齢期に流動性知能の低下がみられるようになるのは，高齢になると流動性知能を使用するような状況，つまり新しいことを学習したり，新しい環境に慣れたりする状況から遠ざかるためではないか，という指摘もある。つまり使わなくなるから，使えなくなる（低下する）のであり，使う機会を持ち続ければそれほどの低下を示さない可能性があるということである。

6　高齢期における知能の回復力

このことに関連して，多くの研究者は適切な訓練が知能の低下防止につながることを報告している。たとえば，シャイエとウィリス（Willis, S. L.）[★14]は，シアトル縦断研究の中で，以前（少なくとも14年前）に，知能を測定した64～94歳の高齢者229名に知能（空間操作あるいは帰納的推論）の訓練をした。訓練前には，調査協力者の半数は前回と比べて知能の低下を示していた。しかし訓練をすると，低下を示していた人の過半数に有意な改善がみられ，うち4割は低下を示す前のレベルにまで回復していた。また，もともと低下を示していなかった人においては，その3分の1の人が訓練後，以前よりもよい成績を

収めた。

　訓練の効果に関するこのような結果は，知能には生物学的基盤によって解釈される部分もあるため，残念ながら知能の低下を否定するものではない。しかし，それまでの長い経験の積み重ねと，それに裏打ちされた知識や有能感があり，ある程度健康で，家族や友人など社会的ネットワークがあれば，高齢期になっても知的機能を十分保有して，有能さを発揮させることができることを示しているといえるだろう。

7　知　恵

　長い経験の積み重ねの中で培われる能力のもう1つの可能性として，「知恵」があげられる。昔から哲学や思想，宗教などの領域では，人の知恵について多く論じられ，昔話などには"老賢者"や"長老の知恵"が登場することも少なくない。生涯発達心理学の分野では1980年代ごろから，これまで近代心理学では扱われてこなかった知恵を定義して，実証的に検証していこうとする研究が行なわれるようになってきた。

　たとえば，バルテスを中心とした研究グループは，知恵を「人生の重要であるが，不確かな出来事に対する優れた判断能力」であると定義し，知恵の年齢差の検討や，知恵の形成に関与する要因の検討が進められている。日本でも高山ら[15]が日本語版の知恵の測定方法を作成し，実証研究を進めている。これまでの研究から，知恵においては多くの認知機能にみられるようなエイジングによる低下はみられないこと，また豊かな知恵を形成していくには，年齢を重ねるだけではなく，新しい出来事や価値観に開放的であるといった性格特性や，職業経験，若い世代との交流などが関連している可能性があることが明らかになってきている。

　エイジングによる低下をより正確に捉えていくだけでなく，経験を積み重ねていく中で豊かになる能力を正確に描き取っていくことも，エイジング研究では欠かすことはできない。

3 認知・知能の診断テスト

　認知能力や知能を測定するテストにはさまざまなものがあるが，ここでは成人の知能を測定する代表的なテストの1つ WAIS-R[16]（Wechsler Adult Intelligent Scale-Revised）の日本語版である日本版 WAIS-R 成人知能検査法[17]と，認知症のスクリーニングテストとして使用される長谷川式認知症スケール（HDS-R）（改訂長谷川式簡易知能評価スケールを改称）[18]について紹介する。

　日本版 WAIS-R 成人知能検査法は成人知能を測定する検査として，知的障害や認知症，脳の機能障害等の診断，評価をはじめ，成人の知能のエイジングに関連する調査研究にも広く使用されている。検査は言語性検査と動作性検査からなり（表7-1），言語性知能，動作性知能，および全検査知能が算出される。

　言語性検査は，一般常識等を問う課題（知識問題），記憶力や注意力を問う課題（数唱），概念化の能力を問う課題（単語），計算能力を問う課題（算数問題），問題解決能力・推理能力・判断力などを問う課題（理解，類似問題）から構成されている。このように言語性検査では，これまでの学習や経験によって獲得された知識や訓練されてきた思考力，判断力が問われるため，キャテルの結晶性知能に対応するとされている。

　一方，動作性検査は，視覚的・概念的能力をみる課題（絵画完成），全体的な場面の理解力・論理性をみる課題（絵画配列問題），空間的な認知能力をみ

■ 表7-1　WAIS-R を構成する下位検査[17]

言語性検査	動作性検査
1. 知識	2. 絵画完成
3. 数唱	4. 絵画配列
5. 単語	6. 積木模様
7. 算数	8. 組合せ
9. 理解	10. 符号
11. 類似	

注）表中の番号は検査の実施順序を示す。

第II部　エイジング心理学の領域別理解

（検査日：　　年　月　日）		（検査者：　　　　）
氏名：	生年月日：　　年　月　日	年齢：　　歳
性別：男／女　教育年数（年数で記入）　　年	検査場所：	
DIAG：	（備考）	

1	お歳はいくつですか？（2年までの誤差は正解）		0　1
2	今日は何年の何月何日ですか？　何曜日ですか？ （年月日，曜日が正解でそれぞれ1点ずつ）	年 月 日 曜日	0　1 0　1 0　1 0　1
3	私たちがいまいるところはどこですか？（自発的にでれば2点，5秒おいて家ですか？　病院ですか？　施設ですか？　のなかから正しい選択をすれば1点）		0　1　2
4	これから言う3つの言葉を言ってみてください。あとでまた聞きますのでよく覚えておいてください。 （以下の系列のいずれか1つで，採用した系列に〇印をつけておく） 1：a）桜　b）猫　c）電車　　2：a）梅　b）犬　c）自動車		0　1 0　1 0　1
5	100から7を順番に引いてください。（100－7は？　それからまた7を引くと？ と質問する。最初の答えが不正解の場合，打ち切る）	(93) (86)	0　1 0　1
6	私がこれから言う数字を逆から言ってください。（6-8-2, 3-5-2-9を逆に言ってもらう。 3桁逆唱に失敗したら，打ち切る）	2-8-6 9-2-5-3	0　1 0　1
7	先ほど覚えてもらった言葉をもう一度言ってみてください。 （自発的に回答があれば各2点，もし回答がない場合以下のヒントを与え正解であれば1点） a）植物　b）動物　c）乗り物	a：0　1　2 b：0　1　2 c：0　1　2	
8	これから5つの品物を見せます。それを隠しますのでなにがあったか言ってください。 （時計，鍵，タバコ，ペン，硬貨など必ず相互に無関係なもの）		0　1　2 3　4　5
9	知っている野菜の名前をできるだけ多く言ってください。 （答えた野菜の名前を右欄に記入する。途中で詰まり，約10秒間待ってもでない場合にはそこで打ち切る） 0～5＝0点, 6＝1点, 7＝2点, 8＝3点, 9＝4点, 10＝5点	…………… …………… …………… ……………	0　1　2 3　4　5
		合計得点	

■ 図7-6　長谷川式認知症スケール（HDS-R）

る課題（積み木模様），部分をもとに全体を洞察する能力をみる課題（組み合わせ），そして照合力・記銘力・注意力などをみる課題（符号問題）から構成されている。動作性検査では，文字を書いたカードや積み木を並べ替えるなど手を使って回答する方法がとられている。また回答の制限時間も設けられているので，認知や情報処理の速度や正確さについても評価される。このためキャテルの流動性知能に対応すると考えられている。

近年，米国ではWAISの改訂3版にあたるWAIS-Ⅲが標準化された。[★19] これを受けて，現在わが国でも日本版WAIS-Ⅲの標準化が進められ，2006年より市販されている。

一方，認知や知能の低下がみられ，認知症の疑いがある場合には，認知症のスクリーニングテストが用いられる。長谷川式認知症スケール（HDS-R）は認知症のスクリーニングテストとして広く使用されているテストの1つである。この他にMMSE（Mini-Mental State Examination），国立精研式痴呆スクリーニングテスト，N式精神機能検査などがある。

HDS-Rは図7-6に示したように9つの質問項目から構成されており，20点以下（30点満点）であると認知症と判定される。このようにHDS-Rは比較的簡便に認知症の診断ができるテストになっている。しかし認知症の診断や評価をする場合は，1つのテストだけで判定すべきではなく，他の心理検査や精神医学的な検査，脳画像および臨床像などの総合的な判断が必要である。

4　認知・知能に関する研究動向

これまで認知と知能のエイジングについてみてきたが，理論においても，実証的研究においても，そして実証的データに基づいた実践においても，今後検討されるべき重要な課題は多い。最後に認知，知能といった知的機能のエイジングに関する研究の今後の方向性をみてみよう。

認知や知能のエイジング研究の流れの中で，成人期以降に成長・成熟していく能力について注目されるようになってきた。ポスト形式的操作，熟達化，知恵など新しい概念が導入され，認知や知能の生涯発達に対して新しい地平線を広げている。しかし，これらの概念については，まだ必ずしも実証的研究が十分にされているわけではない。知的機能のエイジングの多様性と多面性を把握し，統合的に理解していくためにも，成人期以降に成長・成熟していく可能性のある能力の実証的研究は不可欠である。

また，冒頭で述べたように，認知とは感覚，知覚，記憶，推論，判断，問題

発見・解決，言語などに関連した分野であるが，理論面ではこれらすべてについてのエイジングを説明するモデルについては，今後さらに検討されていかねばならない。特に，エイジングによる知的機能の低下・減退と，知的機能の成長・成熟がどのような関係性にあるのか，その全体のダイナミズムを統合するようなモデルの検討が必要である。すでにいくつかの提案があるが，エイジングの統合的なモデルの検討はこれからの大きなテーマの1つである。

さらに，認知のエイジングに関しては，多くの実証研究からエイジングによる機能低下が報告されているが，それらと脳や神経組織のエイジングとの具体的な関連性については，実はまだ明らかでないことが多い。これらの近接領域との交流の中で，今後，人の知的機能のエイジングと脳のエイジングとの関連性の検討はさらに進められていくだろう。

今後，高齢社会がますます本格化していく中で，高齢期になって低下しはじめた知的機能を回復させたり，高齢者になっても有能性を発揮させられることへの社会的関心が高まっている。国内各地で，知的機能の回復を目的としたさまざまな実践的取り組みも行なわれてきている。もちろん老いることへの恐怖から知的有能さへ執着したり，強制させられたりすることは好ましいことではないだろう。しかし，そろそろ，「ただ衰えていくだけの存在」という誤解に基づいた偏見を捨て去り，人がそれぞれの年代で自分の有能さを持ち続けられることを認識し，それが活かせる社会をつくっていく必要があるのではないだろうか。

文献

★1 谷口幸一 1996 認知過程 浜口晴彦 他（編） 現代エイジング辞典 早稲田大学出版部 p.359.
★2 Baltes, P.B., & Lindenberger, U. K. 1997 Emergence of powerful connection between sensory and cognitive functions across the adult life span: A new window to the study of cognitive aging? *Psychology and Aging*, 12, 12-21.
★3 Kitchener, K. S. 1983 Cognition, metacognition and epistemic cognition: A three-level model of cognitive processing. *Human Development*, 4, 222-232.
★4 Kitchener, K. S., & King, P. M. 1981 Reflective Judgment: concepts of justification and their relationship to age and education. *Journal of Applied Developmental Psychology*, 2, 89-116.

★ 5 Arlin, P. K. 1984 Adolescent and adult thought: A structural interpretation. In M. L. Commons, F. A. Richards, & C. Armon (Eds.), *Beyond Formal Operations: Late Adolescent and Adult Cognitive Development*. New York: Praeger. Pp.258-271.
★ 6 Arlin, P. K. 1990 Wisdom: The art of problem finding. In R. J. Sternberg (Ed.), *Wisdom-Its Nature, Origins, and Development*. New York: Cambridge University Press. Pp.230-243.
★ 7 Pascual-Leone, J. 1990 An essay on wisdom: toward organismic processes that make it possible. In R. J. Sternberg (Ed.), *Wisdom-Its Nature, Origins, and Development*. New York: Cambridge University Press. Pp.244-278.
★ 8 Woodruff-Pak 1989 Aging and intelligence: Changing perspectives in twentieth century. *Journal of Aging Studies*, **3** (2), 91-118.
★ 9 Sinnott, J. 1996 The developmental approach: Postformal thought as adaptive intelligence. In F. Blanchard-Fields, & T. M. Hess (Eds.), *Perspectives on Cognitive Change in Adulthood and Aging*. New York: McGraw-Hill. Pp. 358-383.
★ 10 Jones, H. E., & Conrad, H. S. 1933 The growth and decline of intelligence: A study of a homogeneous group between the ages of ten and sixty. Genetic. *Psychological Monograph*, **13**, 241.
★ 11 Wechsler, D. 1958 *The Measurement and Appraisal of Adult Intelligence*. 4th ed. Baltimore: Williams & Wilkins.
★ 12 Owens, W. A. 1966 Age mental abilities. *Journal of Educational Psychology*, **57**, 316.
★ 13 Schaie, K. W. 1980 Intelligence and problem solving. In J. E. Birren, & R. Sloane (Eds.), *Handbook of Mental Health and Aging*. Englewood Cliffs, NJ: Prentice Hall. Pp. 262-284.
★ 14 Schaie, K. W., & Willis, S. L. 1996 *Adult Development and Aging*. 5th ed. New Jersey: Prentice-Hall.
★ 15 髙山　緑・下仲順子・中里克治・権藤恭之　2000　知恵の測定法の日本語版に関する信頼性と妥当性の検討―Baltesの人生計画課題と人生回顧課題を用いて　性格心理学研究, **9** (1), 22-35.
★ 16 Wechsler, D. 1981 *Manual for the Wechsler Adult Intelligence Scale-Revised*. New York: The Psychological Corporation.
★ 17 品川不二郎・小林重雄・藤田和弘・前川久男　1990　日本語版 WAIS-R 成人知能検査法　日本文化科学社
★ 18 加藤伸司・下垣　光・小野寺敦志・植田宏樹・老川賢三・池田一彦・小坂敦二・今井幸充・長谷川和夫　1991　改訂長谷川式簡易知能評価スケール（HDS-R）の作成　老年精神医学雑誌, **2** (11), 1339-1347.
★ 19 Wechsler, D. 1997 *Wechsler Adult Intelligence Scale*. 3rd ed. San Antonio, TX: The Psychological Corporation.

【参考文献】

Park, D. C., & Schawarz, N. 2000 *Cognitive Aging: A Premier*. Philadelphia: Psychology Press.

第 8 章

感情・性格のエイジング

1 感情のエイジング

1 感情の定義

　私たちは生まれてから死ぬまでの間，種々の感情を経験する。感情は，個人が経験する主観的な反応であると同時に，動悸や血圧の上昇など生理的・身体的な変化や表情にも現われる。また，怒りにまかせてなぐりつけるというように，行動の動機づけにもなり得る。このように，多様な特徴を持つ感情は，「主観的経験の側面」「行動・表出的側面」「生理学的・神経学的側面」という不可分な3側面から研究されてきた。多様な側面を持つため定義や用語1つをとってみても，必ずしも一致せず，さまざまになされている。英語圏においては，affection（感情），emotion（情動），mood（気分）という用語が使われる。本章ではひとまず下記のように考えてみよう。

　affection（感情）は，最も包括的な用語である。感情は，「快-不快」をもととした高次の主観的な意識的経験である。個人の認知活動によって変容し，人類に特徴的な心的活動の1つだろう。一方，emotion（情動）は，種としてのヒトを含む哺乳類においてみられ，刺激に反応して急激に生起し，短時間で収束する一過性の状態・経験である。情動は，特に動機づけ的側面を含む用語として知られる。mood（気分）は，こうした感情がある期間持続するものである。また，生得的・遺伝的な影響を基盤とした個人の持つ情動的反応の特徴

を気質（temperament）とよび，気質を基として個人の行動傾向（パーソナリティ特性：personality trait）が現われると考えられている（パーソナリティ関連用語の定義は次節で述べる）。図8-1 に時間経過にともなう各用語の使われ方を示そう。ただし，研究者によって用語や持続時間が異なって利用される場合もあるので，注意してほしい。

また，感情・情動の理論としては表8-1 に示すダーウィン説，ジェームズ説，認知説，社会的構築主義説といった4つの立場を考えることができる[★3]。しかし，これらの各理論において加齢の視点はさほど取り入れられていない。次項では感情とエイジングに関して，簡潔に概観してみよう。

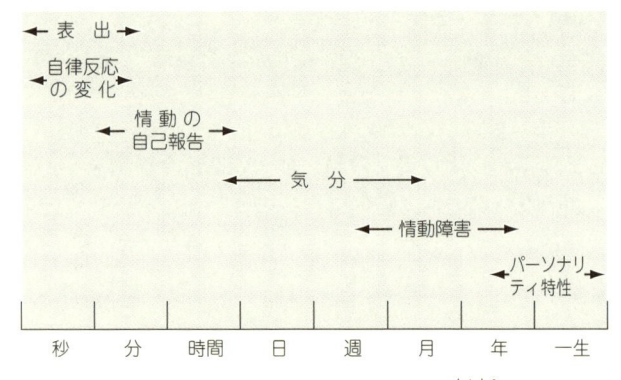

■ 図8-1　感情に関連する語と時間経過[★1][★2]

■ 表8-1　心理学における感情研究の4つの視点[★3]

系列	主な考え方	古典的研究	現代の研究
ダーウィン説	感情は適応機能を持ち，普遍的である	ダーウィン（1872/1965）	エクマンら（1987）
ジェームズ説	感情＝身体的反応	ジェームズ（1884）	レベェンソンら（1990）
認知説	感情は評価にもとづく	アーノルド（1960a）	スミスとラザルス（1993）
社会的構築主義説	感情は社会的目的に寄与する社会的構築体である	エイヴェリル（1980a）	スミスとクラインマン（1989）

2 感情とエイジング

　1960年代の初期の加齢研究では「年齢にともなってネガティブ感情が増加し，ポジティブ感情が減少する」と言われていた。しかし，健常な高齢者を主たる対象とした近年の縦断的実証研究によって，ネガティブ感情の主観的な強度や頻度には一般に顕著な年齢差がみられないことが明らかになってきている（たとえば，Baltes & Mayer）。唯一，「怒り」の強度や頻度が加齢とともに減っていくことが，高齢者を含んだいくつかの縦断・横断研究によって比較的一貫して指摘されている。また，生涯を通じて，感情・情動にかかわる能力は機能的に必ずしも低下しない。初期の研究における誤謬は，研究対象者が偏っており，その多くを施設高齢者のみに依存していたこと，研究者自身の持つある種の思い込み（偏見）があったこと，などが考えられている。

　次に，感情の表出である表情に目を向けてみよう。表情について検討する場合，表出能力と解読能力に分けて考える必要がある。表出能力に関して，高齢者は表出の強度が若年層に比べ弱く不明瞭であるといわれる。おそらく社会的要因（高齢者の受けてきた教育および期待される役割意識に基づいた表情表示規則の文化，たとえば表出を抑えるなど）と身体的要因（筋力の衰え・しわ・皮膚の硬直化など）の両者が影響すると思われる。しかもこれらの影響で，高齢者の感情の表出は他者にとって読み取りにくくなるのだろう。また，解読能力に関しては，加齢に従いその能力が低下するといわれる一方，コホート効果の可能性も指摘されている。すなわち，高齢者にとって異世代の表情解読ではエラーが多いが，同世代の表情解読にはある程度優れているのである。高齢者が同世代の表情解読ができることは，社会的要因（同世代にのみ通用する特殊な表出ルールが存在しており解読できる）と身体的要因（加齢による身体的変化は高齢者自身にとって新奇刺激ではなく慣れ親しんでいる）の両者で説明できよう。あわせて同世代には親しみを持ち動機づけが上がるという可能性も考えられるだろう。

　ただし，高齢者の感情を考える際には，感情に影響を与える諸要因に注意しなければならない。生理的要因（身体機能，心身の健康度，感覚・知覚系，自律神経系・脳〈神経伝達物質・中枢神経系・大脳皮質〉の老化）はもちろん，

心理的要因（パーソナリティ，認知能力，対人関係），文化・社会的要因（生年コホート，生活環境，社会経済的地位）などさまざまな要因の影響を受け，感情は変化し得る。高齢者においては，感情が極端に鈍磨／先鋭化したり，感情失禁（通常は強い情動を喚起しないようなささいな刺激，たとえば日常の挨拶などによって強い情動が引き起こされること）などのように感情の制御が不能となることもあるが，これは加齢によって脳内の認知的抑制系が欠損した可能性が考えられるだろう。この場合，認知症の疑いも視野に入れなければならない。

　高齢者を含めた感情・情動制御の発達について適応という観点からみると，メタ理論的な2つの立場があるといわれる[7]。1つは，ある種の理想的な発達パターンを考え，開放性や柔軟性というポジティブな特性に主導され感情が発達し制御されるという立場である。もう1つは，加齢にともなって生じるさまざまな身体的・心理的・社会的損失（手足や感覚器官が不自由になる，親しい友人や家族の死など）に対する適応として，感情が発達し制御されるという立場である。前者を代表する立場としては認知・感情的発達理論[8]を，後者を代表する立場としては社会情動的選択理論[9]を，それぞれあげることができる。認知・感情的発達理論は，認知的側面を複雑化させ，自己を分化・結合させることで，感情経験や感情のコントロールが可能となり，文化的な規制からも自由に自律的になれる，という。社会情動的選択理論は，老年期では対人的な交流が量的に減少するが，質的に深く親密な交流を少数の他者と結ぶことで幸福感を保つ，という個人の適応の視点からの考え方である。この両者はそれぞれ視点が異なる。また，メタ理論であるため必ずしも感情に限った理論ではない。ただし，対立するものではなく，統合する方向も模索されている。その他の理論も含め，老年期の感情やその理論の詳細についてはマゲイ[10]（Magai, C.）などが参考になるだろう。

2 性格のエイジング

1 性格の定義

性格（character）とは，一般に個人を特徴づける持続的で一貫した行動様式のことを指す。他者とは違っているという個人差を強調する意味で利用されやすく，語源の「刻みつけられたもの」という意味からは，より基礎的で固定的な行動様式を指す場合もある。

性格に似た用語として，パーソナリティ（人格：personality）や気質（temperament）という用語がある。パーソナリティは，より包括的な個人差を示す概念で性格・知能なども含み，個人が持つある種の統一性を意味する。広義の行動に対して時間的・空間的一貫性を与えているものをパーソナリティとよぶことができよう。パーソナリティは「仮面」（ペルソナ：persona）という言葉を語源に持つことから，環境との相互作用による学習の過程で形成され，外界との適応を表面的・役割的に捉えたものであるという見方もなされる。なお，日本語の「人格」には価値判断が入るため（「人格者」など），パーソナリティという表現がよく利用される。

一方，気質は，既述したように情動的反応の個人差を指し，自律神経系や内分泌系といった生理学・神経学的な反応パターンとも関連している。刺激に対する閾値の大小など，感受性や反応性の強さも，気質によって説明される。そして反応パターンの個人差がパーソナリティの基盤をなすとも考えられている。このように気質・性格・パーソナリティは必ずしも明確に区別されているわけではないが，人の反応パターンの個人差を示す概念であるといえる。本章では性格とパーソナリティをほぼ同義であると捉えて，以下に記していきたい。

2 性格とエイジング

高齢者の性格については，しばしばある種の固定的な見方がなされる。その時どきに応じて，ポジティブなイメージ（かどがとれてまるくなる，思慮深い，義理堅い）もあれば，ネガティブなイメージ（頑固，わがまま，愚痴っぽい）もあり得る。しかし，これらの見方の多くは私たちが高齢者について持つある

種のステレオタイプの反映であるといわれる。[11]ステレオタイプとは，あるカテゴリーに含まれる人（ここでは高齢者）が共通して持っていると独善的に信じられている特徴（ここではネガティブ・ポジティブな性格イメージ）のことを指す。実際には高齢者が共通して持っている特徴ではなくとも，現実を過度に歪めて否定的になったり，理想を追い求め現実には存在しない肯定的なものになり得るのである。これは，①多様な高齢者についての接触経験がない，②極端な例に関するメディア情報によく接触する，③自分の身近な経験を過度に一般化する，④老化に関する潜在的な敵意がある，などが原因と考えられている。もちろん，人は高齢者に限らず，だれかや何かに対してステレオタイプを持ちやすい。ステレオタイプによって入手した情報を処理すると，認知的に楽に判断できるからである。したがって，私たちが高齢者について考えるときには，ステレオタイプで判断をしていないかどうか，再確認してみる必要があるだろう。

それでは，高齢者に多くみられる性格特徴とは何だろうか。このように考えるということは，暗黙のうちに高齢者になると性格がある一定の方向へ変化していく，という考えが根本にあるのかもしれない。ところが，中年期から老年期にかけて性格が変化するかどうか，という点については，明確な研究結果が出ているわけではない。

パーソナリティの安定性と変化可能性について実証的な研究を行なう場合，特性論の視点で横断的・縦断的データで示す研究が多い。特に近年はパーソナリティの5因子論（ビッグ・ファイブ）に立ち，N（Neuroticism: 神経症的傾向），E（Extraversion: 外向性），O（Openness: 開放性），A（Agreeableness: 協調性），C（Conscientiousness: 誠実性）の5特性が中年期から老年期にどう変化するかという点に焦点が当てられている（たとえば，Costa & McCrae[12][13]など）。

中でも，ロバーツ（Roberts, B. W.）らの一連のメタ分析的研究（児童期から老年期までのさまざまな縦断研究を統計学的に統合した研究）によると，パーソナリティ特性は縦断的な安定性を示すと同時に，平均値レベルでは変化がみられるという。[14][15]パーソナリティ特性の縦断的安定性については，他の年齢群よりも中年期から老年期において最も安定することを示した（順位相関値で .74）。一方，個々の特性の平均値の変化については，複数の横断・縦断研究をレビュー

第8章 感情・性格のエイジング

して，老年期においては5因子のうち，A（協調性）とC（誠実性）が上昇し，E（外向性）の構成要素中，社会的生命力（社交性）が減少する[16]（表8-2参照）。

また，ロバーツらは量的な変化と安定性を示したが，パーソナリティが変化するという場合，より質的な変化に言及することが多い。たとえば，シュルツ（Schulz, R.）ら[17]は，コントロール感の個人差を幸福感（well-being）との関係で論じ，加齢によってコントロール感の内容が変化することを指摘している。外界の環境を直接コントロールする「一次的コントロール」が，加齢にともないより自己の内的な資源に向かう「二次的コントロール」に変化することで個人の適応が保たれ，幸福感が高められるという。前述の社会情動的選択理論との関連も示唆されよう。

リフ（Ryff, C. D.）ら[18]はこうした変化と安定性についてのある意味で矛盾した現象に対して，各研究者が対象としているパーソナリティの内容や記述の水

■ 表8-2 ライフコースにおけるパーソナリティの変化[16]

パーソナリティ特性 　下位次元 　　ドメイン	横断研究 18～80歳	縦断研究		
		成人前期 20～40歳	中年期 40～60歳	老年期 60歳以上
外向性 (Extraversion) 　社会的支配性 　(Social Dominance) 　社交性 　(Social Vitality)	 ＋ －	 ＋ －	 ＋ －	 ？ －
協調性 (Agreeableness)	＋	＋	＋	＋
誠実性 (Conscientiousness)	＋	＋	＋	＋
神経症的傾向 (Neuroticism)	－	－	－	0
開放性 (Openness to Experience)		＋	0	0

注）＋：発達的な増加，－：発達的な減少，0：変化がないこと，？：より研究が必要であること，をそれぞれ示す。

準が異なることを指摘し, 特性は安定するが, 発達的特徴が変化すると述べた。ロバーツらの上記の平均値の発達的変化（情動的に安定しており, 誠実で協調的な方向への変化）は, オルポート（Allport, G. W.）のいうパーソナリティが成熟する方向への変化と考えることも可能であり, パーソナリティの発達的特徴が出現してきたといえるのかもしれない。パーソナリティをどう概念化し, その変化をどう測定しているのかも問題になるだろう。

これらの点に関連して, パーソナリティの安定的な側面と変化する側面は表8-3のようにまとめられる。[19] 安定的な側面に示された諸変数は, 狭義の性格特性や気質を反映しているといえそうである。一方, 変化する側面の箇所に示された諸変数は, 認知的あるいは情動状態的な個人差変数が多い。いわゆる広義のパーソナリティを反映していると考えられるだろう。つまり, 後者の一部である認知的な変数（たとえば, シュルツらの「コントロール」感の個人差）もリフのいう発達的特徴の現われと考えることができるだろう。

標準的には上述のようなパーソナリティの安定性と変化可能性がみられるとしても, 個人に目を向けてみると, より大きな変化がみられる場合もある。これにはおそらく生理的・心理的・文化社会的な諸要因に加え, 老性自覚, 死の接近なども関係してくるかもしれない。特に, こうした老年期のパーソナリティ

■ 表8-3　パーソナリティに対する加齢の効果 [19][20]

安定的な側面	変化する側面
気質または特性	特定領域での自己に対する態度
・外向性（社交性・交際好き）	・知的コントロール
・神経症性（適応・不安）	・健康コントロール
・経験への開放性	深層の変数
・誠実性（誠実さ・良心的）	・熟達の様式, 内省, 対処様式, 防衛, 価値
・協調性・愛想のよさ	自己概念
自己に対する一般的態度	男性性―女性性・性役割
・統制の位置（locus of control）	自尊心
・自信・自覚的能力・自己効力感	達成動機・要求水準
認知スタイル	情緒的変数
	・不安, うつ, 疲労, 幸福感, 人生満足感

の質的な変化という点に注目した発達理論が,多くの研究者によって提出されている。ユング（Jung, C. G.）やレビンソン（Levinson, D.）のライフサイクル論,ハヴィガースト（Havighurst, R. J.）の発達課題論,エリクソン（Erikson, E. H.）およびその発展的後継者ペック（Peck, R. C.）やウィットボーン（Whitbourne, S. K.）などの心理・社会的発達理論,ニューガーテン（Neugarten, B. L.）やライチャード（Reichard, S.）のパーソナリティ類型論などが代表的である。これらの多くは,加齢にともなうパーソナリティの質的な変化を念頭に理論化が進められている。ここでは残念ながらその詳細についてふれることができないが,たとえば下仲[21],佐藤・井上[22]などを参考にしてほしい。

3　感情・性格の測定と診断

1　高齢者の心理アセスメント

感情や性格を測定するためには,冒頭で述べた感情の3側面に対応した①主観的報告,②表情などを含む行動的指標,③生理学的・神経学的指標の3種類を考えることができる。主観的報告の場合,質問紙もしくは面接による調査法や心理検査法が利用される（詳細は次項で述べる）。行動的指標の中でも特に表情の精密な測定には,イザード（Izard, C. E.）のMaxやAFFEX,エクマン（Ekman, P.）のFACSといった表情コーディングシステムが有効である。これらは,言語報告を用いることができない乳幼児を対象とした感情研究で大きな成果をあげており,研究は十分ではないが,認知症の高齢者などへの適用も試みられている。生理学的・神経学的指標は,実験的研究などにおいて利用されることが多い。自律神経系を中心にさまざまな生理指標（心拍数,呼吸数,血圧,血流量,瞳孔の大きさ,瞬目,皮膚温,発汗,筋電位,脳波など）や尿・血液・だ液から採取される各種のホルモン分泌量が,生理学的・神経学的指標として測定される[23]。これら表情や生理学・神経学的指標は感情状態やパーソナリティの主観的報告との齟齬がしばしば問題になる。ただ何より,装置の準備や測定技術習得の問題があり,臨床場面などで心理アセスメントのために利用

することは困難である。

　感情・性格を測定し，それに基づいてなんらかの診断・重症度の判定・スクリーニングをすること，つまり，心理臨床的アセスメントの観点から測定方法を考えてみよう。この場合，心理検査を介して質問紙や面接による主観的報告を測定することが多い。またこれらの検査が個別的に実施されたときには，行動観察なども行なわれる。つまり，面接調査・検査時には，面接者（検査者）が対象者の言語的・非言語的行動（声のピッチやトーン，言いよどみなどのパラ言語をはじめ，身ぶり，相づち，姿勢，座り方など）を観察し，必要に応じてアセスメントの一環として利用する。なお，面接そのものでデータ収集を行なう場合，面接法の具体的な方法として，米国精神医学会の作成したDSM-IVに基づいた精神障害を診断するための構造化面接法（SCID: Structured Clinical Interview for DSM）などが参考になる。[24][25]

　実際に心理アセスメントを行なう場合には，まず被検者がいだくかもしれない面接・検査への不安を取り除くための十分な説明が必要である。また，被検者のおかれる物理的環境（明るさ，広さ，静けさなど）を保つ必要がある。面接時には高齢者の身体・感覚機能への配慮も欠かせず，質問の場合も，被検者に聞こえて見えるように，大きな声でゆっくりと話をすべきだろう。さらに，同時に2つ以上の指示を与えないなどの注意も必要である。面接者が注意深く被検者を行動観察することで，検査得点に現われない部分の評価も可能となる。そして，終了時には被検者に対する感謝の念も伝えるべきだろう。[26]

　ここでは，高齢者を対象に利用されることが多い感情・性格の測定ツールを紹介したい。一般に成人対象の心理検査は，高齢者に適用することができる。ただ当該の検査の作成過程において高齢者を対象として想定していないこともあるため，高齢者における信頼性・妥当性が確認されていない場合や，高齢者の実情にそぐわない場合もある。また主観的報告の指標を用いる場合，認知的にそこなわれている高齢者への適用は困難である。利用に当たっては，これらの諸点に注意する必要があるだろう。

　また，多くの測定ツールがあるが，ここで紹介するのはその一部である。尺度については堀[27][28][29]を，心理検査や各種評価法については上里[30]，松原[31]，松田[32]，鳥羽[33]などを，文献レビューについては下仲・中里[34]を参照するとよい。ただし，わ

が国における高齢者に適用可能な測度の開発は全く不十分である。したがって，そのまま利用することは困難であるが，諸外国において高齢者に適用されているアセスメントツールなども必要に応じて参照すればよいだろう（たとえば，Burns et al.[★35]; Gallo et al.[★36]; Kane & Kane[★37]; Sederer & Dickey[★38]など）。

2　主観的報告による検査1——質問紙法

　感情や性格（パーソナリティ）を質問紙で測定する尺度は多い。スピルバーガー（Spielberger, C. D.）は，感情「状態」とパーソナリティ「特性」の2つの測定対象を区別した。「状態」とはおかれた状況における一時的な感情状態を表わし，「特性」とは状況によらず比較的安定した個人の行動傾向，すなわち，パーソナリティを表わす。また多様な感情・性格を多元的・包括的に測定する場合と，ある特定の感情・性格を測定する場合がある。これらの枠組み（状態・特性×多側面・一側面）に基づいて測定尺度を整理し，その代表例の一部を表8-4に示す。

　ここでは質問紙の代表として，抑うつ尺度を取り上げる。抑うつは，一時的

■ 表8-4　感情状態・パーソナリティ特性の測定尺度（質問紙）の例

	状態	特性
多側面	POMS AACL PANAS	NEO-PI-R MMPI EPI（EPQ）
一側面	STAI STAXI	STAI STAXI MAS

注）　POMS: Profile of Mood Scale
　　　AACL: Affective Adjective Check List
　　　PANAS: Positive and Negative Affect Schedule
　　　NEO-PI-R: NEO Personality Inventory-Revised
　　　MMPI: Minnesota Multiphasic Personality Inventory
　　　EPI（EPQ）: Eysenck Personality Inventory（Questionnnaire）
　　　STAI: State Trait Anxiety Inventory
　　　STAXI: State Trait Anger Expression Inventory
　　　MAS: Manifest Anxiety Scale

気分という側面からは感情「状態」である。一方，慢性化するとパーソナリティ「特性」的に機能し，人の生活全般に影響を与える個人差変数である。高齢者を対象とした研究・実践・臨床では不適応の指標，抑うつの鑑別（スクリーニング），重症度の評価などに尺度が利用される。他者（医師や看護師）評価によるうつ症状の評価尺度もあるが，ここでは自記式による主観的報告尺度に絞って簡潔に示す。高齢者に適用できるうつ状態評価の測度全般については笠原らに詳しい。[39][40][41][42]

さて，抑うつ（うつ病性障害）とは，ICD-10[43] によると，①2週間以上続くうつ気分，②興味や喜びの喪失，③活力低下・疲労感の増加，といった症状を中核とした気分障害の1つである。従属症状としては，自尊心の喪失，罪責感，希死念慮，集中力低下，精神活動の変化，睡眠障害，食欲の変化などがあげられている。感情（気分），意欲・認知，身体症状等，さまざまな側面の症状を持ち，なんらかの能力低下も同時に引き起こす。その症状の程度に応じて大うつ病（severe depression）と軽症うつ病（小うつ病：minor depression）に分けられるが，両者は連続しており「小」うつ病であってもけっして軽視すべきではない。抑うつの全体像は，高齢者においても他の年齢群と基本的に同じであるが，臨床的には高齢者にめだってみられる症状もある。たとえば，記憶に関する主観的な訴えとうつ症状の間には強い相関がみられる。また，認知症外来患者の20%程度は認知症ではなくうつ病性障害であるともいわれる。さらに，高齢者においては気分の低下やうつ思考よりも，不安や無気力が顕著であり，集中力・意欲・認知機能の低下がめだつともいわれている。なお，身体症状（食欲不振，睡眠障害，性欲減退など）は正常な加齢の過程で現われることもあるので，高齢者の抑うつの指標としては不適切な場合も多い。[44][45]

こうした症状のスクリーニング（GDS[46][47]，CES-D[48][49]）や重症度の評価（SDS[50][51]，BDI-II[52][53]）に抑うつ尺度が利用される。これら GDS, CES-D, SDS, BDI-II の4種類の抑うつ尺度が主要な測定ツールである。GDS はそもそも高齢者を対象に作成されている点にその特徴がある。4, 5, 10, 12, 15, 30項目の各種の版を持ち比較的簡便に利用できる。CES-D は世界各国でさまざまな年齢層に対して利用されており，疫学調査，国際比較，異年齢群間比較の研究などではたいへん有用であろう。ただし，CES-D および SDS は先に述べた身体症状等

に関する項目が含まれている。特にSDSにはそうした項目が多い。こうした正常加齢の過程でも現われ得る状態を示した項目に対する肯定的回答が，実際以上にうつ得点の上昇を生む可能性が指摘されている（なおGDSではこうした項目群は省略されている）。このため高齢者を対象にSDSでスクリーニングする場合には，カットオフポイント（抑うつを判別する基準点）を通常よりも高くする必要があるといわれている。BDI-ⅡはBDIをDSM-Ⅳの診断基準に沿って改訂された尺度である。そもそもBDIは心理療法の過程で作られ，症状の定量化に特に優れているといわれる。BDIはともかくBDI-Ⅱに関しては，まだわが国の高齢者に適用したデータは十分ではない。しかし，今後はおそらくBDIの代わりに利用される頻度が増えてくるであろう。これらの尺度の利用にあたっては，それぞれの特徴を理解したうえで，目的に応じて尺度を決定していく必要があるだろう。

3　主観的報告による検査2──投影法

投影法は性格・パーソナリティを測定するツールとして利用される。投影法は被検者にあいまいな視覚的・言語的刺激を提示し，その刺激に対する回答に被検者の個性（パーソナリティ）が浮き彫りになるという発想のもとに作成されている。質問紙法と異なり，投影法は当人が意識していない（意識できない）無意識レベルの個性を測定することは可能である。被検者が問題作成者の意図を読み取り，回答を故意に操作することは困難である。一方，データ収集に時間がかかり，検査者の能力や主観に依存するので，得られる回答の精度が異なり，解釈の結果も異なりやすいという問題点を持つ。なお，投影法や個別型知能検査などでは，得られた結果に検査中の表情を含む行動的指標などから態度の観察結果を加えて「総合所見」を作成することも多い。つまり，主観的報告以外に行動観察結果も反映され得る。

これまで数多くの投影法が開発されているが，高齢者研究において利用されるものは，さほど多くない。高齢者に投影法を適用した1990年以降の内外の研究を，心理学文献に関するデータベース（PsycINFO）によって検索してみると，圧倒的多数がロールシャッハ・テストを利用していた。次いで文章完成法（SCT: Sentence Completion Test），人物描画投影テス

ト（DAP: Draw-a-Person Test）などがあげられる。主題統覚検査（TAT: Thematic Apperception Test）を高齢者用に改良した GAT（Gerontological Apperception Test）や SAT（Senior Apperception Test）も存在するが，研究自体はさほど多くない。その他の投影法は，論文という形で公刊されている限りにおいて，あまり利用されていないようである。ただし，臨床的場面で実際に利用する場合は，通常，複数のテストを組み合わせたテストバッテリーの形で実施することが多い。

ここではロールシャッハ・テストに関して，簡単に述べよう。ロールシャッハ・テストは20世紀初頭にロールシャッハ（Rorschach, H.）によって考案され，児童から高齢者まで幅広い層に適用可能な，おそらく世界で最も利用頻度の高い投影法の心理検査である。手続きとしては，抽象的な図形（インクブロット）を一定の順序で提示し「何に見えるか」「どの場所がそう見えたのか」の回答を求める。本来，特に意味はない図形に何を見いだすかによってパーソナリティを評価する。通常，反応領域（図版のどこを見たか），決定因（刺激のどの特徴が反応形成に関与しているか），反応内容（何を見たか），形態質（刺激と反応の適合度，反応の豊かさ）の4側面の反応をコーディングしていく。採点法としてはさまざまなものがあるが（特にわが国ではクロッパー法を基礎にした片口式が主流であった），近年，エクスナー（Exner, J. E.）によって開発された「包括システム」（通称エクスナー法）が比較的多く利用されるようになってきている。

高齢者にロールシャッハ・テストを施行した研究によると，個人差が大きいので高齢者の特徴を明確に示すことはむずかしいといわれる[54]。エイムス（Ames, L. B.）ら[55]によると，通常の加齢の範囲では，健常な成人と同様に豊かな反応がみられるという。一方で，下仲と中里[34]は，自身による研究結果をレビューし，認知症の深化による人格変化により，反応拒否，小部分反応，形態反応，色彩反応，平凡反応，形態水準などの反応がみられることを報告している。これらは，知覚の統合性の困難さ，常同的思考化，感情・情動体験の表出の欠如，社会的協調性の低下などを反映しているためといわれている。高齢者の人格評価では，認知能力の問題を避けて通れないが，たとえ認知症であっても適用可能なツールであるという点に，ロールシャッハ・テストの大きな特徴があるだろう。

4 感情・性格に関する研究動向

1 ポジティブ心理学と老年心理学

本節では心理学の中でも近年特に注目されている「ポジティブ心理学」の視点で，エイジングに関連した感情・性格の研究の一部を再検討してみたい。

ポジティブ心理学とは，1990年代後半にセリグマン（Seligman, M. P. E.）が唱えた心理学における新しい研究分野の1つであり，人間の持つ弱い箇所を臨床心理学的に補い援助するだけではなく，人間が本来持っている精神・身体のよいところ・強いところを伸ばし育むべきだ，という視点を提供した。つまり人間のポジティブな機能に注目した諸研究の集合体で，よりよく生きるための研究分野，いや研究運動とでもいうべきであろう。[56]

ところでポジティブ心理学は，見方を変えると必ずしも新しい研究分野とはいえない。ポジティブ心理学が研究の対象としている感情・性格に関連する諸概念である──「主観的幸福感」（subjective well-being），「生活の質」（QOL: quality of life），「英知」（wisdom），「幸福な老い」（successful aging），「生きがい」──はまさに老年心理学が研究主題としてきた問題でる。これらは従来「ポジティブ心理学」と呼ばれてこなかっただけともいえよう。そのため，老年心理学はポジティブ心理学的研究課題の中核を担ってきたと考えることもできる。[18]

ここでは具体的に「自尊心（自尊感情）」を題材に考えてみたい。従来の老年心理学では，社会的弱者である高齢者の「適応」指標として「自尊心」を扱ってきた。しかし，単純に社会的弱者が「適応」しなければならない，という視点で高齢者の「自尊心」をみると誤った結論を引き起こす。高齢者と自尊心の関係をポジティブ心理学（特に対人社会心理学）の視点で，簡潔に読み説いてみよう。

2 自尊心と対人関係──ソシオメーター理論

自尊心を説明する理論も数多く提出されているが，ここでは，近年注目されている「ソシオメーター理論」[57][58]の観点で考えたい。この理論では，自尊心を「自分と他者との関係を監視する心理的システム」という。自尊心は自分が他者か

ら受け入れられているかどうかを示すメーター,つまり他者との関係性(いわば社会的な絆)の指標である,と考える。自尊心システムは,対人的環境をモニターする。そして他者に受け入れられないという関係性悪化の手がかりが検出されたときに自尊心を低くして警告を発し,対人関係に注意するように動機づける,と考える。

では,老年期における自尊心をソシオメーター理論の視点で考えてみるとどうなるだろうか。自尊心の安定性に関して,トゥルツェスニエフスキー(Trzesniewski, K. H.)ら[59]は50以上の縦断的研究を統合したメタ分析,および複数のデータについての二次分析(データベースに収録されている過去の調査データの再分析)によって,青年期・成人期に比べ,老年期では自尊心の安定性が低くなることを示した。彼女らは,ライフイベント(退職,子どもの巣立ち,配偶者・近親者の死など)にともなう社会的役割やアイデンティティの変化が自尊心の変化に関係することを示唆している。つまりソシオメーター理論からは,社会的関係性の変化が多くなると自尊心の安定性が減じられる可能性がみえてくる。

このように考えると,老年心理学の分野で積み重ねられたこれまでの知見に対して,ポジティブ心理学(対人社会心理学)的な解釈が入ることによって,過去の研究に新たな光を与えるのではないだろうか。たとえば,膨大な研究の蓄積があるソーシャルサポート(対人関係の中で授受される社会情緒的もしくは道具的な援助)と自尊心の関係についての研究も新たな展開をもたらすかもしれない。さらには,老年期の人間関係(たとえば,友人関係など)と自尊心の検討など,今後いっそうの充実が必要な研究分野もみえてくる。ポジティブ心理学的な視点の導入により,感情やパーソナリティに関する老年心理学に新たな息吹を吹き込むことが期待されるだろう。

文　献

★1　Oatley, K., & Jenkins, J. M.　1996　*Understanding Emotions.* Cambridge, MA : Blackwell Pub.
★2　濱　治世・鈴木直人・濱　保久　2001　感情心理学への招待―感情・情緒へのアプローチ　サイエンス社

★3 Cornelius, R. R. 1996 *The Science of Emotion: Research and Tradition in the Psychology of Emotions.* New Jersey: Prentice Hall. 斉藤　勇（監訳）　1999　感情の科学—心理学は感情をどこまで理解できたか　誠信書房

★4 Baltes, P. B., & Mayer, K. U.（Eds.）　1999　*The Berlin Aging Study: Aging from 70 to 100.* Cambridge, UK: Cambridge University Press.

★5 Magai, C. 2002 Emotion. In D. J. Ekerdt（editor in chief）, *Encyclopedia of Aging*. Vol.2. New York: Thomson Gale. Pp.415-422.

★6 宇良千秋　2004　顔と高齢者　竹原卓真・野村理朗（編）　「顔」研究の最前線　北大路書房　Pp.187-199.

★7 Labouvie-Vief, G. 1999 Emotions in adulthood. In V. L. Bengtson, & K. W. Schaie（Eds.）, *Handbook of Theories of Aging*. New York : Springer. Pp.253-267.

★8 Labouvie-Vief, G. 1998 Cognitive-emotional integration in adulthood. *Annual Review of Gerontology and Geriatrics: Focus on Emotion and Adult Development*, **17**, 206-237.

★9 Carstensen, L. L. 1992 Social and emotional patterns in adulthood: Support for socioemotional selectivity theory. *Psychology and Aging*, **7**, 331-338.

★10 Magai, C. 2001 Emotions over the life span. In J. E. Birren, & K. W. Schaie（Eds.）, *Handbook of the Psychology of Aging*. 5th ed. San Diego, CA: Academic Press. Pp.399-426.

★11 林　洋一　2000　高齢者にみられる性格　詫摩武俊・鈴木乙史・清水弘司・松井　豊（編）　性格の発達　シリーズ・人間と性格　第二巻　ブレーン出版　Pp.295-305.

★12 Costa, P. T. Jr., & McCrae, R. R. 1994 Set like plaster? Evidence for the stability of adult personality. In T. F. Heatherton, & J. L. Weinberger（Eds.）, *Can Personality Change?* Washington, DC: American Psychological Association. Pp. 21-40.

★13 Costa, P. T. Jr., & McCrae, R. R. 1997 Longitudinal stability of adult personality. In R. Hogan, J. A. Johnson, & S. R. Briggs（Eds.）, *Handbook of Personality Psychology*. San Diego, CA: Academic Press. Pp.269-290.

★14 Roberts, B. W., & DelVecchio, W. F. 2000 The rank-order consistency of personality traits from childhood to old age: A quantitative review of longitudinal studies. *Psychological Bulletin*, **126**, 3-25.

★15 Roberts, B. W., Walton, K. E., & Viechtbauer, W. 2006 Patterns of mean-level change in personality traits across the life course: A meta-analysis of longitudinal studies. *Psychological Bulletin*, **132**, 1-25.

★16 Roberts, B. W., Robins, R. W., Trzesniewski, K. H., & Caspi, A. 2003 Personality trait development in adulthood. In J. T. Mortimer, & M. J. Shanahan（Eds.）, *Handbook of the Life Course*. New York: Springer Publishing. Pp.579-595.

★17 Schulz, R., Wrosch, C., & Heckhausen, J. 2003 The life span theory of control: Issues and evidence. In S. H. Zarit, L. I. Pearlin, & K. H. Schaie（Eds.）, *Personal Control in Social and Life Course Contexts*. New York: Springer Publishing. Pp.233-262.

★18 Ryff, C. D., Kwan, C. M. L., & Singer, B. H. 2001 Personality and aging: Flourishing agendas and future challenges. In J. E. Birren, & K. H. Schaie（Eds.）, *Handbook of the Psychology of Aging*. 5th ed. San Diego, CA: Academic Press. Pp.477-499.

★19 佐藤眞一　1993　老人の人格　井上勝也・木村　周（編）　新版老年心理学　朝倉書店　Pp.54-71.

★20 Lachman, M. E. 1989 Personality and aging at the crossroads: Beyond stability versus change. In K. W. Schaie, & C. Schooler（Eds.）, *Social Structure and Aging: Psychological Processes*. Hillsdale, New Jersey: Lawrence Erlbaum Associates. Pp.167-189.

★21 下仲順子（編）　1997　老年心理学　培風館

★22 佐藤眞一・井上勝也　1994　老年の心理　伊藤隆二・橋口英俊・春日　喬（編）　老年期の臨床

心理学　人間の発達と臨床心理学 6　駿河台出版社　Pp.1-39.
★23　大平秀樹　2002　感情の生理的指標　高橋雅延・谷口高士（編著）　感情と心理学——発達・生理・認知・社会・臨床の接点と新展開　北大路書房　Pp.41-65.
★24　First, M. B., Gibbon, M., Spitzer, R. L., Williams, J. B. W., & Benjamin, L. S.　1997　*Structured Clinical Interview for DSM-IV Axis II Personality Disorders: SCID-II.* Washington, DC: American Psychiatric Press.　高橋三郎（監訳）　2002　SCID-II——DSM-IV II 軸人格障害のための構造化面接　医学書院
★25　First, M. B., Spitzer, R. L., Gibbon, M., & Williams, J. B. W.　1997　*Structured Clinical Interview for DSM-IV Axis I Disorders : SCID-I: Cinical Version.* Washington, DC: American Psychiatric Press.　北村俊則・岡野禎治（監訳）　2003　精神科診断面接マニュアル SCID——使用の手引き・テスト用紙　日本評論社
★26　松田　修　1998　高齢者の心理アセスメント　黒川由紀子（編）　老いの臨床心理——高齢者のこころのケアのために　日本評論社　Pp.33-62.
★27　堀　洋道（監修）　2001　心理測定尺度集 1 ——人間の内面を探る「自己・個人内過程」　サイエンス社
★28　堀　洋道（監修）　2001　心理測定尺度集 2 ——人間と社会のつながりをとらえる「対人関係・価値観」　サイエンス社
★29　堀　洋道（監修）　2001　心理測定尺度集 3 ——心の健康をはかる「適応・臨床」　サイエンス社
★30　上里一郎（監修）　2001　心理アセスメントハンドブック（第 2 版）　西村書店
★31　松原達哉（編著）　2002　心理テスト法入門——基礎知識と技法習得のために（第 4 版）　日本文化科学社
★32　松田　修　2005　高齢者の心理アセスメント　黒川由紀子・斎藤正彦・松田　修　老年臨床心理学——老いの心に寄りそう技術　有斐閣　Pp.13-97.
★33　鳥羽研二（監修）　2003　高齢者総合的機能評価ガイドライン　厚生科学研究所
★34　下仲順子・中里克治　1994　老年の心理診断　伊藤隆二・橋口英俊・春日　喬（編）　老年期の臨床心理学　人間の発達と臨床心理学 6　駿河台出版社　Pp.81-120.
★35　Burns, A., Lawlor, B., & Craig, S.　2004　*Assessment Scales in Old Age Psychiatry.* 2nd ed. London: Martin Dunitz.
★36　Gallo, J. J., Fulmer, T., Paveza, G. J., & Reichel, W.　2003　*Handbook of Geriatric Assessment.* 3rd ed. MA: Jones & Bartlett Publishers.　井上正規（監訳）　2006　医療・看護・福祉の現場で役立つ高齢者アセスメントマニュアル　メディカ出版
★37　Kane, R. L., & Kane, R. A.　2000　*Assessing Older Persons : Measures, Meaning, and Practical Applications.* New York : Oxford University Press.
★38　Sederer, L. I., & Dickey, B.（Eds.）1996　*Outcomes Assessment in Clinical Practice.* Baltimore: Williams & Wilkins.　伊藤弘人・栗田　広（訳）　2000　精神科医療アセスメントツール　医学書院
★39　笠原洋勇・加田博秀・柳川裕紀子　1995　老年精神医学関連領域で用いられる測度——うつ状態を評価するための測度（1）　老年精神医学雑誌, **6**（6）, 757-766.
★40　笠原洋勇・加田博秀・柳川裕紀子　1995　老年精神医学関連領域で用いられる測度——うつ状態を評価するための測度（2）　老年精神医学雑誌, **6**（7）, 905-914.
★41　笠原洋勇・柳川裕紀子・加田博秀　1995　老年精神医学関連領域で用いられる測度——うつ状態を評価するための測度（3）　老年精神医学雑誌, **6**（8）, 1025-1031.
★42　笠原洋勇・柳川裕紀子・加田博秀　1995　老年精神医学関連領域で用いられる測度——うつ状態を評価するための測度（4）　老年精神医学雑誌, **6**（9）, 1157-1163.

★ 43　World Health Organization　1993　The ICD-10 classification of mental and behavioural disorders: Clinical descriptions and diagnostic guideline. Geneve.　世界保健機構（編）　融　道夫 他（監訳）2005　ICD-10 精神および行動の障害―臨床記述と診断ガイドライン（新訂版）　医学書院
★ 44　Baldwin, R. C., Chiu, E., Katona, C., & Graham, N.　2002　*Guidelines on Depression in Older People: Practising the Evidence.* London: Martin Dunitz.　鈴木映二・藤澤大介・大野　裕（監訳）2003　高齢者うつ病診療のガイドライン　南江堂
★ 45　大野　裕（編）　2006　高齢者のうつ病　金子書房
★ 46　Yesavage, J. A., Brink, T. L., Rose, T. L., Lum, O., Huang, V., Adey, M. B., & Leirer, V. O.　1983　Development and validation of a geriatric depression screening scale: A preliminary report. *Journal of Psychiatric Research*, **17**, 37-49.
★ 47　Niino, N., Imaizumi, T., & Kawakai, N.　1991　A Japanese Translation of the Geriatric Depression Scale. *Clinical Gerontologist*, **10**（3）, 85-87.
★ 48　Radloff, L. S.　1977　The CES-D scale: A self-report depression scale for research in the general population. *Applied Psychological Measurement*, **1**, 385-401.
★ 49　島　悟　1998　日本版 NIMH/CES-D うつ病／自己評価尺度　使用の手引き　千葉テストセンター
★ 50　Zung, W. W. K.　1965　A self-rating depression scale. *Archives of General Psychiatry*, **12**, 63-70.
★ 51　福田一彦・小林重雄　1983　日本版 SDS―自己評価式抑うつ性尺度（使用手引き）　三京房
★ 52　Beck, A. T., Steer, R. A., & Brown, G. K.　1996　*Manual for the Beck Depression Inventory.* 2nd ed. Harcourt Assessment.
★ 53　小嶋雅代・古川壽亮　2003　日本版 BDI-Ⅱ―ベック抑うつ質問票手引き　日本文化科学社
★ 54　星野和実　2001　ライフサイクルにおける老年期の心理社会的発達と人格特性に関する研究　風間書房
★ 55　Ames, L. B., Metraux, R. W., Rodell, J. L., & Walker, R. N.　1973　*Rorschach Responses in Old Age.* 2nd ed. New York: Brunner/Mazel.　黒田健次・日比裕泰・大島晴子（訳）　1993　高齢者の心理臨床学―ロールシャッハ・テストによる　ナカニシヤ出版
★ 56　島井哲志（編）　2006　ポジティブ心理学―21世紀の心理学の可能性　ナカニシヤ出版
★ 57　Baumeister, R. F., & Leary, M. R.　1995　The need to belong: Desire for interpersonal attachments as a fundamental human motivation. *Psychological Bulletin*, **117**, 497-529.
★ 58　Leary, M. R.　1999　The social and psychological importance of self-esteem. In R. M. Kowalski, & M. R. Leary（Eds.）, *The Social Psychology of Emotional and Behavioral Problems: Interfaces of Social and Clinical Psychology.* American Psychological Association.　安藤清志・丹野義彦（監訳）2001　臨床社会心理学の進歩―実りあるインターフェイスをめざして　北大路書房
★ 59　Trzesniewski, K. H., Donnellan, M. B., & Robins R. W.　2003　Stability of self-esteem across the life span. *Journal of Personality and Social Psychology*, **84**, 205-220.

第9章 社会性・コミュニケーションのエイジング

　本章では，高齢期における「社会性」および「コミュニケーション」のあり方に焦点を当てながら，これらの加齢変化についても取り上げる。高齢者の比率が高い社会へと変化する中で，高齢期の社会性のあり方は高齢者の生活の質（QOL: quality of life）を考える際にきわめて重要なテーマであるにもかかわらず，これまであまり検討されることがなかった。また，高齢期のコミュニケーションは，おもに言語機能の側面における基礎的な研究は進展しているが，今後はさらに高齢者が生活している社会的な文脈とのかかわりの中で把握しなければならないだろう。それでは最初に「社会性」のエイジングについてみてみよう。

1　社会性のエイジング

1　社会性とは

　「社会性（sociability）」とは，生まれてから社会の成員になるまでのプロセスで身につけていく能力であり，人間関係を形成し円滑に維持する能力，社会的な活動に積極的にかかわっていく能力，などと考えられている。最近，社会的スキル（social skill）や社会的コンピテンス（social competence）が社会性と同じような意味内容を示す言葉として使われているようだが，微妙な点で異

なり，必ずしも同義ではない。

それでは，社会性の中身として，どのようなものが考えられるのだろうか。具体的な内容は次のように，4つにまとめることができる[★1]。

① 他者に対して適切な対応ができるという「対人行動」
② 集団の中で協調的に行動できるという「集団行動」
③ 仲間に認められたい，好意的に受けとめられたいという「社会的要求」
④ 社会的なことがらに興味・関心を示すという「社会的関心」

近年の急速な人口の高齢化により，高齢者を含めた成人期の社会性の発達もしくは社会化のプロセス（再社会化：resocialization）について注目されるようになってきた。たとえば，定年退職後の男性が地域において新たに人間関係を形成・維持しようとする状況は，まさにこの社会化の1つの側面といえるであろう。

2　高齢者に対するネガティブイメージ

日本の高齢者に対するイメージが否定的であるということは，これまでにもくり返し指摘されている[★2]。たとえば，図9-1に示したように，高齢者のイメージに関する国際比較研究[★3]では，日本の大学生がアメリカ，イギリス，スウェーデンの大学生に比べて，「気難しい」「頑固」「疑い深い」「自分勝手」という否定的なイメージに同意する割合が高かった。一方，肯定的なイメージである「親切」「誠実」「知恵や知識がある」「健全な判断をする」には同意する割合が低かった。

古谷野[★4]は高齢者観（高齢者や老いに対する意識や態度，イメージなどの総称）の影響について次のように述べている。「高齢者観は，その社会で高齢者がおかれている状況を反映し，同時にその社会での高齢者の処遇に影響する。また，高齢者観は高齢者自身の自己概念や適応，生活設計にも大きな影響を及ぼす」。このように，高齢者をめぐる否定的なイメージは，高齢期の社会性のあり方，あるいは社会化のプロセスに問題を生じさせることになるであろう。

第9章 社会性・コミュニケーションのエイジング

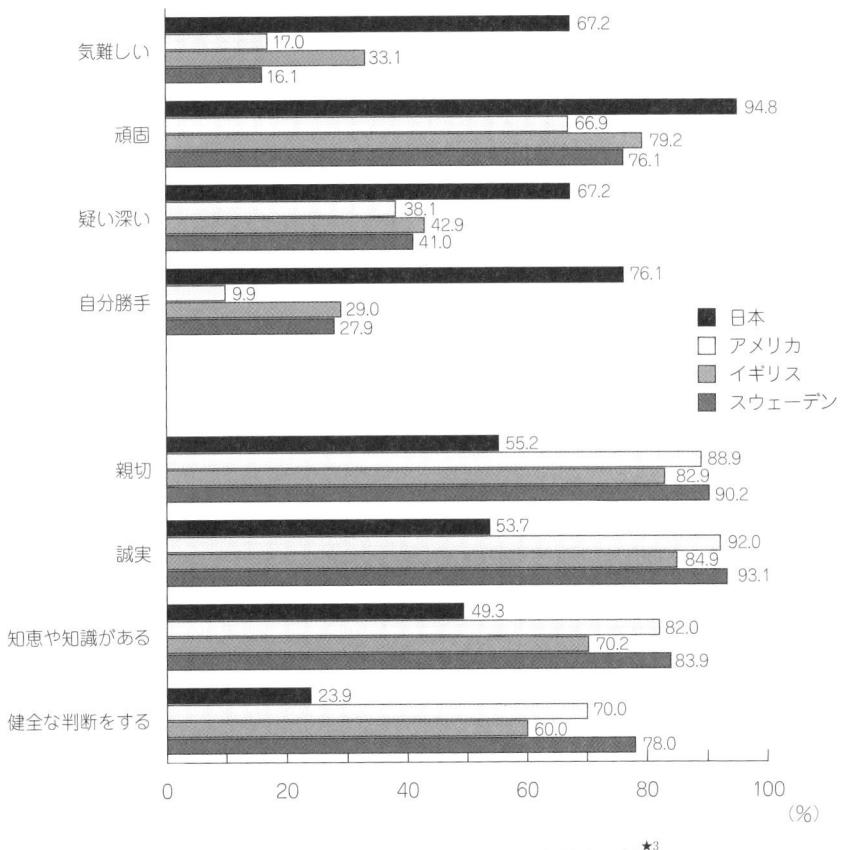

	日本	アメリカ	イギリス	スウェーデン
気難しい	67.2	17.0	33.1	16.1
頑固	94.8	66.9	79.2	76.1
疑い深い	67.2	38.1	42.9	41.0
自分勝手	76.1	9.9	29.0	27.9
親切	55.2	88.9	82.9	90.2
誠実	53.7	92.0	84.9	93.1
知恵や知識がある	49.3	82.0	70.2	83.9
健全な判断をする	23.9	70.0	60.0	78.0

■ 図9-1　ステレオタイプに同意した大学生の割合[★3]

3　喪失の時期

　中年期にある人たちの多くは，自分の生活において大きな部分を占めていた地位・役割，活動が失われることによって，高齢期が始まると考えている。たとえば，男性雇用者では定年退職が最も一般的な高齢期の始まりを告げるライフイベント（life event）であろう。

　そして，高齢期になり生活が大きく変化することも，喪失の結果であることが多い。高齢期を特徴づけるライフイベントとして，職業生活からの引退，配偶者との死別，健康度の低下などがあげられるだろう。まさに「高齢期が喪失

の時期」であるといわれる理由がここにある。このように，人生後半である高齢期がさまざまな地位・役割，活動の喪失と結びつけて考えられるということは，老いに対する否定的な見方の反映であり，否定的なイメージと同様に，高齢期の社会化のプロセスに大きな影響を及ぼしている。

4　社会化のプロセス――「離脱理論」と「活動理論」

　加齢にともない，社会生活の側面に変化がみられるようになる。このような変化のプロセスを説明する2つの理論がある。すなわち，老いてもなお積極的に社会に参加し続けることが幸福な老いにつながるという「活動理論（activity theory）」と，加齢とともに社会から離れていくことは不可避的で普遍的なプロセスであり，社会的な離脱がその個人にとっても望ましいものであるとする「離脱理論（disengagement theory）[5]」である。

　この2つの理論はともに社会化のあり方（たとえば，社会的活動や社会参加）と幸福な老い（具体的には主観的幸福感）の関連に焦点を当てて，高齢期における社会化のプロセスを解明しようとする先駆的な取り組みであった。しかしながら，両理論の論争は，上記の関連性についての離脱理論の主張が活動理論のそれとは正反対であるということだけが強調されたために，十分な成果が得られないままに終息してしまった。たが，高齢者を排除しようとする社会システムのメカニズムや，社会的に離脱することが本当に普遍的であるかどうかなど，離脱理論が提起した問題は社会化のプロセスを検討するうえで非常に重要である。

2　コミュニケーションのエイジング

　サクセスフル・エイジング（successful aging）には，健康であることや経済的に安定していることに加えて，家族をはじめとする周囲の親しい人々とのコミュニケーションが必要であると報告されている[6]。しかしながら，高齢になると視覚機能や聴覚機能が低下し，言葉に関する能力などの認知能力も低下す

ることにより，コミュニケーションがうまく取れなくなることがある。ここでは，コミュニケーションと加齢の関係について詳しく検討する。

1 コミュニケーションとは

「コミュニケーション」という言葉は，日常の生活の中でごくふつうに使われており，一般的には，話をする，何かを伝えるというように，感情，意思，意見，考え，知識などを伝えあうことと理解されているかもしれない。綿森ら[7]は，コミュニケーションとは「他人もしくは環境との相互作用のなかで自分の考えや持っている情報を伝達したり，伝達された情報を，行動に移したりする過程」であり，コミュニケーションには「言語に加えて，言語以外のさまざまな様式・形態（ジェスチャー，表情，絵・色などの視覚的情報など）の情報も用いられる」と述べている。

高齢者に限らず，人間は社会の中で周囲の人々とかかわりあいながら生活するため，コミュニケーション能力は生活の維持に欠くことができない能力である。上記のように，コミュニケーションは，単に情報をやり取りするだけではなく，情報を取り込み，それらに基づく行動という形でその場の状況とかかわるプロセスであって，情報のやり取りを含む環境的な要因との相互作用をも含めて理解することが重要である。したがって，高齢者のコミュニケーション（能力）を検討する際には，それらを取り巻く社会的な文脈までも十分に考慮していかなければならない。

2 高齢者のコミュニケーション能力に対するイメージ

「高齢者は何度も同じ話をする」「高齢者は話が長い」などのように，高齢者とのコミュニケーションにまつわる否定的な言説が流布している。

藤田[8]は，高齢者と他世代のコミュニケーションがうまくいかないことに関して，「高齢者に対する一般的態度は画一的な傾向にあり，その誤った知覚が高齢者との，あるいは，高齢者のコミュニケーションを歪ませている原因になっている」と述べている。さらに，高齢者のコミュニケーション能力そのものに対する偏ったイメージも，ネガティブなイメージと同様に，高齢者との円滑なコミュニケーションを阻む原因になると考えられる。

ライアン（Ryan, E. B.）ら[9]は，若年者と高齢者を対象に，一般的な「25歳」と「75歳」の人のコミュニケーション能力について評価する質問紙調査を実施している。表9-1に示した結果を詳細にみると，全体として高齢者のコミュニケーション能力は低い，話し手や聞き手としては望ましくないという否定的なイメージが読み取れる。

ルビンスキー[10]（Lubinski, R.）は認知症（痴呆症）高齢者のコミュニケーション機能の低下を説明するためのモデル（図9-2）を提唱しているが，このモデ

■ 表9-1 コミュニケーション能力の社会的認知[9]

回答者群	若年群		高齢群	
評価対象	25歳	75歳	25歳	75歳
【聞くこと】				
話し声が小さすぎる	3.26	5.66	3.78	4.75
騒音があると聞きづらい	4.48	6.17	4.09	5.68
聞き取りにくいのでイライラする	3.06	5.41	3.22	5.14
誰が何を言ったのかわからなくなる	3.13	4.72	3.22	4.43
話が長い	3.26	4.21	3.41	3.75
早口で話す	3.16	4.90	3.09	4.50
同じことを何度も尋ねる	3.06	5.24	3.16	4.93
わからないのは相手が悪い	3.65	4.28	3.38	3.61
話題が何であったか忘れる	3.13	4.28	2.81	3.86
語彙力が優れている	2.45	3.93	2.88	3.86
【話すこと】				
時間に追われると話せなくなる	3.65	5.28	4.12	4.61
よくしゃべる	4.39	4.24	4.28	4.04
楽しく話をする	3.55	3.28	3.69	2.75
思ったままに話す	3.10	2.14	3.25	2.43
同年代の人と話したがる	5.03	4.52	5.09	5.07
話題が何であったか忘れる	3.35	4.45	2.94	4.25
のどもとまで出かかっている	4.13	4.31	3.16	4.86
話の内容に問題がある	3.32	4.14	3.16	4.39
むずかしい言葉を使わない	2.87	4.24	3.03	3.89

注）「全くそう思わない」：1点，「全くそう思う」：7点の7段階評定
　　表中の数値は評定平均値

第9章 社会性・コミュニケーションのエイジング

```
┌─────────────────────────────┐
│ コミュニケーション能力に対する疑念 │
└─────────────┬───────────────┘
              ↓
┌─────────────────────────────┐
│ コミュニケーション無能のラベリング │←┐
└─────────────┬───────────────┘ │
              ↓                  │
┌─────────────────────────────┐  │
│        他者への依存            │  │
└─────────────┬───────────────┘  │
              ↓                  │
┌─────────────────────────────┐  │
│   コミュニケーション技能の低下    │  │
└─────────────┬───────────────┘  │
              ↓                  │
┌─────────────────────────────┐  │
│  コミュニケーション無能とみなす   │──┘
└─────────────────────────────┘
```

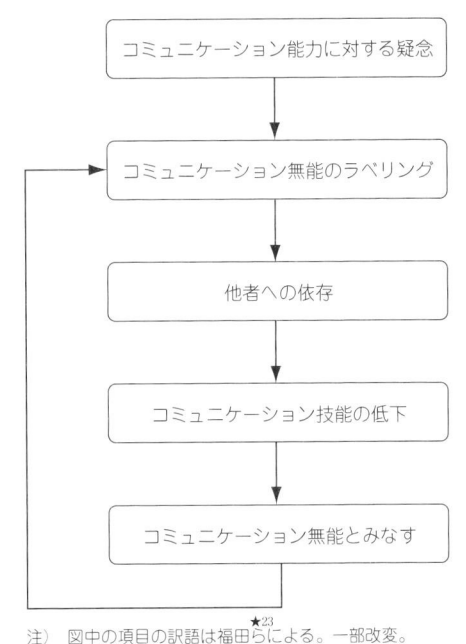

注）図中の項目の訳語は福田らによる。一部改変。[23]

■ 図 9-2　コミュニケーション機能の心理・社会的低下モデル[10]

ルで示された悪循環はふつうの高齢者においても十分に当てはまるものだと思われる。すなわち，高齢者に対する否定的なイメージや偏見が高齢者のコミュニケーション能力の低下へとつながる可能性があるということである。

3　言語的なコミュニケーション能力の加齢変化

　高齢者とのコミュニケーションを円滑に進めるためには，言語に関する能力の加齢変化について十分に理解しておく必要がある。ここでは，言語そのものの能力について，「単語の聞き取り」「漢字・仮名単語の音読」「語彙数」「単語の想起能力」の4つの側面からみることにする。

（1）単語の聞き取り

　静かな場面であれば問題なく聞き取れた言葉であっても，周囲の状況が変化し，雑音などがあると聞き取りにくくなることはだれしも経験することである。

147

辰巳ら[11]は，単語の聞き取り実験により音声聴取能力の加齢変化について調べている。その結果は，加齢（年齢）の影響よりも，聴力の影響（難聴）のほうが大きいというものであった。75歳以上になると，加齢の影響がみられるようにはなるが，難聴の影響に比べると小さいということも明らかになっている。

(2) 漢字・仮名単語の音読

音読は2つのプロセスからなる。すなわち，文字を見て頭の中でその読みを生成する「黙読」のプロセスと，これに基づき調音を行ない声に出すという「発音」プロセスである。伏見ら[12]は漢字2字の単語，仮名2〜4文字からなる仮名語の音読潜時を，単語が提示されたらすぐに音読する「即時音読」条件と，提示されても黙読だけして，2秒後の合図で音読する「遅延音読」条件で調べた。その結果，漢字単語の黙読は加齢によって影響を受けないが，発音は加齢により大きく影響を受け，前期高齢者と後期高齢者においても大きな差異が認められた（図9-3）。また，黙読と言語性知能には関連がみられ，言語性知能の高い人ほど黙読が早かった。一方，仮名単語の黙読は加齢影響を受け，高齢者は若年者に比べて遅かった。

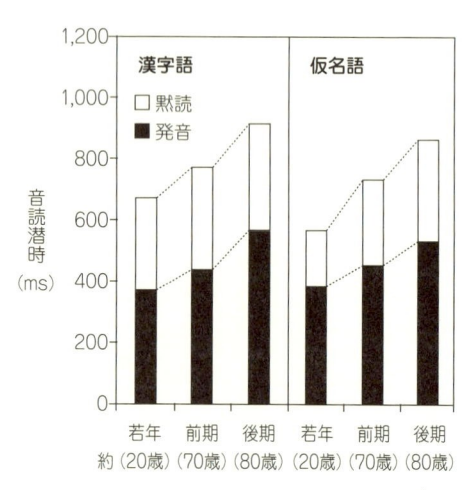

■ 図9-3　漢字語と仮名語の音読潜時[12]

■ 表9-2　高齢者群と若年者群における推定語彙数[13]

	和語・漢語	カタカナ語	総計
前期高齢者群	71,400	5,300	76,700
後期高齢者群	70,600	5,000	75,600
若年者群	55,500	5,000	60,500

(3) 語彙数

言語性知能の加齢変化から考えれば，若年者に比べて高齢者は語彙数が多いと推測できるだろう。伊集院ら[13]は語彙数が加齢とともにどのように変化するのかを調べている。表9-2に示したように，漢字と仮名からなる「和語・漢語」の推定語彙数については，若年者に比べて高齢者群は25％程度多くなっていた。一方，カタカナで書かれる外来語の推定語彙数は，前期・後期高齢者群と若年者群のいずれにおいても約5,000語であり，違いは認められなかった。

(4) 単語の想起

高齢者では，思い出せそうだけれども，なかなか思い出すことのできない，どうしても思い出せない「のどまで出かかる現象」（TOT phenomenon: tip-of-the-tongue phenomenon）ということがよくある。このことは，まさしく単語を想起する能力が低下していることを意味している。

佐久間ら[14]はさまざまなカテゴリーの言葉を想起する能力を詳しく調べた。その結果，若年者の成績を100％とすると，高齢者の平均想起語数は約75％であり，人名については約60％とさまざまなカテゴリーの中で最も低かった。まさに人の名前が思い出せないという実際の状況に合致した知見である。

このように，低下する言語能力がある一方で，維持されていたり，若年者よりも優れている言語能力もある。言語能力が加齢とともにどのような状態になるのかについては少しずつ解明されてきているが，加齢変化がどのようなメカニズムで生起しているのかについてはわからないことが多い。

3 社会性・コミュニケーションの診断テスト

社会性に関するテスト（尺度）として，対人関係において必要とされる技能を測定するものと，高齢者に対する否定的なステレオタイプと差別的な態度などを測定するものを取り上げる。コミュニケーションに関しては，言語機能の評価に重点をおいた簡便なスクリーニング・テストを取り上げる。

1 Kiss-18（Kikuchi's social skill 尺度・18 項目版）

Kiss-18 は，ゴールトシュタイン（Goldstein, A. P.）ら[15]が作成した 50 項目からなる社会的スキル（social skill）のリストを参考にして，菊池が作成した[16] 18 項目からなる尺度であり，人との関係を円滑にするために役立つ技能をどの程度身につけているかを測定するものである（表 9-3）。この尺度で得点の高い人ほど他者との関係に積極的にかかわり，精神的にも健康であると報告されている。また，年齢が高くなるにつれて，得点も増加する傾向がみられている。

Kiss-18 の項目数は 18 と少なく，短時間で実施することが可能である。項目の内容も平易であり，青年だけでなく幅広い年齢層を対象に実施できる。

2 Fraboni エイジズム尺度

フラボニ（Fraboni, M.）ら[17]は，否定的なステレオタイプや信念という認知成分だけでなく，差別的な態度や高齢者との接触を回避するという感情的な成分も測定する必要があると考え，誹謗（antilocution），接触の回避（avoidance），差別（discrimination）の 3 つの因子からなる Fraboni エイジズム尺度（FSA: Fraboni Scale of Ageism）を開発した。

ここでは，原田らが翻案した日本語版を紹介する[18]（表 9-4）。FSA は本来 29 項目であったが，日本語版作成の最初の段階で，日本の社会や文化に適合すると判断された 19 項目が選び出された。その後の信頼性と妥当性に関する検証の結果，3 因子 14 項目からなる日本語版 FSA 短縮版が作成された。この尺度は，エイジズムの認知成分と感情成分の両方を測定することができる有用な手段である。ただし，日本語版作成の調査対象が都市部の若年男性サンプルに限

■ 表9-3 Kiss-18の質問項目[16]

以下の文章を読んで，自分にどれだけ当てはまるか答えて下さい。

1. 他人と話していて，あまり会話が途切れないほうですか。
2. 他人にやってもらいたいことを，うまく指示することができますか。
3. 他人を助けることを，上手にやれますか。
4. 相手が怒っているときに，うまくなだめることができますか。
5. 知らない人とでも，すぐに会話が始められますか。
6. まわりの人たちとのあいだでトラブルが起きても，それを上手に処理できますか。
7. こわさや恐ろしさを感じたときに，それをうまく処理できますか。
8. 気まずいことがあった相手と，上手に和解できますか。
9. 仕事をするときに，何をどうやったらよいか決められますか。
10. 他人が話しているところに，気軽に参加できますか。
11. 相手から非難されたときにも，それをうまくかたづけることができますか。
12. 仕事のうえで，どこに問題があるかすぐに見つけることができますか。
13. 自分の感情や気持ちを，素直に表現できますか。
14. あちこちから矛盾した話が伝わってきても，うまく処理できますか。
15. 初対面の人に，自己紹介が上手にできますか。
16. 何か失敗したときに，すぐに謝ることができますか。
17. まわりの人たちが自分とは違った考えをもっていても，うまくやっていけますか。
18. 仕事の目標をたてるのに，あまり困難を感じないほうですか。

注　それぞれの項目に対して，「いつもそうだ」5点，「たいていそうだ」4点，「どちらともいえない」3点，「たいていそうでない」2点，「いつもそうでない」1点，を配点し，単純加算して合計得点を算出する。

定されていたので，女性を含むサンプルでの検討が必要である。

3　ミニコミュニケーションテスト

町田ら[19]により開発されたミニコミュニケーションテスト（MCT: Mini-Communication Test）は，認知症患者を含む高齢者のコミュニケーション能力を簡便に把握するためのスクリーニング・テストであり，「話す」「聴く」「読む」という言語機能の評価に重点を置いている（表9-5）。このテストは見当識（5種類の検査項目）と言語能力（7種類の検査項目）の2領域で構成されている。

自立した生活をしている高齢者はもとより，既存のさまざまな知能検査や言

■ 表9-4　Fraboni エイジズム尺度の質問項目[18]

65歳以上の高齢者についてお聞きします。以下の1～19の各項目について、「そう思う」「まあそう思う」「どちらともいえない」「あまりそう思わない」「そう思わない」でお答えください。

- 1　多くの高齢者（65歳以上）はけちでお金や物を貯めている。
- 2　多くの高齢者は，古くからの友人でかたまって，新しい友人をつくることに興味がない。
- 3　多くの高齢者は過去に生きている。
- 4　高齢者と会うと，時々目を合わせないようにしてしまう。
- 5　高齢者が私に話しかけてきても，私は話をしたくない。
- 6　高齢者は，若い人の集まりに呼ばれたときには感謝すべきだ。
- 7　もし招待されても，自分は老人クラブの行事には行きたくない。
- 8　個人的には，高齢者とは長い時間を過ごしたくない。
-   9　ほとんどの高齢者は運転免許を更新すべきではない。
- 10　高齢者には地域のスポーツ施設を使ってほしくない。
- 11　ほとんどの高齢者には，赤ん坊の面倒を信頼して任すことができない。
- 12　高齢者はだれにも面倒をかけない場所に住むのが一番だ。
- 13　高齢者とのつきあいは結構楽しい。*
- 14　最近日本の高齢者の苦しい状況を聞くと悲しくなる。*
- 15　高齢者が政治に発言するように奨励されるべきだ。*
- 16　ほとんどの高齢者はおもしろくて個性的な人たちだ。*
- 17　できれば高齢者と一緒に住みたくない。
- 18　ほとんどの高齢者は，同じ話を何度もするのでイライラさせられる。
- 19　高齢者は若い人より不平が多い。

注1）　●印は，原田らが作成した日本語版 Fraboni エイジズム尺度短縮版の14項目を示している。[18]
注2）　*は逆転項目を示している。
注3）　否定的な項目では，「そう思う」5点，「まあそう思う」4点，「どちらともいえない」3点，「あまりそう思わない」2点，「そう思わない」1点を配点し，肯定的な項目（＝逆転項目）では1点から5点を配点し，単純加算して得点化する。

語機能検査の実施がむずかしい高齢者に対しても7分ほどの短時間で実施できる。信頼性も十分に高く，妥当性も認められている，実用的なテストである。

第9章　社会性・コミュニケーションのエイジング

■ 表 9-5　ミニコミュニケーションテストの検査項目と採点基準[19]

項目	指示	採点基準		得点
【見当識】				
1. 名前	「お名前は」 「○○（異なる名前）さんですか」	誤答／無反応 はい—いいえ 自発	0 3 5	／5
2. 年齢	「歳はいくつですか」 （±2歳まで）	誤答／無反応 正答	0 5	／5
3. 出身地	「お生まれはどこですか」 （地名がでればよい）	誤答／無反応 正答	0 5	／5
4. 日付	「今日は何日ですか」 「何曜日ですか」 「今は何月ですか」 「今の季節はなんですか」	誤答／無反応 季節または月 日付・曜日	0 3 5	／5
5. 時間見当識	「ごはんを食べましたか」 朝食・昼食／昼食・夕食	誤答／無反応 正答	0 5	／5
<見当識小計>				／25
【言語能力】				
6. 発声持続	「できるだけ長くアーと言ってください」	5秒未満 5秒以上	0 5	／5
7. 数唱	「1から10まで数を数えてください」	誤答／無反応 斉唱 語頭ヒント 正答	0 3 7 10	／10
8. 復唱	「私の言うことをまねしてください」 単語：まめ，桜，大根，カタツムリ 短文：きれいなバラが咲いた	誤答／無反応 1単語1点 正答	0 4 6	／10
9. 呼称	「これは何ですか」と絵カードを提示 リンゴ，猫，メガネ，鉛筆，自動車 バナナ，犬，テレビ，ご飯，電車	誤答／無反応 1単語1点	0 10	／10
10. 口頭命令	「目をつぶって下さい」 「窓を指さして下さい」 「左手の親指で鼻を触って下さい」	誤答／無反応	0 2 3 5	／10
11. 語列挙	「動物の名前をできるだけたくさん言って下さい」 （無反応の場合「犬」をヒントとしてあたえる）	3語未満 3語以上 5語以上 7語以上	0 5 7 10	／10
12. 情景画の説明	「この絵に描いてあることを説明してください」 「誰が何をしていますか」 「ここに何がありますか」	〔発話レベル〕 誤答／無反応 単語レベル 文レベル 〔表出単語数〕 5語未満 5語以上 10語以上 15語以上	0 1 4 1 2 4 6	／10
13. 短文の音読	「ジャックと豆の木」の冒頭1文が書かれた用紙を渡して 「声に出して読んでください」	誤答／無反応 不完全 正答	0 5 10	／10
<言語能力小計>				／75
<合 計>				／100

4 社会性・コミュニケーションに関する研究動向

ここでは，高齢期の社会性およびコミュニケーションに関する最近の研究動向について紹介する。いずれも今後のさらなる取り組みが求められている重要な研究テーマである。

1 社会化の2側面

佐藤[20]は，高齢者の社会的側面に関する基礎的な研究として，社会化のプロセスを次のように分類することを提案している。すなわち，能力的・技術的側面に関する"Sociability"と情動的・意思的側面に関する"Sociality"の2つに分けて考えるというものである。そして，これら2つの社会化と，対人スキル，自己モニタリング，外向性，共感性，親和性などの既存の概念との整理を図りながら，質問紙法による測定を可能にするために質問項目の検討を行なっている（図9-4）。

この試みは，これまでほとんど検討されることがなかった高齢者の社会的側面の変化を生涯発達的観点からとらえ，新たな概念枠組みを提示するとともに，実証的に解明しようする意義のある研究である。

2 社会性と老後観の関連性

日本の文化に根ざした幸福な老いのパターンを明らかにするために，児玉[21]は望ましい老後のあり方を測定する尺度（老後観尺度）を開発し，望ましい老後に関連する要因の分析に取り組んでいる。45～74歳の男女559人から得られた回答（回収率93%）を因子分析により検討したところ，望ましい老後は4つの因子で構成されることが示された。すなわち，これまでにない生活を始めたいという「変化志向」，無理せずに自由気ままな生活を送りたいという「悠々自適志向」，対人関係はできるだけ避けたいという「人間関係縮小志向」，そしてみずから何かを主張するよりも周囲にあわせるという「同調志向」である（図9-5）。このように，中高年では4つの老後のあり方が支持されているが，これらのうち，いずれかが優位な暮らし方ということではなく，それぞれが望まし

第 9 章 社会性・コミュニケーションのエイジング

```
┌─ Sociabilityの項目 ──┐    ┌─ Socialityの項目 ──┐
│ ・意見のまとめ役      │    │ ・人に興味がある    │
│ ・会話がうまい        │    │ ・他人の忠告を聞く  │
│ ・話題が豊富          │    │ ・親切              │
│ ・人使いがうまい      │    │ ・人づきあいがよい  │
│ ・感情を抑えられる    │    │ ・うちとける        │
│ ・上手に人に頼る      │    │ ・温厚              │
│ ・親しみがある        │    │ ・他人を犠牲にしない│
│ ・友だちがすぐにできる│    │ ・他人を信頼する    │
│ ・人をなだめるのがうまい│  │ ・聞き上手          │
│ ・異性の友だちが多い  │    │ ・誠実              │
│ ・堂々としている      │    │ ・面倒見がよい      │
│ ・自己表現がうまい    │    │ ・協調性がある      │
│ ・あいさつやスピーチがうまい│ │ ・温かい          │
│ ・自分の能力を知っている│  │ ・リーダーシップがある│
│ ・和やかな雰囲気を作る│    │ ・感激しやすい      │
└──────────────────┘    └──────────────────┘
```

注) 他者評価に用いるためにエッセンスのみの短い表現に改められている。
　　それぞれ30項目の中から，15項目を選び出して図示した。

■ 図 9-4　Sociability と Sociality の項目[20]

```
┌─────────────────────────┐
│ <変化志向>                │
│ ・変化のある暮らしをしたい│
│ ・新しいことを始めたい    │
└─────────────────────────┘

┌─────────────────────────┐
│ <悠々自適志向>            │
│ ・のんびりした暮らしをしたい│
│ ・気ままな暮らしを楽しみたい│
└─────────────────────────┘

        ┌─────────────────────────────┐
        │ <人間関係縮小志向>            │
        │ ・多くの人とつきあうようにしたい（－）│
        │ ・人間関係のわずらわしさを避けたい│
        └─────────────────────────────┘

        ┌─────────────────────────┐
        │ <同調志向>                │
        │ ・周囲にあわせて行動したい│
        │ ・人の意見に従うようにしたい│
        └─────────────────────────┘
```

■ 図 9-5　望ましい老後の暮らし方[21]

いものであるということであった。

望ましい老後の4因子の因子得点とKiss-18（p.150を参照）により測定された社会的スキル得点との関連を検討したところ，「変化志向」と「人間関係縮小志向」で有意な相関が認められ，社会的スキルの高い人ほど，変化志向が強く，人間関係縮小志向は弱いという結果であった。

社会性と老後観の関連が示唆することは，日常的にどのような暮らし方をし，社会的な問題などに対してどのような姿勢を持っているかということが望ましい老後のあり方にも影響を与えるということである。

3　コミュニケーション能力の維持

言語的なコミュニケーション能力が加齢とともにどのように変化するのか，その原因にはどのようなものがあるのかなど，まだまだ明らかなっていない。呉田ら[22]は，言語にかかわる能力を，言葉を発したり書いたりする「生成」能力と，言葉を聞いたり読んだりする「受容」能力に分けて考えてみると，加齢の影響は受容よりも生成の側面に現われるが，なぜこのような差異がみられるのか詳細に検討されておらず，今後の課題であると指摘している。

4　他者の感情理解

私たちは，他者の感情状態についても，コミュニケーションを通して情報を受け取っている。福田ら[23]は，「このような『感情』に関する情報の理解はコミュニケーション行動を営むうえで重要となり，コミュニケーション行動の中でも最も根本的な部分である」と述べている。しかし，高齢者の他者感情の理解（力）についての研究はほとんど行なわれていないというのが現状である。高齢者のコミュニケーション能力全般を解明するということからも，喫緊の取り組みが必要であろう。

文　献

★1　中島義明・安藤清志・子安増生 他　1999　心理学辞典　有斐閣
★2　Koyano, W.　1989　Japanese toward the elderly: A review of research findings. *Journal of Cross-*

★3 Arnhoff, F. N., Leon, H. V., & Lorge, I. 1964 Cross-cultural acceptance of stereotypes towards ageing. *Journal of Social Psychology*, **63**, 41-58.

★4 古谷野 亘 2003 高齢期を見る目 古谷野 亘・安藤孝敏（編）新社会老年学—シニアライフのゆくえ ワールドプランニング Pp.13-26.

★5 Cumming, E., & Henry, W. E. 1961 *Growing Old: The Process of Disengagement*. New York: Basic Books.

★6 古谷野 亘 2003 幸福な老いの研究 古谷野 亘・安藤孝敏（編）新社会老年学—シニアライフのゆくえ ワールドプランニング Pp.141-153.

★7 綿森淑子・竹内愛子・福迫陽子 他 1989 痴呆患者のコミュニケーション能力 リハビリテーション医学, **26**（1）, 23-33.

★8 藤田綾子 2000 高齢者と適応 ナカニシヤ出版

★9 Ryan, E. B., See, S. K., Meneer, W. B., & Trovato, D. 1994 Age-based perceptions of conversational skills among younger and older adults. In M. L. Hummert, J. M. Wiemann, & J. F. Nussbaum（Eds.）, *Interpersonal Communication in Older Adulthood: Interdisciplinary Theory and Research*. Thousand Oaks, CA: Sage. Pp.15-39.

★10 Lubinski, R. 1991 Learned helplessness: Application to communication of the elderly. In R. Lubinski（Ed.）, *Dementia and Communication*. Hamilton. ON: B.C. Decker. Pp. 142-151.

★11 辰巳 格・須賀昌昭・伏見貴夫 他 2001 単語の聞き取りにおける親密性効果と心像性効果 日本音響学 2001年秋季講演論文集, 423-424.

★12 伏見貴夫・伊集院睦雄・辰巳 格 他 2000 漢字単語の音読に現れる加齢および言語性知能の影響 日本音響学会2000年秋季講演論文集, 279-280.

★13 伊集院睦雄・伏見貴夫・佐久間尚子 他 1999 語彙数の加齢変化 第22回日本失語症学会総会抄録, 103.

★14 佐久間尚子・田中正之・伏見貴夫 他 2003 48カテゴリーによる健常高齢者の語想起能力の検討 電子情報通信学会技術情報, TL2003-13, 73-78.

★15 Goldstein, A. P., Sprafkin, R. P., Gershaw, N, J., et al. 1980 *Skill Streaming the Adolescent: A Structured Learning Approach to Teaching Prosocial Skills*. Champaign, Ill.: Research Press.

★16 菊池章夫 1988 思いやりを科学する—向社会的行動の心理とスキル 川島書店

★17 Fraboni, M., Saltstone, R., & Hughes, S. 1990 The fraboni scale of ageism（FSA）: An attempt at a more precise measure of ageism. *Canadian Journal on Aging*, **9**（1）, 56-66.

★18 原田 謙・杉澤秀博・杉原陽子 他 2004 日本語版Fraboniエイジズム尺度（FSA）短縮版の作成—都市部の若年男性におけるエイジズムの測定 老年社会科学, **26**（3）, 308-319.

★19 町田綾子・馬場 幸・平田 文 他 2003 痴呆性高齢者の認知・言語コミュニケーション能力を短時間で測定する「ミニコミュニケーションテスト‐MCT」の開発と信頼性・妥当性の検討 日本老年医学雑誌, **40**（3）, 274-281.

★20 佐藤眞一 1997 高齢者の社会性における二側面—SocialityとSociabilityの検討 平成7・8年度文部省科学研究費補助金研究成果報告書 東京都老人総合研究所

★21 児玉好信 2003 老後観尺度の作成と尺度に関連する要因の分析 平成11・12・13年度科学研究費補助金研究成果報告書 共立女子短期大学

★22 呉田陽一・伏見貴夫・佐久間尚子 他 2002 言語能力の加齢変化 東京都福祉局 第9回東京都老年学会誌, **9**, 200-205.

★23 福田 恵・伊藤信子・佐藤眞一 2000 高齢者における他者感情の理解—知的健常者および痴呆患者の比較検討 高齢者のケアと行動科学, **7**（1）, 44-54.

第III部

高齢者の介護予防と地域活性アプローチ

第10章 虚弱高齢者への臨床的アプローチ

1 高齢者への心理的援助の意義

1 わが国の高齢者の現状と心理臨床

　わが国の65歳以上の老年人口は2006年10月の推計では2,660万人余りであり，全人口の20.8％を占めると推計されている（第1章参照）。

　わが国の大正・昭和初期の平均寿命は，50歳にも達していなかったが，2006年現在，平均寿命は男性79.00歳，女性85.81歳となった。平均寿命とは0歳の人の平均余命のことである。この平均余命とは，年齢別の死亡率に変化がないと仮定した場合に，人があと何年生存できるかを示した指標である。

　近年の平均寿命の伸長は，第2次世界大戦以降の急速な乳幼児・青年，そして高齢者の死亡率の低下，戦後の医学・公衆衛生学の発展，経済的生活水準の向上などによるところが大きい。また，高齢者の健康状態がよくなってきたことも意味する。実際，高齢者の約8割は障害のない自立高齢者である。

　その一方で，慢性疾患や認知症などで，日常生活になんらかの障害をきたし，介護を必要とする要介護高齢者が確実に増えている。また，精神・心理的問題もクローズアップされるようになってきた。老年期はうつ状態や認知症などになりやすいだけでなく，要介護状態に陥る危険が高い時期でもある。

　老年期の心理臨床の対象可能領域として，長田は以下の6領域をあげた。

① 痴呆性（認知症）老人や身体的不自由な老人に対するデイケアやリハビリテーション場面における心理的援助・心理的リハビリテーションの実践・プログラムの作成
② 入院や通院中の老人に対する心理査定やカウンセリング
③ 老人施設における心理的問題に対する援助や助言
④ 地域老人およびその家族の心理的問題に対する援助やカウンセリング
⑤ 要介護老人の介護者の心理的問題に対する心理的援助と助言
⑥ 老人の精神保健の維持増進にかかわる活動

本章では，上記の①と④を取り上げる。①では，精神保健上の問題として認知症，うつ状態にふれ，よく適用される臨床心理療法について概説する。続いて，④では，要介護予防の視点から，近年とみに注目されている閉じこもり，虚弱の実態とその心理的支援のあり方について述べる。

2　老年期におけるうつ状態と認知症

うつ状態の原因として，疾病であるうつ病があげられる。うつ病に対する理解を促すテレビコマーシャルが放映されている。7人に1人はかかることと早期受診を呼びかけている。うつ病は身近な疾患である。成人におけるうつ病エピソードの有病率は4.8～10%に分布し[*2]，年齢群での違いは認められず，高齢者特有の疾病とは言い切れない。

うつ病の成因は，遺伝的要因，心理・環境要因，性格要因，身体疾患，脳器質病変であり，中でも，老年期の発症の特性は，環境要因が大きくかかわっていることである。

老年期は，心身の健康，経済的基盤，社会的つながり，生きる目的の喪失といった4つの喪失の時期といわれる。また，定年退職や配偶者や友人との死別，自身の入院など，生活上の大きな出来事であるライフイベントを通して，大きな環境変化を体験する人も多く，そのたびに，気が滅入ることや，やる気が出ない状態に陥る人は少なくない。環境要因がかかわる可能性が大きい心因性のうつについては，原因となる心理的な問題が解決されないと，症状が軽快しないことも少なくない[*1]。

老年期のうつ状態は，早期に専門医を受診し，適切な治療を受けることが望ましい。うつ病は，薬物により改善される可能性が高い。しかし，うつ状態に励ましは禁忌である。励ましは心理的に追い詰めることになり，場合によっては自殺につながりかねないことに留意されたい。

次に，認知症とは，一度発達した知能の永続的，不可逆的低下を指している[★3]。アルツハイマー型認知症，血管性認知症，その他の一般疾患による認知症に大別される。アルツハイマー型は原因を特定できず，記憶障害で始まり，徐々にその他の認知障害に拡大していく認知症である。血管性認知症は，脳血管障害により生じる認知症である。

認知症は，病変の部位や進行度によって症状は異なるが，知能や記憶力の低下が症状の中心となる。また，感情，意欲，人格などの変化や，失語，失行，失認が症状を修飾し，幻覚，妄想，せん妄などの多彩な症状を呈することもある[★3]。

3 高齢者への心理的援助

長田[★1]は，高齢者に対する心理ケアに関する心得として，次のようにまとめている。

「高齢者に対するよりよいケアや臨床活動を実践するための必要条件は，充分な技術力のともなった身体的ケアであり，心理ケアはその十分条件である。効果的な心理ケアを行うには，高齢者の心身の状態，社会関係を含む環境の状況，および生活史を正しく十分に理解することが不可欠である。そして，ケアの原則は，対象になる人を理解し尊重することである。困難な状況にある高齢者は，苛立ちや怒りを示す人，遠慮や諦め，あるいは，心理的防衛から本心をなかなか明かさない人も少なくない。このような人への接し方では，傾聴，受容，共感といった態度で接し，時間をかけながら，ラポール（信頼関係）を築くことが何よりも必要である。」

うつ状態や認知症になった高齢者の心のケアに用いられる援助方法の1つに，心理療法があげられる。老年期における心理的援助には回想法，認知療法，リアリティ・オリエンテーション（RO），支持的精神療法，精神分析，環境療法，家族療法，音楽療法，動物介在療法などがある。

その中のいくつかを概説する。

(1) リアリティ・オリエンテーション

アリティ・オリエンテーション（RO）は，元来，脳血管障害患者を対象に用いられたものである[4]。健忘や失見当などの認知障害のある高齢者に対し，常時状況認知を改善させるように，今・現在にかかわる情報をくり返し与えようとするものである[4]。

一般的には，認知症の高齢者において，重症度を考慮した少人数のメンバーが会合し，決められたプログラムに従って個人および名前，場所，時間，日時などの基本的情報が提供され訓練される。掲示板やカレンダー，時計などの道具を利用し，日付や場所，天気などを示し，それらの情報を反復し，確認して再学習を促すものである[4]。

大事なのは，日付を覚えることを目的とするのではなく，心理的な活動を活性化することを目的とし，参加者に失敗の経験ではなく，成功の体験を残すことである[5]。

(2) 回想法・ライフレビュー

回想法は，厳密に言えば，ライフレビュー（人生回顧）とレミニッセンス（回想）に大別される[6]。ライフレビューは，過去の人生を整理し，その意味を探求することを通じて，人格の統合をめざそうとするもので，幼児期，思春期から老年期，現在，未来と，対象者のライフヒストリーを系統的に聞くことにより，過去を現在に生かすことを意図している[6]。

一方，レミニッセンスは，ライフレビューよりも広義で，人格の統合をめざして行なう精神療法ばかりではなく，認知症患者の残存能力の賦活や情動の安定を目的として，施設や老人病院で行なわれるアクティビティ・プログラムなども含まれる[6]。

回想法は，1963年に精神医学者のバトラー[7]（Butler, R. N.）が，高齢者が自分の人生をふり返るといった回想法的傾向は，自然で健全な心理的行動であると主張したことに始まる。また，ライフレビュー・セラピーは，高齢者や重要な発達的移行期にある成人に対する効果的な方法であるとされた[6]。高齢者にみられるライフレビューは未解決の過去の葛藤に決着をつけ，それまでの人生を改めて意味づけるようなはたらきがあり，それは死に対する準備でもあろう。

その効果として,個人の内的世界への機能と,社会・対人関係的な世界にかかわる機能の2つに分けられる[6]。前者は,自尊感情を高める,過去からの問題解決および再統合を図る,訪れる死への不安を和らげるなどが,後者は,対人交流の進展を促す,生活を活性化し楽しみをつくる,新しい環境への適応を促すなどがあげられる[6]。回想法の対象は,健常高齢者,認知症高齢者,抑うつ患者など幅が広い。

(3) 音楽療法

音楽はその特性として,言語を介さずに情動にはたらきかけるため,言語的疎通の困難な失語症の高齢者や認知症高齢者にも適用できる。

音楽療法は,その活動形式から能動的音楽療法と聴取的音楽療法に分けられる[5]。能動的音楽療法には,歌唱と楽器を用いた演奏が含まれ,聴取的音楽療法には,音楽鑑賞やBGMなどが含まれる[5]。その効用として,国外では認知症高齢者の不安や興奮などの低減やさまざまな症状の緩和が述べられているものの,わが国の現時点では,治療法として認定されるまでには至っていないようである。

(4) アニマルセラピー

日本では,動物がもつ癒しの効果を積極的に利用した活動や治療のことをアニマルセラピーとよぶ。特別な基準を満たした動物を介在させて,その効果を活用することを治療目的としたものを動物介在療法といい,レクリエーション的な活動を動物介在活動という[8]。

わが国では,研究は着手されたばかりであり,調査研究が少ないため,動物介在療法が確立しているとは現時点ではいえない。

しかしながら,日本における先駆的な事例や活動でみられた,ペット動物が高齢者にもたらす効果は3つあるといわれている[8]。

1つ目は,緊張がほぐれ,血圧などが低下し,動物に触れたいという自発的行動がリハビリにつながるといった身体・生理的効果である。2つ目は,自尊心,有用感,責任感,安心感などの肯定的な感情を生み出すことや,孤独感やストレスを軽減して,心理的安定をもたらすなどの心理的効果である。そして3つ目は,動物が会話のきっかけをつくり,他者との会話が増え,親密な人間関係ができるなどの社会的効果である。

2 虚弱高齢者の心理的特徴とケア

1 わが国における要介護高齢者の増大

　高齢者は，障害に注目すると，自立高齢者，虚弱高齢者と要介護高齢者に大別される。要介護高齢者とは，介護保険法で要支援，要介護と認定された65歳以上の人を指す。要支援とは，掃除などの身のまわりのことに関して，一部介助などが必要であり，社会的支援を要する状態のことである。また，要介護とは，身のまわりのことが高齢者1人ではできない状態であり，なんらかの介助を必要とする状態のことを指す。

　介護保険法は，高齢者の自立支援を目的として2000（平成12）年に制定された。高齢者の生活の質を著しく低下させる要介護状態を予防し，要介護状態になった場合においても，できる限り自宅で自立した日常生活が営めるように，必要な介護サービスを提供することを意図したものである。保険適用者は，要支援1，2と要介護1から5までに分けられる（2007年時点）。

　要介護認定者数は，2000年の介護保険導入時で256万人，2005（平成17）年には432万人に達し急増している[*9]。中でも，要支援や要介護軽度該当者の増大は特筆すべきことである。

　高齢者と一口に言っても，その状態像はさまざまであり，要介護高齢者だけではなく，虚弱高齢者の自立度を改善するためのアプローチが必要である。

2 ライフスタイルとしての閉じこもり

　虚弱とは，現時点で必ずしも介助を必要とはしないが，身体的にも，精神的にもそのままの状態を継続すると要介護状態への可能性が潜んだリスク状態といえる。その意味で，要介護予備軍ともいわれる。

　虚弱の中でも，老年学において，高齢者の閉じこもりというライフスタイルは，要介護状態の発生原因として注目されている。

　外出よりも，テレビの視聴などの屋内での余暇活動を好み，家に閉じこもる傾向にある高齢者の生活パターンが不活発な生活を招き，生理的老化である心身の活動性の低下をさらに助長し廃用症候群へと導く。そして，最終的に寝た

きり・認知症になるリスクが高いとされるものである。[10]

閉じこもりは,「週1回以下の外出しかしない状態」として定義されることが多い。[11]

閉じこもりの概念を図10-1に示した。これは，脳卒中や転倒・骨折など病因論だけで寝たきりを考えることについて，1984（昭和59）年当時，警鐘を鳴らした画期的なものであった。たとえば，脳卒中を発症し，その後の障害の程度がほとんど同程度であっても，寝たきりになる人とならない人がいる。つまり，病因論だけで，寝たきりの原因は説明できないことを指摘したものであった。

ところで，要介護の原因として，脳卒中，転倒・骨折のほか，高齢による衰弱が多いことは意外に知られていない。衰弱とは，明らかに疾病がない状態であり，病気ではないのに，要介護状態に陥ったことを意味する。その数は加齢とともに多くなっている。[9]

1996（平成8）年度の東京都衛生局による「高齢者が寝たきりの状態になる要因調査[12]」において，寝たきり者本人の約半数が，また訪問看護の専門職の評価で約60％が「寝たきりを防げたと思う」と回答したと報告していた。予防可能と回答した人のうち，寝たきりの要因を心理・社会的要因，環境要因と指摘した割合が，疾病の要因よりも高かった。

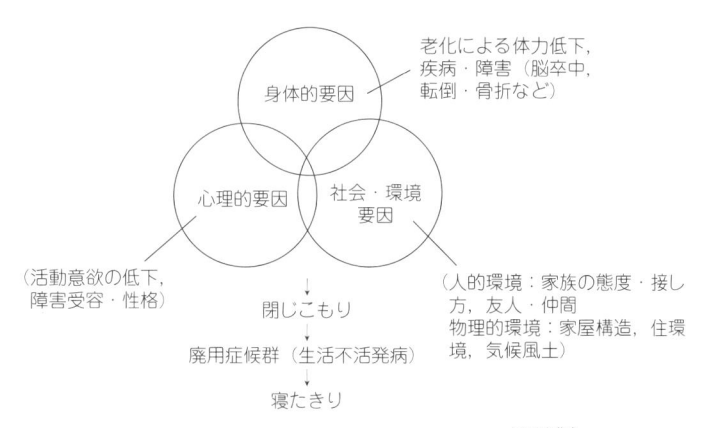

■ 図10-1　閉じこもり，閉じこもり症候群の構造　[10]より作成

なお，引きこもり（withdrawal）と閉じこもり（homebound）は状態像が似ているため，混同されて用いられることが多い。しかし，引きこもりは青年期に特異的で社会・精神病理としての側面が強いのに対し，閉じこもりは身体・心理・社会的要因が複雑に絡みあって高齢者の要介護状態を起こす原因として位置づけられる。

3　閉じこもりの認知度が低い理由

先述した，認知症やうつ状態のように，高齢者の閉じこもりが知られていない理由についてふれておきたい。

これは，閉じこもりが疾病ではなく，ライフスタイルであることに起因している。家族に囲まれ，ほとんど役割も持たず，静かにテレビを見ながら日長過ごす高齢者の姿は，だれの目にも自然に映る。これは，私たちにとって，身近な高齢者の姿である。老化によって生活空間が狭小化する。また，日本家屋特有の畳が閉じこもりをつくり出す。もちろん，畳の上で，ごろ寝をしていても，だれもとがめない。そのような生活が日常化していくと，しだいに高齢者は虚弱化していく。気づいたときには手遅れなのである。

うつ状態や認知症などの疾患とは異なって，閉じこもりはライフスタイルであり，そのため看過されやすいのである。

4　家族がつくり出す閉じこもり

> Aさんは身体的に何も問題がないまま，半年ほど外出していなかった。「本当は畑に行きたいけどね」と語った。そのきっかけは，配偶者が半年前に転倒し，大腿骨頸部骨折のため，入院したことにあった。家族は同様の事態を危惧して，Aさんの外出を止めたのであった。

このように，家族の過剰な「思いやり」に高齢者が遠慮することはめずらしいことではない。しかし，現状では家族や高齢者でさえ，閉じこもりが要介護状態を引き起こすことを知らなかったために，こうした「思いやり」が高齢者の意思や残存能力を奪いかねない危険性をはらんでいる。

Bさんがひとりで外を歩くと,「車の運転の邪魔だから,外に出さないで」という近隣住民の訴えにより,身体・心理的な問題がないにもかかわらず,Bさんは閉じこもり生活を余儀なくされた。

　家族や地域住民も高齢者を取り巻く人的環境である。抜本的な問題は,閉じこもり生活の継続が,要介護状態を招くことを知らない家族,高齢者本人,地域住民があまりに多いことである。家族の手をほとんど借りずに,何でも自分のことは自分でする高齢者は,家族からは「可愛くない」と誤った評価をされることも多くみられた。このように,高齢者の自律性に対して誤った見方が存在するため,閉じこもり高齢者は発見されにくいのかもしれない。

5　自己効力感と排尿のコントロール

　いくつかの研究から,地域における閉じこもり高齢者は10〜20%を占めることが明らかになった。[11] 閉じこもり高齢者は,1年後に20%が寝たきりとなるが,30%は改善した。[13] 虚弱高齢者の自立度も同様の結果であった。[14] 日常生活動作能力（ADL: activities of daily living）に関する研究同様に,閉じこもりも改善したり,悪化したり可逆的であることが明らかになった。ADLは,身づくろいや移動など高齢者が自立した生活を送るうえで,最低限必要な能力であり,生活のあり方全般に大きく影響している能力である。[15]

　高齢者の自立度維持にマイナスの影響をもたらすのは,排尿のコントロールが困難な経験を持つこととADLの自己効力感[16]（表10-1）が低いことであった。[13][14]

　自己効力感は,バンデューラ[17]（Bandura, A.）の社会認知理論において,行動の最も強力な決定要因とされる。「行動の先行要因として予期機能を重視し,ある結果を生み出すために必要な行動をどれくらいうまくできるかという予測のことを指し,自分にはある行動がこれくらいできるのだという信念を指すもの」である（図10-2）。自立度が高い状態の高齢者でも,日常の基本的な行動に自信が持てない人は,1年後の自立度が低下するリスクが高いことを意味している。さらに,閉じこもり高齢者の生活行動を活性化させるには,行動の先行要因となる自己効力感を高めるサポートが今後の要介護予防では必要であろう。

■ 表 10-1　動作に対する自己効力感尺度[16]

あなたは次の動作をするとき，どのくらい自信を持ってできますか？　あてはまる番号1つに○印をつけてください。

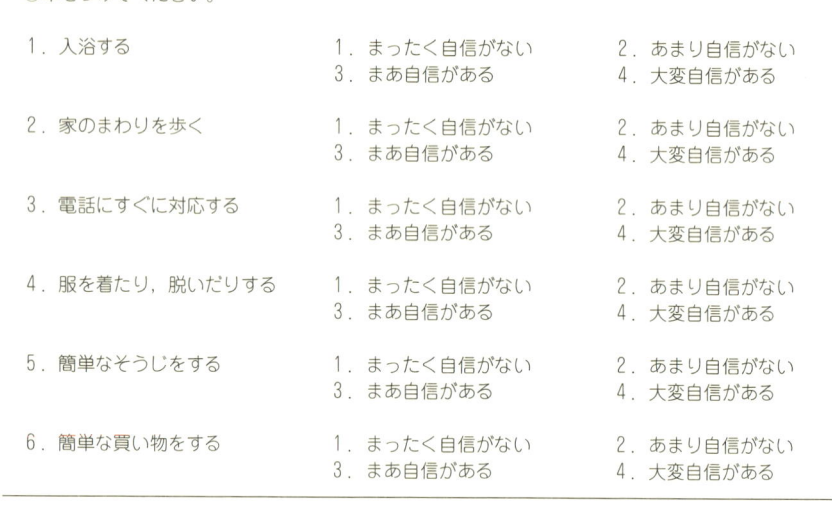

1．入浴する	1．まったく自信がない 3．まあ自信がある	2．あまり自信がない 4．大変自信がある
2．家のまわりを歩く	1．まったく自信がない 3．まあ自信がある	2．あまり自信がない 4．大変自信がある
3．電話にすぐに対応する	1．まったく自信がない 3．まあ自信がある	2．あまり自信がない 4．大変自信がある
4．服を着たり，脱いだりする	1．まったく自信がない 3．まあ自信がある	2．あまり自信がない 4．大変自信がある
5．簡単なそうじをする	1．まったく自信がない 3．まあ自信がある	2．あまり自信がない 4．大変自信がある
6．簡単な買い物をする	1．まったく自信がない 3．まあ自信がある	2．あまり自信がない 4．大変自信がある

```
人 ─────── 行 動 ─────── 結 果
       │              │
    [効力予期]      [結果予期]
```

■ 図 10-2　結果予期と効力予期の関係[17]

　排尿は，心理面とは無関係と思われるが，尿失禁は，人としての尊厳とかかわりが深い。排泄の自立を失うと，人としての自立心を減退させ生活意欲も失わせるきっかけになると指摘されている。[18] つまり，高齢者にとって，排尿のコントロールの困難さは，生活空間を狭め，閉じこもるリスクをはらんでいる。
　以上が，閉じこもり・虚弱高齢者に対する介入プログラムを開発する際のヒントとなるであろう。

3 虚弱高齢者への臨床心理学的アプローチ

1 臨床心理学的アプローチに関する研究動向

オクン（Okun, M. A.）[19]らは，在宅における虚弱高齢者のQOL（quality of life：生活の質）を改善し，高めることに有効な介入は次の4つの型に分類されると述べている。

① コントロールを高める介入：高齢者が自己の環境のコントロール感を高めることに焦点をおく。
② 社会活動への介入：社会的な関係を持つ機会を提供することに焦点をおく。
③ 心理教育的介入：高齢予備軍の人々に知識と熟練を高めるための機会を提供する。
④ 社会的関係：環境改善のさまざまな機会を提供する。

虚弱や閉じこもりは早期に適切に対応すれば，十分に要介護状態を予防できる対象集団であることは先述した。虚弱高齢者や閉じこもり高齢者をターゲットにした，介護予防のための臨床心理学的アプローチは，現在のところきわめて限定されているが，先駆的ともいえる，回想法という心理療法をとり入れた国内外の取り組みを3つ紹介する。

2 虚弱高齢者に対する3つの介入研究

（1）Homebound高齢者へのライフレビューを用いた治療的効果の研究

ハイト（Haight, B. K.）[20]は，構造化したライフレビューの治療的効果を実証する目的で，アメリカにおいてhomeboundを対象に介入を行なった。ハイトはhomeboundを「障害は持つが，比較的健康で会話が正確にできる人で，一人で生きていくために在宅サービスを頼っている人」と定義している。

対象となった60名を，ライフレビュー群に20名，気候などのとりとめない話をする友愛訪問群に20名，経過観察のみの対照群に20名の3群に分けた。

介入は6回実施した。その結果，ライフレビュー群において，人生満足度，心理的健康だけに有意な改善を認めた。なお，ADL（日常生活動作能力）に改善がみられなかった理由として，改善可能な身体的能力に限界があることと介入期間の短さをあげた。また，抑うつに改善がみられなかったのは，対象者に抑うつの人がいなかったことによる。この研究は，ライフレビューの効果を検証するにあたって，単純に対象者を訪問することによる効果なのか，ライフレビューの治療的効果なのかを区別するため，対照群だけではなく，友愛訪問群を設けた。結果，homebound 高齢者に対するライフレビューの治療的効果を明らかにできた点は意義深い。ただし，homebound の改善は目的ではなかったため，検証されなかった。

(2) 虚弱高齢者に対するライフレビューを用いた心理的介入の試み

藺牟田ら[21]は，虚弱高齢者の自立度とライフレビューによる ADL に対する自己効力感向上に重点をおいた介入プログラムを開発し，その効果を検討した。

障害老人のための寝たきり度判定基準のランクAの「屋内での生活はおおむね自立しているが，介助なしには外出しない人」46名を介入対象者とした。介入群と対照群同数の23名をランダムに割りあてた。

介入は月平均2回とし，対象者の体調の変化などへの対応も含め，全6回を4か月以内で行なうようにした。1回の介入は健康情報の提供に20分，ライフレビューに40分の合計60分に設定した。

プログラムは身体面と心理面から構成される。身体面は脳卒中予防，転倒予防など，パンフレットを用いて健康情報を提供した。ライフレビューはハイト[20]の LREF（Life Review and Experiencing Form）を活用した。これは，エリクソン（Erikson, E. H.）の発達段階に沿って設定したもので，児童期，青年期，成人期，老年期の各段階に質問が分類されている。今回は表10-2の項目を中心に用いた。

対照群には介入群と同一の方法で事前事後の調査を行なうのみの経過観察とした。

結果として，介入による自立度向上には至らなかった。しかし，マイナスの影響も認められなかった。ライフレビュー場面の評価でも，意欲，応答など，回が重なるにつれて向上しており，ライフレビューはネガティブな影響をもた

■ 表10-2 ライフレビューでの質問[21]

1回目	導入と児童期	例）ご両親はどんな方でしたか
2回目	児童期と青年期	例）学校には行かれましたか
3回目	青年期	例）一番楽しかったことは何ですか
4回目	成人してから壮年期	例）20代のときから現在まで考えていただいて，最も重要な出来事は何でしたか？
5回目	壮年期	例）人生の中で願っていたことをなさったと思いますか？
6回目	まとめ	例）総じてどんな人生を送っていらっしゃったと思いますか？

らさないことが示された。つまり，積極的な意味ではないが，虚弱高齢者に対する介入の実行可能性は示唆されたといえよう。

(3) 介護予防の視点に立った地域ケアプログラムの作成

田高ら[22]は，地域在住の虚弱高齢者を対象に，健康チェック，グループ回想法，生活体力づくりを中心とした地域ケアプログラムを作成し，介入を実施した。虚弱高齢者とは要介護認定で自立に該当した人で，研究者が作成した移動状況や生活範囲などいくつかの判定項目を組み合わせた虚弱判定基準に該当し，本人が研究同意した18名であった。

公民館を拠点として週1回，連続3か月介入を行なった。その結果，生理的機能では，介入後，女性の最大一歩幅で，歩幅が拡大する傾向が認められた。身体機能では有意な効果は認められなかった。心理社会的機能への介入効果は主観的幸福感の有意な上昇を認めた。

3　まとめ

本章では，うつ状態と認知症高齢者への臨床心理的アプローチを概観した。さらに，高齢者の閉じこもりを中心に，介護予防の考え方と心理療法の効果について紹介した。

閉じこもりは，うつ状態や認知症などの疾患ではなく，ライフスタイルであるため，見逃されがちであった。そのため，要介護予防への臨床心理学的アプローチはようやく一歩を踏み出した段階といえよう。

これまで，さまざまな高齢者に対して，心理療法が適用されてきた。今後は，

これまでの試みを参考にしながら，介護予防に有効な心理療法の追求が望まれている。課題は山積するが，現場で応用できる科学的根拠のある研究を発信するためにも，研究の蓄積が待たれるところである。

文　献

★1　長田久雄　1993　老年期の心理臨床　柴田　博　他（編著）老年学入門　川島書店　Pp. 161-173.
★2　竹島　正・長沼洋一・立森久照 他　2005　疫学的にみた「こころの健康問題」　公衆衛生，**69**, 352-357.
★3　柄澤昭秀　1981　老人のぼけの臨床　医学書院
★4　下仲順子　1995　リアリティ・オリエンテーション　老年精神医学雑誌，**6**, 1485-1491.
★5　石﨑淳一　2004　高齢者に対する心理的援助　リーディングス介護福祉学 8　高齢者心理学　建帛社　Pp. 171-189.
★6　野村豊子　1998　回想法とライフレヴュー　中央法規出版
★7　Butler, R. N.　1963　The life review: An interpretation of reminiscence in the aged. *Psychiatry*, **256**, 65-76.
★8　安藤孝敏　2001　高齢者とペット動物　老年社会科学，**23**, 25-30.
★9　厚生労働省　平成 17 年度　介護事業状況報告
★10　竹内孝仁　2001　閉じこもり予防　厚生労働省老健局計画課（監修）介護予防研修テキスト　社会保険研究所　Pp.128-140.
★11　安村誠司　2003　高齢者における「閉じこもり」　日老医誌，**40**, 470-472.
★12　東京都衛生局　1997　平成 8 年度　高齢者が寝たきりの状態になる要因調査報告書
★13　藺牟田洋美・安村誠司・藤田雅美 他　1998　地域高齢者の「閉じこもり」の有病率ならびに身体・心理・社会的特徴と移動能力の変化　日本公衛誌，**45**, 883-892.
★14　藺牟田洋美・安村誠司・阿彦忠之 他　2002　自立および準寝たきり高齢者の自立度の変化に影響する予測因子の解明—身体・心理・社会的側面から　日本公衛誌，**49**, 483-496.
★15　古谷野亘・柴田　博・芳賀　博 他　1984　地域老人における日常生活動作能力の測定—その変化と死亡率への影響　日本公衛誌，**31**, 637-641.
★16　芳賀　博　1997　地域の高齢者における転倒・骨折に関する総合的研究　平成 7 年度〜平成 8 年度科学研究費補助金研究成果報告書　Pp.124-136.
★17　Bandura, A.　1977　Self-efficacy: Toward a unifying theory of behavioral change. *Psychological Review*, **84**, 191-215.
★18　巻田ふき・鎌田ケイ子・大渕律子 他　1991　高齢期尿失禁の背景的諸因子とケアに関する調査研究　老年社会科学，**18**, 191-206.
★19　Okun, M. A., Olding, R. W., & Cohn, C. M. G. A.　1990　Meta-analysis of subjective well-being interventions among elders. *Psychological Bulletine*, **108**, 257-266.
★20　Haight, B. K.　1988　The therapeutic role of a structured life review process in homebound elderly subjects. *Journal of Gerontology: Psychological Sciences*, **43**, 40-44.
★21　藺牟田洋美・安村誠司・阿彦忠之　2004　準寝たきり高齢者の自立度と心理的 QOL の向上を目指した Life Review による介入プログラムの試行とその効果　日本公衛誌，**51**, 471-482.
★22　田高悦子・金川克子・立浦紀代子 他　2002　地域虚弱高齢者に対する介護予防—試行的研究

日本地域看護学会誌，**4**(1)，61-68．

【参考文献】

一番ヶ瀬康子（監）　2004　リーディングス介護福祉学 8　高齢者心理学　建帛社
黒川由紀子・斎藤正彦・松田　修　1995　老年期における精神療法の効果評価—Life Review をめぐって　老年精神医学雑誌，**6**，315-328．

第11章

高齢者への精神保健学的アプローチ

　老年期は心身の変化と環境の変化のために，心理的危機が生じやすい。身体機能の老化のみならず精神機能にも加齢による変化が生じてくる。脳の加齢性変化のために，記銘力減退や流動性知能の低下が起こる。また，思考力の柔軟性や状況への適応性が減退し，性格の先鋭化が起こる。

　一方，退職，死別，身体機能障害など種々の喪失体験を経験し，自己の人生や死の受容を迫られる時期でもある。このように高齢者は内外の影響を受けつつ，自己を内省する過程にあって，その心理は不安，孤独，抑うつに傾きやすい。

　老年期は，脳の加齢性変化と病理に加えて，心理的危機を背景として，精神障害が高率に発生する時期である。とりわけ，認知症，うつ病，妄想，せん妄，神経症が好発する。老年期精神障害の早期発見，早期治療の必要性は言うまでもないが，発生予防のために，老年期以前の健康管理や対人関係のあり方もまた重要となる。

　本章では老年期に好発する精神障害を取り上げて，これらの病因と症候ならびに治療・予防についてまとめる。

1　認知症

　認知症は，記憶障害に加えて失語，失行，失認または実行機能（抽象的思考，

計画，監視，判断の能力を含む）の障害が持続し，そのために社会的機能の減退が引き起こされた，非可逆的な病態を指す。

認知症を起こす代表的な疾患はアルツハイマー病と血管性認知症である。その他，種々の原因により認知症が引き起こされるが，これには治療可能な疾患が含まれている。

認知症の診断は，専門医の臨床診断によりなされるが，このとき診断基準が重視される。認知症一般の診断には，WHOによるICD-10や米国精神医学会によるDSM-Ⅳがよく用いられる。さらに，アルツハイマー病と血管性認知症については，より専門的な診断基準として，NINCDS-ADRDA（National Institute of Neurological Disorders and Stroke）Working Groupによる基準が用いられることもある。その他の認知症では，その症状を引き起こす要因（器質因）を特定するために，種々の身体医学的検査を必要とする。

また，認知症のスクリーニングや診断補助，重症度の把握のために，各種の認知機能検査，行動観察尺度，日常生活動作能力評価尺度が開発されており，対象と目的に応じて使用されている（表11-1）。

ここでは認知症の二大疾患を取り上げて病因，危険因子および予防・治療の可能性について説明する。

1 アルツハイマー病

（1）概念・症候

進行性の脳変性疾患のうち，全般性脳萎縮と，大脳皮質の神経細胞の変性脱落，老人斑，アルツハイマー神経原線維変化のびまん性出現を特徴とする疾患を指す。記銘障害で初発し，しだいに判断力低下や人格水準の低下が進む。経過中，見当識障害，言語障害，視空間失認などが出現し，最重症期に歩行障害が出現し，終末には失外套状態となる。発症年齢により，65歳以前の発症を早発性，65歳以降のものを晩発性と区別することがある。

（2）病　因

病因は明らかにされていないが，遺伝的要因，加齢にともなう諸要因が想定されている。

遺伝的要因については，家族性アルツハイマー病の約20％では21番染色体

表 11-1　高齢者のための認知症評価尺度と使用目的

種類・名称	対象	使用目的
認知機能検査*		
・長谷川式認知症スケール（HDS-R）	高齢者	認知症のスクリーニング・重症度判定
・Mini-Mental State（MMS）	一般	認知障害のスクリーニング
・Alzheimer's Disease Assessment Scale（ADAS）の認知機能下位尺度	アルツハイマー病者	アルツハイマー病の記憶・言語・行為領域の重症度評価
行動観察尺度**		
・柄澤式「老人知能の臨床的判定基準」	高齢者	高齢者の知的衰退の程度
・Functional Assessment Staging（FAST）	アルツハイマー病者	アルツハイマー病の重症度・病期判定
・Clinical Dementia Scale（CDS）	認知症者	認知症の重症度判定
・GBS Scale	認知症者	運動機能・認知機能・感情機能と精神症状の重症度評価
・N式老年者用精神状態尺度（NMスケール）	高齢者	認知症のスクリーニング・重症度判定
日常生活動作能力評価尺度**		
・N式老年者用日常生活動作能力評価尺度（N-ADL）	認知症者	日常生活動作の各領域における自立度判定
・Instrumental Activities of Daily Living Scale（IADL）	認知症者	道具的日常生活動作の各領域における自立度判定

注）＊：対面にて質問回答・課題遂行の結果より評価する
　　＊＊：行動観察により評価する

のアミロイドβ蛋白前駆体遺伝子，14番染色体のプレセレニンに原因遺伝子が特定されている。また，本疾患の約15％は19番染色体多型のアポ蛋白E（ε4）を有しており危険因子となるが，その関与の機序は不明である。

　加齢にともなう諸要因のうち，老人斑は上述したアミロイドβ蛋白の沈着と周囲の神経突起の変成からなっており，本疾患では老人斑が異常に増加している。神経原線維変化はタウ（tau）蛋白やユビキチン（ubiquitin）などから成る異常蛋白の蓄積をともなっている。記憶に関与する脳内アセチルコリン作動性ニューロンの脱落をはじめ，いくつかの脳内神経伝達異常も指摘されている。

（3）治療・予防の可能性

　危険因子として，関連性がほぼ確実なことが明らかにされている要因がある。宿主要因としては，女性，加齢，出生時の母親の年齢（40歳以上），認知症・

ダウン（Down）症・パーキンソン（Parkinson）病の家族歴，頭部外傷やうつ病の既往歴およびアポ蛋白E（ε4）の遺伝がある。環境要因では，ボクサーなどの職業があり，病原要因ではアルミニウムの摂取が指摘されている。

発症を抑制する心身の危険因子のうち，宿主要因としては，アポ蛋白Eの遺伝子，高血圧や関節リウマチの合併症および同調型・執着型の病前性格が報告されている。また，病原要因としては，インドメタシンなどの非ステロイド性抗炎症剤や女性ホルモン（エストロゲン）の服用により，発症を遅らせる可能性が指摘されている。喫煙は，以前，アルツハイマー病の抑制的危険因子と考えられていたが，最近これを否定する報告がなされた。

実証された予防法は，いまだ見いだされていない。可能性のある予防法として，運動，健康教育，ストレス緩和，低脂肪食摂取，魚油やビタミンEの摂取，エストロゲン補充などが報告されている。

症状を一時的に改善させる姑息的治療法については，いくつか実証的知見が得られている。ドネペジルをはじめとするコリンエステラーゼ阻害剤が，一時的に認知機能を改善させる。イチョウ葉エキスの補充やリアリティー・オリエンテーションが，認知障害に対して一時的に有効であることを示す知見が蓄積されてきており，また，回想療法にも有効性を示唆する知見がある。非ステロイド性抗炎症剤服用に予防効果が期待されているものの，実証されるまでには至っていない。

2　血管性認知症

（1）概念・症候

血管性認知症は，脳出血，脳梗塞などの脳血管障害に引き続いて起こる認知症を指す。原因となる脳血管病変には，血管壁の粥状硬化と微小血栓形成，塞栓，血管壊死によるものが多い。また，血管壁のアミロイド沈着，梅毒などによる血管炎，動脈瘤なども原因となる。

脳卒中発作にともなって段階的に増悪し，意識障害や神経症状などを併発して認知症をみることが多い。本症は，記憶力の障害が高度であっても，人格や判断力，理解力が比較的保持されて，良好な疎通性を示す，いわゆるまだら認知症を呈する傾向がみられる。

(2) 危険因子と予防

血管性認知症の危険因子として，関連性が確実ないしほぼ確実なものは次の要因である。

宿主要因では，男性，加齢および遺伝疾患といった本人の属性，高血圧，糖尿病，肥満，脳血管障害，膠原病，脳梅毒，心臓病（心房細動，心筋梗塞，人工弁の使用）および血液過粘稠症候群の合併症，喫煙や飲酒の嗜好が報告されている。また，抑制因子として，宿主要因では，同調型や執着型の病前性格，病原要因では，薬剤（アスピリン）の服用が報告されている。

脳血管障害の予防は虚血性血管疾患に準じるが，具体的には危険因子（喫煙，高血圧，糖尿病，心房細動，心筋梗塞，人工弁の使用，脳卒中や一過性脳虚血発作の既往）の除去目的のもと，高血圧，糖尿病，心疾患の予防管理が重要である。血液の過粘稠を避けるために脱水にも留意すべきである。血中コレステロールの影響については確定していない。

2　うつ病・うつ状態

1　概念・症候

うつ病は，広義にはうつ状態を示す精神疾患全体を指し，狭義には誘因や器質因のない内因性うつ病を指す。うつ状態とは，感情の障害，精神運動性障害，うつ病性身体症候群を3主徴とする状態像をいう。

このうち，感情の障害としては抑うつ気分，病的な悲哀感，興味や喜びの喪失，無価値感・罪責感，不安・焦燥感などがみられる。

また，精神運動性障害としては，精神運動抑制に基づいて意欲と行動の抑制（制止）がみられ，意欲低下，動作緩慢などとして現われる。また，思考抑制もみられ，思考過程が渋滞して，寡言，判断低下などが現われる。このため，高齢者では仮性認知症を呈することもある。精神運動性障害の特徴としては，午前中悪く，夕方になると多少軽快するという日内変動がある。

うつ病性身体症候群は，老年期にはほぼ必ずみられる症状である。このうち

■ 表 11-2 うつ病の評価尺度と使用目的

種類・名称	対象	使用目的
自記式質問紙		
・Zung Self-rating Depression Scale（SDS）	一般	うつ病のスクリーニング
・Beck Depression Inventry（BDI）	一般	うつ病の重症度・経時的変化の評価
・Geriatric Depression Scale（GDS）	高齢者	老年期うつ病のスクリーニング
・Center for Epidemiologic Studies Depression Scale（CES-D）	一般	地域のうつ病有病率把握のためのうつ病スクリーニング
観察尺度		
・Hamilton Depression Rating Scale（HDRS）	一般	半構造面接によるうつ病の症状評価・経時的変化の評価
・Cornell Scale for Depression in Dementia（CSDD）	認知症者	抑うつ状態の重症度判定

睡眠障害では，中途覚醒が典型的だが，入眠困難や過眠がみられることもある。同時に，体重減少をともなう食欲低下と性欲減退がみられる。

以上の症状は通常 2 週間以上持続する。重症例では微少妄想や虚無妄想が出現することもある。

うつ病の診断は，専門医の臨床診断によりなされるが，このとき診断基準が重視される。診断基準としては，WHO による ICD-10 や米国精神医学会による DSM-Ⅳがよく用いられる。また，うつ病のスクリーニングや診断補助，重症度の把握のために，各種の自記式質問紙や観察尺度が開発されており，対象と目的に応じて使用されている（表 11-2）。

2 病 因

うつ状態やうつ病の真の原因は不明だが，発症の誘因や危険因子として，種々の生物学的要因，遺伝負因，心理・社会的要因の関与が推定されている。

生物学的要因のうち，神経伝達物質についてみると，脳内のノルアドレナリン作動性ニューロンやセロトニン作動性ニューロンの作用低下が成因として関与している。内分泌系では副腎皮質コルチゾル過剰分泌や甲状腺ホルモン分泌低下により生じる可能性が指摘されている。また，神経解剖学的には前頭葉の

血流低下や辺縁系と基底核の病変との関連が指摘されている。

心理・社会的要因としては，喪失体験をはじめとするライフイベント，学習された無力感および学習された否定的認知が重視されている。一方，老年期の場合には病前性格の関与は少ないと考えられている。

3 老年期うつ病の成因と分類

老年期のうつ状態は，発症にかかわる成因によって，以下のように分類することができる。

① 悲嘆反応・反応性うつ病：配偶者の死，家の焼失など，明白なライフイベントに引き続いてうつ状態が出現し，2～6か月以内に改善する。
② 神経症性うつ病：軽度のうつ症状を主症状とし，現実検討能力を失うことなく，慢性に経過する。背景に精神的葛藤が存在するのが特徴である。
③ 双極性うつ病・単極性うつ病：いわゆる内因性うつ病であり，最も定型的な症状・経過を示す。誘因がある場合とない場合があり，遺伝負因を有する事例が比較的多い。老年期では，症状が非定型的となり，遷延化，難治化する傾向がある。
④ 器質性・中毒性・症状性うつ病：器質性うつ病は脳血管障害後やアルツハイマー病初期で出現しやすい。一方，身体疾患（症状性うつ病）や薬剤服用（中毒性うつ病）にともなってうつ状態が出現することがある。高血圧，パーキンソン病，甲状腺機能異常，多発性脳梗塞，心疾患，胃潰瘍，慢性関節リウマチや潰瘍性大腸炎などの自己免疫疾患，糖尿病，悪性腫瘍などにその可能性がある。また，これらの治療薬剤のうち，ステロイドやβブロッカー（降圧剤の一種），L－ドーパ（抗パーキンソン剤の一種），インターフェロン（肝炎治療薬の一種）などの投薬でもうつ状態がみられることがある。アルコール多飲者にもうつ状態がしばしばみられる。

4 治療・予防的対処

うつ病は治療可能な疾患であり，難治例を除けば比較的短期間に回復する。一方，未治療のままでは，長期にわたりうつ気分や活動性低下を引き起こし生

活に大きな支障を与え，自殺の危険も高い。うつ病への対処は，まず，早期発見・早期治療が重要となる。

　上述したように，うつ病には種々の成因があるものの，治療法は，抗うつ剤の投与，支持的精神療法と自殺防止を行なう点で共通している。さらに，おのおのの成因に応じて，誘因の除去を試みる。

　予防法は，成因によって異なる。まず，上述した器質性・中毒性・症状性の要因がすでに明らかな場合は，高危険群として予防を重視したい。老年期には，既存の精神障害や身体疾患，脳血管障害あるいはその治療薬が誘因となる場合が多いため，既存の疾患管理が重要となる。また，肝・腎・心機能に障害があれば薬物療法における薬剤選択の幅が狭くなり，治療に支障をきたすことにも留意すべきである。

　また，心理カウンセリングによる予防効果が期待される。悲嘆反応・反応性うつ病の予防には，喪失体験や環境変化などのライフイベント後の危機介入が有効であろう。学習された無力感の理論によれば，「環境を自分で制御・支配している」という観念を抱くことはうつ病回復を促進する可能性がある。認知療法理論からは，人生を否定的に曲解した固定観念を抱くと，うつ病発症に対する耐性が低下する可能性が示唆される。

　社会的引きこもりはうつ病の予防や回復を疎外すると考えられる。引きこもりに陥ると，老年期の発達課題をうまく遂行できないために，心理・社会的危機を否定的に解決する傾向が高まり，適応が悪化する恐れがある。また，否定的な固定観念を修正する機会や援助希求の機会が減少する。引きこもりからの回復もまた重要である。

3　老年期の妄想

　老年期に持続する妄想を主徴とする非器質性の疾患は，遅発性統合失調症とそれ以外の妄想性障害に分けられる。両者はおもに，思路障害，陰性症状，疎通性障害の有無により区別され，これらのうち，1つでも明白に存在する場合

は統合失調症と診断される。

妄想性障害には，中高年に好発するもので，心理・社会的要因の関与が大きい疾患群が数多く含まれており，これらは予防的観点から重要と考えられるため，ここで取り上げることとする。

1　妄想性障害

従来，妄想症として概念化されてきたものを，ICD-10やDSM-Ⅳでは妄想性障害とよぶ。主徴とする妄想は現実味を帯びており，統合失調症のような奇妙な内容ではなく，また，幻聴はないか，ごく軽微である。おもに妄想からなるこの精神病は，中年期以降に生じることが多く，病前には回避性，妄想性，分裂気質性人格障害を有する者が多い。一方，以下に述べる「幻覚妄想状態・遅発パラフレニー」と異なり，既存の感覚障害との関連は指摘されてはいない。女性に比べて，男性では発症年齢が若い傾向にある。後述する理由から，現在では以下の「幻覚妄想状態・遅発パラフレニー」「接触欠損妄想症」をこれに含めることが多い。

2　中年期の幻覚妄想状態・遅発パラフレニー

中年期の幻覚妄想状態とは，中年期以降に初発し，器質因のない持続する幻覚・妄想を主徴とする状態を指す。本症は発症が男性より女性に多く，その理由として内分泌変化，身体的条件，性格や環境要因が指摘されている。病像は，統合失調症と異なり，発症に際して身体的あるいは精神的要因を認めることが多い。未婚，一人暮らし，失明・難聴などの感覚障害をともなう傾向が強く，また，大半の事例には心理・社会的要因が存在しており，精神力動的な理解が可能である。

類似の概念として遅発パラフレニーがある。発症が平均70歳で，徐々に始まり，多くは慢性に経過する妄想状態を指す。女性に高率にみられ，未婚者に多い。およそ40％が中・高度の難聴を有しており，また，病前性格には偏執型や分裂病質が多い。

ただし，「幻覚妄想状態・遅発パラフレニー」と，次に述べる「接触欠損妄想症」は，症候上，妄想型統合失調症と区別されるべき確たる証拠があるとはいえな

いため，現在，診断名として単独で用いられることは少ない。妄想型統合失調症の人格的崩れがより少ないものを遅発パラフレニーとよぶこともある。

3　接触欠損妄想症

60歳以上の単身高齢者に発症し，被害妄想や物盗られ妄想，性的な体感幻覚により「誰かが家に侵入した」などと訴え，施設入所などにより対人交流が再開すると，この妄想・幻覚は消失する。疎通性は保たれ，女性に圧倒的に多い。病前性格は勝ち気，頑固，活動的という側面と，心配性，めだつことを嫌うといった面をあわせ持つ。

発症機序は，単身生活，配偶者との死別，離婚などという孤立を強いられる生活状況の中で，人格的な不均衡が顕在化し発症すると説明される。

4　治療・予防の可能性

上述したように，老年期に妄想性障害を示す疾患群では共通する危険因子が認められる。これには社会的孤立，対人接触性の乏しい病前性格，高齢女性，感覚障害があげられる。このため，予防法として，対人交流を維持すること，感覚遮断を避けることが有効であると期待される。

4　せん妄

1　概念・症候

軽度の意識混濁を基盤として，注意の集中・維持・転導の困難と認知の障害（見当識障害，記憶の障害）が必発し，幻覚や精神運動活動の変化（過剰または過少）をともなう症候群（状態像）をいう。

経過は急性に発症し，日内変動を示す。原因となる脳神経・身体疾患が回復するにつれて消退に向かい，通常，数日ないし1週間くらいで消失する。せん妄中の出来事はあとで想起できない。ある時点では認知症と同様の症状を示すが，経過が異なる。

高齢者では発症が亜急性であったり，経過が遷延することがある。
　せん妄の診断は，専門医により臨床診断によりなされるが，とりわけ意識障害の把握が重要となる。せん妄を評価する測度としては，Delirium Scale や Mental Status Examination がある。

2　病　因

　脳幹網様体から視床を経て大脳皮質に投射する覚醒系は意識保持に重要な役割を担っており，この損傷により意識障害をきたす。また，アセチルコリン作動性ニューロンの機能低下がせん妄を誘発することもある。その他の神経伝達物質のうち，ノルアドレナリン，ドーパミン，セロトニンの関与も示唆されている。高齢者では加齢変化などのために，上記の部位に脆弱性を有し，せん妄が出現しやすいと考えられる。
　これらの機序を介して，大脳皮質機能を広汎に低下させる疾患や脳幹部の損傷は，いずれもせん妄を引き起こす可能性が高い。急激に生じた広汎な脳損傷（脳血管障害，脳挫傷，脳炎など），薬物中毒（急性中毒，離脱症候），そして，体液を介して大脳皮質機能を広汎に低下させる身体疾患（肝性脳症，尿毒症，肺性脳症，心不全，脱水，手術後，ビタミンB群不足，種々の内分泌疾患など）が，しばしば，せん妄を引き起こす。
　また，感覚遮断，睡眠覚醒リズムの崩壊，極度のストレス状態下でせん妄は誘発されやすく，特に高齢者ではこの傾向が強い。

3　治療・予防

　対応上，早期発見と原疾患の治療が最も重要となる。また，危険因子として高齢，脳損傷やせん妄の既往，アルコール依存，糖尿病，癌，知覚障害，栄養不良が知られている。せん妄の予防には，①身体疾患の管理，②栄養管理，③睡眠を確保し，また覚醒時に適切な刺激を与えて，睡眠覚醒リズムを回復・維持すること，④極端な環境変化をなるべく避けること，が有用である。

5 老年期の神経症・適応障害

1 概念・発症機序

　神経症とは，心因性に生じる精神障害のうち，軽症で，現実検討能力の保たれた非精神病レベルのものを総称する。症状としては精神症状と身体症状がみられるが，いずれも器質因はない。発症機序としては精神内界と環境との間の不均衡状態による葛藤に由来する不安に対して，通常自我は安定を保つために防衛機制を用いて無意識的に作用し，葛藤を和らげようとするが，時にこれらが症状形成の背景となる。こうした反応を引き起こすか否かは心理・社会的ストレスと性格特性による。

　神経症の分類には種々のものがあるが，古典的には，状態像に応じて不安神経症，心気症，神経衰弱，ヒステリー，抑うつ神経症，強迫神経症，恐怖症，離人神経症などの病型に区別されている。また，最近では，心理・社会的ストレスが発症と経過に明白に関与する事例を適応障害に分類する。

2 老年期の症候的特徴

（1）古典的神経症の特徴

　老年期は青年期とならんで心理的危機が生じやすい。老年期の発達課題としてあげられている身体機能低下，種々の喪失体験，自己人生の受容，死の問題などは高齢者の大半になんらかの葛藤をもたらすだろう。さらに，心身の加齢性変化や疾患病理が葛藤解決を困難なものとすることも少なくない。その結果，葛藤や防衛が神経症の症状として反映されることが多い。

　老年期の神経症の臨床像には，以下のいくつかの特徴がある。

① 状態像は非定型的であり，心身の衰退や身体疾患が加わると，いっそう多彩で複雑な病像を呈する。
② 心気と不安・抑うつの混在が最も多い。
③ 心気は概して多訴的，不定愁訴的であり，睡眠障害と消化器症状の愁訴が多い。

④ 心気が慢性化すると，依存的，疾病逃避的な傾向を示す。
⑤ 医原的な要因が発病や増悪因子として関与しやすい。

(2) 適応障害の特徴

適応障害は，明確な心理・社会的ストレスに対する反応であり，通常，ストレス発生後3か月以内に起こり，6か月以内に消退する。高齢者の場合，喪失体験，環境変化などがストレスとなりやすい。たとえば，認知症高齢者の場合には，施設入所当初，環境変化によるストレスにより適応障害が生じることが少なくない。また，高齢者ではストレス曝露以前に，別な原因によってストレス耐性があらかじめ低下している場合が多い。種々の脳器質性疾患，身体疾患，中毒因がストレス耐性を低減させる可能性がある。

主要な病像は，主観的苦悩と情緒障害の状態であり，たとえば，不安，抑うつ，行為の障害，情緒の障害などが出現し得る。認知症性高齢者の場合，上記の症状が，いわゆる問題行動という形で表出されることが多い。

3　治療・予防

高齢者の場合，これらの治療・予防の前提として，まず，心理・社会的ストレスに対して，早期に介入し，慢性化させないことが重要となる。周囲に援助者をあらかじめ持つことは，ストレス緩和や早期介入につながる。次いで，心身の健康保持が重要となる。高齢者では身体機能と精神機能が相互に影響を与え合う，いわゆる心身相関が強まる。また，治療方針の選択において，内省力は精神療法の適応を左右し，肝・腎・心の機能障害の有無は薬剤選択に大きく影響するからである。

次に，予防や治療の原則について，短期的／長期的な介入に分けて述べる。

(1) 短期的介入

まず，環境調整によりストレス因子の除去を試みる。同時に，支持的技法，暗示，元気づけなどを行なう。ストレス状態が持続する場合，リラクゼーション，対人交流などによって感情の言語化を試みる。可能であれば，認知療法などにより，ストレスの認知と構えを変える。症状のコントロールは向精神薬による薬物療法でも可能であるが，高齢者では副作用が出現しやすく，コントロー

ルは容易ではない。

(2) 長期的介入の可能性

　神経症の発症を決定づける要因には，心理・社会的ストレスに代表される心因と本人の性格特性がある。前者のストレスについては，高齢者に共通してみられるものとして，自己の人生の統合と死に対する葛藤がある。こうした心理・社会的危機に加えて，個別の現実的な問題として，社会的状況の変化，家族的状況の変化（同居にともなう葛藤，子どもとの世帯分離など），経済的な状況の変化などにともなうストレスがあり，これらが複合して新たな心因を形成している場合が多い。

　積極的な予防的介入の1つとして，老年期の心理・社会的発達課題の解決を促す行動があることを知っておくことは有用であろう。具体的な予防行動を以下に示す。

① 加齢にともなう身体機能低下に対して良好な身体状況を維持したり，不活発な生活に陥らないための努力をすること。
② 種々の喪失体験がある一方で新しい役割の獲得（祖父母役割，コミュニティの指導者，先輩としての相談役など）が起こり，新たな行動パターンや対人関係を形成すること。
③ 自分の過去の人生を（失望や危機を感じずに）あるがままに受け入れること。
④ 周囲の人の死と喪失体験を克服したり，いかに死ぬかという問題を考えて，死に対する見方を発達させること。

　性格特性については，防衛的な性格特徴がステレオタイプに現われたり，非現実的な行動となって現われることが問題視されやすい。精神分析的精神療法は防衛的な性格特徴を変える主要な技法であるが，若年者に比べて高齢者では心理的に負担になりやすく，今のところ適用される事例は少ない。高齢者では脳の加齢性変化のために，未熟な防衛機制が現われやすくなっている事例が少なくないため，防衛機制の概念が症状の理解に役立つことがよくある。

文　献

【参考文献】

一瀬邦弘・土井永史・中村　満 他　1995　せん妄を評価するための測度　老年精神医学雑誌，**6**（10），1279-1285．
大塚俊男・本間　昭（監）　1991　高齢者のための知的機能検査の手引き　ワールドプランニング
笠原洋勇・加田博秀・柳川裕紀子　1995　うつ状態を評価するための測度（1）　老年精神医学雑誌，**6**（6），757-766．
笠原洋勇・加田博秀・柳川裕紀子　1995　うつ状態を評価するための測度（2）　老年精神医学雑誌，**6**（7），905-914．
笠原洋勇・加田博秀・柳川裕紀子　1995　うつ状態を評価するための測度（3）　老年精神医学雑誌，**6**（8），1025-1031．
笠原洋勇・加田博秀・柳川裕紀子　1995　うつ状態を評価するための測度（4）　老年精神医学雑誌，**6**（9），1157-1163．
Kaplan, H. I., & Sadock, B. J.　1989　*Comprehensive Textbook of Psychiatry*. 5th ed. Baltimore: Williams & Wilkins.
American Psychiatric Association　1994　*Diagnostic and Satistica Manual of Mental Desorders*. Washington D. C.: American Psychiatric Association. 高橋三郎・大野　裕・染矢俊幸（訳）　2002　DSM-Ⅳ-TR 精神疾患の診断・統計マニュアル　医学書院
日本クリニカル・エビデンス編集委員会（監）　2003　クリニカル・エビデンス日本語版　日経BP社
Newman, B. M., & Newman, P. R.　1984　*Development Through Life*. Homewood, Ill.: Dorsey Press. 福富　護（訳）　1988　新版 生涯発達心理学―エリクソンによる人間の一生とその可能性　川島書店
長谷川和夫（監）　1994　老年期精神疾患のためのストラテジー　ワールドプランニング
本間　昭・武田雅俊（責任編集）　1998　臨床精神医学講座第12巻　老年期精神障害　中山書店

第12章

高齢者への臨床社会学的アプローチ

1 地域福祉の実情と介護保険制度

　高齢者人口（高齢化率20.8%）の増加と平均寿命の延伸（男性79.00歳，女性85.81歳）は，14歳以下の年少人口（全体人口比，13.6%）の減少と，健康で自立した生活のできる高齢者（高齢者人口の4分の3）と，生活全般を他人に依存した虚弱な高齢者（高齢者人口の4分の1）も多く生み出す結果となった（第1章参照）。このような少子高齢社会において，国民のだれもが健康で生きがいを持ち，安心して生涯を過ごせる明るい活力ある長寿・福祉社会としていくためには，高齢者の保健福祉の分野における公共サービスの基盤整備を進めていく必要が生じてきた。[★1]

　そのための施策として，在宅福祉，施設福祉などの事業について，20世紀中に実現を図るべき10か年の目標を掲げ，これらの事業の強力な推進を図ることとして，1989（平成元）年12月，厚生省（現 厚生労働省），大蔵省（現 財務省），自治省（現 総務省）の3省合意として「高齢者保健福祉推進十カ年戦略」（ゴールドプラン：当時の高齢化率10.7%）が取りまとめられた。このゴールドプランは，1994（平成6）年度中に出そろった地方老人保健福祉計画で示された整備需要量を超えた需要量の大幅な増加を踏まえてつくり直されて，1995（平成7）年度から「新・高齢者保健福祉推進十カ年戦略」（新ゴールドプラン：当時の高齢化率14.6%）として生まれ変わった。さらにその計画の終

了を受けて，1999（平成11）年度中に全国の地方公共団体において作成された介護保険事業計画における介護サービス見込量の集計などを踏まえて，新ゴールドプランに代わり，新たに「今後5カ年間の高齢者保健福祉施策の方向」（ゴールドプラン21：1999年12月制定，当時の高齢化率16.7%）が策定され，2000（平成12）年度から実施されて現在に至っている。[★2]

1 ゴールドプラン21

「ゴールドプラン21」は，新ゴールドプランの終了と介護保険制度の導入という新たな状況を踏まえ，住民に最も身近な地域における介護サービス基盤の整備と，介護予防，生活支援などを車の両輪として推進することにより，高齢者の尊厳の確保と自立支援を図り，できる限り多くの高齢者が，健康で生きがいを持って参加できる社会をつくっていこうとするものである。[★1] このプランを受けて，今後取り組まれるべき具体的な施策は，①介護サービス基盤の整備，②痴呆性（現在では認知症）高齢者支援対策の推進，③元気高齢者づくり対策の推進，④地域生活支援体制の整備，⑤利用者保護と信頼できる介護サービスの育成，⑥高齢者の保健福祉を支える社会的基盤の確立の適切な実施に努力して，地方公共団体の自主事業を支援していくこと，であるとされている。

ゴールドプラン21の対策の1つとしてスタートした「介護予防対策」は，介護を要しない健康レベルを可能な限り維持して，自立生活者，生産者として社会に貢献できる期間を引き延ばすための対策である。その諸対策の中でも，閉じこもり予防対策は，社会への参加を促す対策として注目されている。高齢期は，仕事・役割・経済・健康・人間関係などの諸々の喪失を体験しやすく，それを契機に「閉じこもり」が起きやすい。社会参加の減少は，廃用症候群（disuse syndrome）という不活発な心身の状態に陥りやすく，それを契機に寝たきりや認知症などに至る事例も多い。閉じこもらない生活の定着をめざして生きがい活動支援通所事業や市町村社会福祉協議会のふれあい・いきいきサロンなどの活動に力を入れている。自分でできる介護予防対策として，「虚弱・転倒」「低栄養」「歯周疾患」「尿失禁」「軽度認知症」「うつ」の各対策がある。また，市町村で行なっている介護予防関係の事業として，「介護予防教室」「高齢者筋力向上トレーニング」「生きがい活動支援通所事業」「生活管理指導事業」

第12章　高齢者への臨床社会学的アプローチ

「食の自立支援事業」などがある。

2　健康日本21

健康日本21は，「全ての国民が健やかで，心豊かに生活できる活力ある社会とするため，壮年期死亡の減少，健康寿命（認知症もしくは寝たきりにならない状態で生活できる期間）の延伸及び生活の質の向上を実現すること」を目的とした国の施策で，第三次国民健康づくり対策の通称である。米国のヘルシーピープル計画（Healthy People 2010：2000〜2010年の期間の米国の国民健康づくりの行動計画）と同趣旨の日本版といえる。健康日本21の理念のもとになったこの米国のヘルシーピープル計画は，ヘルスプロモーション（health promotion）の考えに基づいており，このhealth promotionはしばしば健康増進と訳され，より高い健康状態をめざすものと解されている。図12-1に示さ

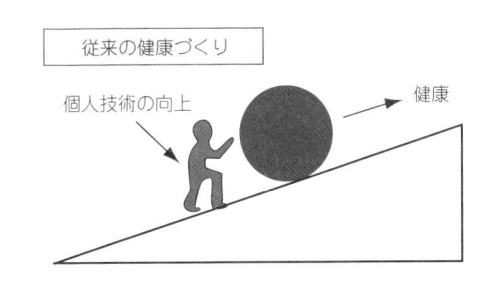

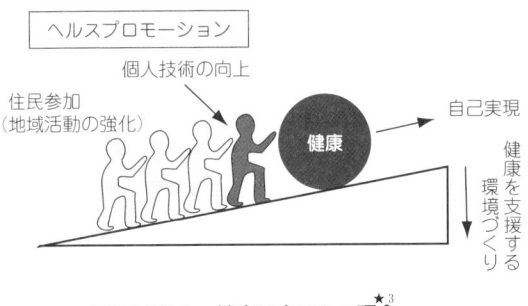

■ 図12-1　健康日本21の理念

れるように，近年急速にその理解と普及が進み，「健康日本21」や「健やか親子21」にその考え方が取り入れられ，国民運動計画の策定とその推進に役立てられている。[★3]

3　米国ヘルシーピープル計画

　1979年にはラロンド報告の基本概念に基づいて，米国厚生省はヘルシーピープル（HP: Healthy People）という新たな国民的健康政策を打ち出した。この新政策の特徴は疫学や健康への危険因子を重視し，特に個人の生活習慣の改善による健康の改善に重点をおいたものであった。予防の方法としては，科学的に吟味された目標を人生の年代別で設定し，国民運動としてその目標を達成する手法をとっている。ヘルシーピープルの第1期～第3期の開始年度別（1990HP；2000HP；2010HP）の目標をまとめたものが表12-1である。表12-1に示すように，米国では第2期のヘルシーピープルの目標を西暦2000年におき，ヘルシーピープル2000として新たに22の優先順位領域と300の目標設定を行なった。その後，目標管理によってそれぞれの国民の健康を改善する国は増加し，英国では，国営医療制度の改革の一環として「The Health of the Nation（健康な国）」という新しい健康政策を1992年に発表し，5つの疾病をおもな領域とし，26の目標を発表した。1998年には新たに労働党政権により，「Our Healthier Nation（われわれのより健康なる国）」という新戦略が展開され，基本的には同じ手法を継承した。カナダのケベック州では1992年に「The Health and Well-Being（健康と豊かな生活のための政策）」が，オンタリオ州では1993年「Nuturing Health（健康の育成）」という政策が始められた。このように欧米の諸国においても，健康日本21と同趣旨の国民健康づくり対策がスタートし，今日に至っている。

4　介護保険制度

　新ゴールドプランと同時に導入された「介護保険法」（2000（平成12）年4月公布）は5年間の実績とその見直し作業を経て，2005（平成17）年7月に「改正介護保険法」が成立し，2006（平成18）年4月から新たに公布され実施された。この制度では，個人（利用者）の「申請」から始まり，ケアマネー

第12章 高齢者への臨床社会学的アプローチ

■ 表12-1　ヘルシーピープルの最終目的[*3]

	ゴール	参　考	目標値数	重点分野
HP 1990	5つの最終目標（Goals） 1. 健康な乳児（1歳未満） 2. 健康な子ども（2～9歳） 3. 健康な青少年と若者（10～24歳） 4. 健康な成人（25～64歳） 5. 健康な老人（65歳以上）	1. 乳児死亡率の低減（低出生体重，先天性奇形の） 2. 幼児死亡率の低減（適切な成長と発育，事故と傷害の） 3. 死亡率の低減（自動車事故，飲酒，薬物＝健康行動の促進） 4. 死亡率の低減（心臓発作，卒中，がん） 5. 死亡率の低減と生活の質の向上（障害の低減）（機能的自立，早死防止，インフルエンザ，肺炎）	226	15
HP 2000	3つの最終到達目標（Over archig Goals） 1. 健康な人生年数の増加 2. 健康格差の低減 3. 予防サービスへのアクセス	1. すべての人生ステージにおいて最大限の機能的能力を保持する） 2. 国民格差の低減（貧困との関係） 3. 健康リスクの低減のための包括的戦略が必要	300	22
HP 2010	2つの最終目標（Goals） 1. 健康な人生の質と年数の増加 2. 健康格差の是正	1. 個人とコミュニティの両方が，より長く質の高い健康年数を達成する 2. 健康格差は「是正」されなければならない（所得，教育水準，人種・民族，文化，環境，性的嗜好と健康状態との関係→バランスのとれた多面的な保健システム）	560	28

ジャーによる心身の状況に関する認定調査（7領域の計80数項目の査定と特記事項の記載）と主治医の診察・意見書をもとに，コンピュータによる一次判定を経て，第2段階の「介護認定審査会」（医師，看護師，福祉関係者から構成）による審査を終えて，最終的に申請者の「要介護度」が決定される仕組みである（図12-2）。介護保険利用の該当者と判定された場合の要介護度は，「要支援1・2」および「要介護1～5」の計7段階に区分されている。「介護保険証」によるその介護度の段階別に，給付される介護経費は決められている（利用額の1割相当額は，利用者負担となる）。利用額は，具体的なサービスという現物給付の形で使われる仕組みで，利用者本人や介護者に現金で支給されることはない。要介護度が利用者に通知されたあとに，指定する介護事業者が派遣す

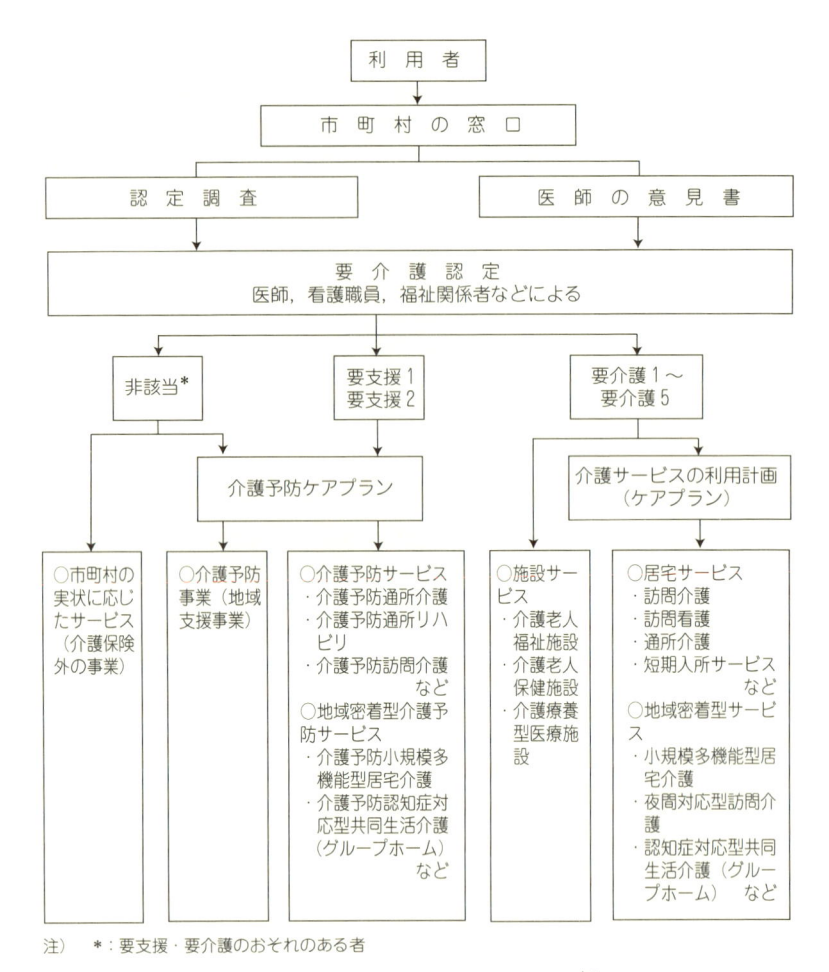

第III部 高齢者の介護予防と地域活性アプローチ

```
                    ┌─────────────┐
                    │  利 用 者   │
                    └──────┬──────┘
                    ┌──────┴──────┐
                    │ 市町村の窓口 │
                    └──┬───────┬──┘
              ┌────────┘       └────────┐
        ┌─────┴─────┐             ┌─────┴─────┐
        │ 認 定 調 査 │             │ 医師の意見書 │
        └─────┬─────┘             └─────┬─────┘
              └──────────┬──────────────┘
                ┌────────┴────────┐
                │   要 介 護 認 定  │
                │ 医師，看護職員，  │
                │ 福祉関係者などによる│
                └────────┬────────┘
```

■ 図12-2 介護サービスの利用手続き[*1]

- 非該当*
  - ○市町村の実状に応じたサービス（介護保険外の事業）

- 要支援1／要支援2 → 介護予防ケアプラン
  - ○介護予防事業（地域支援事業）
  - ○介護予防サービス
    ・介護予防通所介護
    ・介護予防通所リハビリ
    ・介護予防訪問介護 など
  - ○地域密着型介護予防サービス
    ・介護予防小規模多機能型居宅介護
    ・介護予防認知症対応型共同生活介護（グループホーム）など

- 要介護1～要介護5 → 介護サービスの利用計画（ケアプラン）
  - ○施設サービス
    ・介護老人福祉施設
    ・介護老人保健施設
    ・介護療養型医療施設
  - ○居宅サービス
    ・訪問介護
    ・訪問看護
    ・通所介護
    ・短期入所サービス など
  - ○地域密着型サービス
    ・小規模多機能型居宅介護
    ・夜間対応型訪問介護
    ・認知症対応型共同生活介護（グループホーム）など

注）　＊：要支援・要介護のおそれのある者

る「ケアマネージャー（介護支援専門員）」による要介護者の状態把握のためのアセスメント（課題分析）を受けて，本人とその家族，介護サービス提供者との話し合いを経て，介護サービス計画が作成され，その計画に応じたサービスの提供・利用が開始される。2006（平成18）年現在の介護保険制度における在宅の要介護者へのサービスは，訪問介護（ホームヘルプサービス），訪問

看護，訪問リハビリテーション，通所介護（デイサービス），通所リハビリテーション（デイケア），短期入所生活介護（ショートステイ），認知症対応型共同生活介護（認知症老人グループホーム），福祉用具貸与，居宅介護住宅改修費など，14種類以上に分けられている。他方，介護申請をした結果，まだ介護保険利用対象者ではないと判定された「非該当」（＝自立）ならびに要支援1・2の場合，図12-2に示すように，居住する市区町村自治体の実情に応じた介護予防サービス（介護保険以外の事業）や介護保険の枠内に設けられている「介護予防ケアプラン」でのサービス（通所介護，通所リハビリ，訪問介護などの介護予防サービス，ならびにグループホームなどの地域密着型介護予防サービスなど）を受けることができる。また，認定結果に不服がある場合は，都道府県の介護保険審査会へ不服の申し立てを行なうことができるようになっている。

　特に，改正介護保険法では，寝たきりや認知症になるのを防ぐために，要介護度が軽い「要支援1」と「要支援2」や非該当ではあるものの虚弱な高齢者（特定高齢者）を対象に筋力トレーニングや個別の栄養指導，口腔ケア，閉じこもり防止などの介護予防サービスを受けることができるようになっている。

　図12-3に，介護が必要となった原因がまとめられている[★4]。64歳以下では，脳血管疾患（脳卒中など）や神経疾患（ALS，パーキンソン病など）が多いが，高齢期（65歳以上）になると，脳血管疾患に加えて高齢による衰弱や骨折・転倒，関節疾患（リウマチなど），認知症（痴呆症）などが増加してくることがわかる。このような慢性疾患や事故で障害を負わないようにするための対策が改めて認識されるようになってきた。利用者自身の力でできることまで，介護者がサービスの一環として肩代わりする結果，筋力低下が著しく，転倒し骨折しやすくなり，また寝たきりに移行しやすくなったという事態が全国的に課題となっている。介護経費の高騰もさることながら，利用者個々人の生活の質を低下させ，尊厳を保つ生活を脅かす結果を招きやすいことから，介護予防対策を介護保険制度に追加導入して，新たな制度をスタートさせたわけである。

　特に，新たに導入された筋力トレーニングは，理学療法士などの専門家によるマシンを使ったトレーニング（パワー・リハビリテーションなど）から，自宅や地域での気軽に長続きできる健康体操，太極拳やラジオ体操等が推奨されている。また，口腔ケアとしては，口の中のトラブルを早く見つけること，か

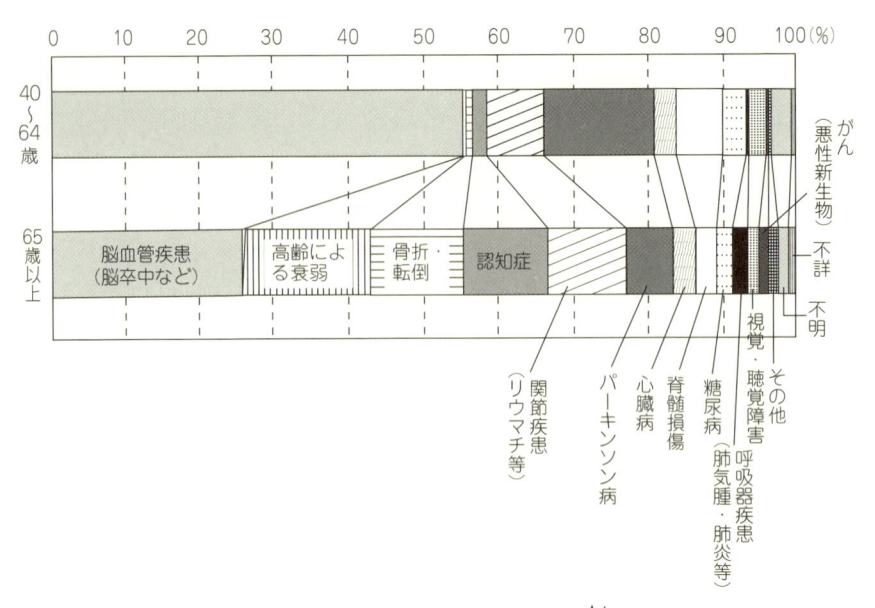

■ 図 12-3　介護が必要になった原因[*4]

かりつけ医を持つことを心がけながら，実際の活動としては，舌や歯茎を清潔に保つこと，自分に合った歯ブラシを使うこと，舌体操（口の中に水を含み，舌や口腔内をブクブクすすぐこと）をすることなどが必要とされている。口腔ケアの徹底は，免疫力の低下や筋力の低下を防ぎ，脳機能の低下の防止に有効とされる。

2　高齢者の社会参加の意義と課題

1　社会参加の意義

　高齢者にとっては，職業に代わるものとして社会参加の活動の役割が重要となる。膨大な余暇時間を楽しむためにも不可欠な活動となる。「社会参加」の定義としては，いくつかの概念の枠組みがある。社会参加を，①職業を含む集

団活動と捉える立場，②職業を除く集団活動，たとえば，趣味や余暇活動を含めた職業以外の集団活動と捉える立場，また③趣味や余暇活動など個人的な活動を含めない職業以外の集団活動（社会貢献活動＝ボランティア活動などを含む）として捉える立場である[★5]。

従来からわが国では，職業を持たないこと＝社会参加していないという図式が前提にあり，雇用機会から排除されがちな高齢者，女性，障害者が社会参加の施策の対象とされてきた経緯があるといわれている。

2　高齢者の社会参加の機会

老人福祉法（1963年）：第3条第1項「老人は，老齢にともなって生じる心身の変化を自覚して，常に心身の健康を保持し，又は，その知識と経験を活用して，社会的活動に参加するように努めるものとする」とされている。さらに，第3条第2項において，「老人は，その希望と能力とに応じ，適当な仕事に従事する機会，その他社会的活動に参加する機会を与えられるものとする」とある。この具体的な社会参加の活動として，後述する「老人クラブ活動」が位置づけられている。

3　高齢者の社会参加の動機

高齢者が，社会参加する動機としては，以下の事項をあげることができる[★6]。

① みずからの健康のため
② 趣味における知識や技術習得のため
③ 教養をさらに広げるため
④ 社会の役に立ちたいため
⑤ 地域の人との交流を深めたいため

個人的な趣味や娯楽を楽しむことで孤独を解消しようとする動機と，職業の維持やボランティア活動などの社会貢献活動を継続することで，自分の存在意義を社会の場で確認したいという自己実現の動機もある。生きがい活動＝自分のやりたい目標を持つことは，まさにそのような自己の存在意義の確認のため

の活動といえよう。また，健康をいつまでも保持して長生きしたいという動機は万人に普遍のものである。人間関係を通じて精神的充実を図り，気持ちを高めることで，身体的健康の維持につなげていく。すなわち，病気に打ち勝つ生理的機序を高めるためには，日々の生活において廃用症候群（生活不活発病）に陥らないように，精神的・社会的・身体的活動性を維持・向上させる努力が必要とされる。「病は気から」という格言は，高齢者にはまさにぴったり当てはまる言葉であろう。

社会活動の原点は，人と人との出会いであり，わが国では，趣味やクラブでの仲間，後述する「老人大学」の同級生などを中心に交流が行なわれている。そして，そのような交流を通じて，仲間に自分の生き方，あり方を認めてもらうこと，褒めてもらえること，受容されることが，自己有能感（self efficacy）が高まること＝生きがい感の獲得につながるのである。各自がやりたいと思っていることと実際にやれていることが一致しているとき，そこに生きがいが生まれる。

4　高齢者5原則の中の「参加」の概念

国連は，1999年を国際高齢者年と定めて，高齢者の享受できる権利として，①自立，②参加，③ケア，④尊厳，⑤自己実現，の高齢者5原則を打ち出し，21世紀の地球規模で起こる高齢社会に達成すべき目標として掲げている。この5原則の中でも，「参加（社会参加）」の意義が強調されている。この意義は，あらゆる高齢者は，その能力に応じて適切な社会参加の機会が保障されるべきであるという"アクティブ・エイジング"の理念に基づいている。

5　WHOの国際生活機能分類（ICF）の参加の概念

リハビリテーションの分野では，国際障害分類（ICIDH 1980年；1993年）という従来の障害分類から，国際生活機能分類（ICF 2001年）へと大きな変更がなされた。[7]

国際障害分類（ICIDH）においては，病気や変調などの帰結としての障害は，心身の機能の障害（impairment），次いで機能障害による諸能力の障害（disability），さらにそれらによって生じる社会的不利（handicap）の3つの

レベルに分類されている。つまり，器官レベルとしての機能障害，人間・個人レベルとしての能力障害，社会的レベルとしての社会的不利というように，捉えるレベルによって障害の意味・性格が異なること，また障害は単なる心身の機能の障害であるというものではなく，人間的・社会的側面を持っていることを唱えている。ICIDHへの批判として新たに障害の捉え直しが行なわれ，2001年度に国際生活機能分類（ICF）が提案された。すなわち，病気や変調などの帰結としての障害は，心身機能・身体構造（body function & structure），活動（activity），参加（participation）という生活機能の制限であるとする。その関係因子として，環境因子と個人因子をあげている。特に環境因子を重視しているが，その意義は，障害をより弾力的・動的に捉えようとする視点にある。つまり，先の国際障害分類では，障害のマイナス面の評価とそれをいかに克服するかという視点で捉えているのに対して，国際生活機能分類では，障害を活動や社会参加というプラス面で評価し，それをいかに伸展させるかという視点で捉えている。

　高齢社会では，障害の保有は大方の高齢者に共通することであり，その中での生活の質をいかに高めるかという視点が必要とされることから，ICFの理念は21世紀の高齢社会に最適な考え方といえよう。

3　社会参加マトリックスの概念

　高齢者は，疾病や事故の後遺症によって，中途障害者になりやすい。障害発生時の年齢階級として最も多い年代は，成人中期（40〜64歳）である。障害種別にみると，視覚障害（33%），聴覚言語障害（22%），肢体不自由（38%），内部障害（50%）となっており，次に多い年代は，老年期（65歳以上）である。[★8]高齢化率の急増，中途障害や老化にともなう介護問題の急増の解決のために，既述の公的介護保険制度（2000年）がスタートした。その介護計画（ケアプラン）においても，利用者の介護ニーズの捉え方が変化してきている。ICIDHの障害把握に従えば，身体面，心理面，環境面の客観的アセスメントを行ない，

高齢者自身ができない点を介護サービスで補うという捉え方であったが，ICFの障害把握に従えば，心身の状態の客観的把握にとどまらず，高齢者自身の抱く人生目標やあきらめかけている生活や夢を要望として本人より聴取して，生きがいが感じられる生活上の活動を積極的に介護計画に取り上げようという考え方である。この考え方は，高齢者自身の意思や要望を引き出して，それをケアプランの核として据えて，自己理解や状況判断などを尊重しつつ，高齢者の主体的・自立的生活が送れるように支援していくという考え方につながる[9]。このような状況では，高齢者本人やその家族に対する介護者側・評価者側のコミュニケーション能力や技術が特に必要とされる。

1 社会参加マトリックス

山本[9]は，高齢者介護施設の現場でスタッフとして働いている立場から，高齢者の「社会参加」を，図12-4のように捉えている。

山本によれば，高齢者と一口に言っても，生活自立能力の個人差も大きく，心身の健康度も多様である。高齢者の社会参加を「活動空間」（狭い 対 広い），「集団」（孤立 対 大勢），「能動性」（〜してもらう 対 〜してあげる）の3次元で捉える「社会参加マトリックス」を展開している。この考え方によれば，広い活動空間を持ち，大勢の人々と積極的に交流し，他者のために自分からいろいろとしてあげる能動的な参加の形態から，狭い活動空間と1人ないしは少数

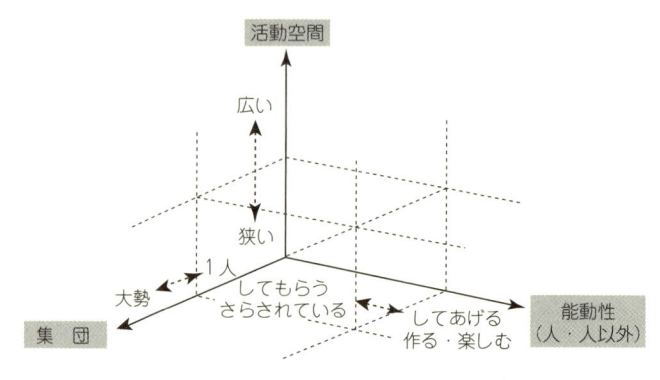

■ 図12-4　社会参加マトリックス（試案）[9]

の者との交流に限定され，他者から諸々の援助を請う受動的な参加まで多様な参加形態が考えられる。在宅の自立生活者は「広い×大勢×してあげる」社会参加の形態を取りやすいが，施設や病院で生活している人は，「狭い×1人×してもらう」社会参加の形態を取りやすい。このように障害のレベルと居住環境の違いによって，社会参加の質も異なる。

福祉施設と地域における高齢者の生きがいにつながる社会参加活動の例を示すならば，次のようになろう。[★9]

(1) 老人福祉施設（特別養護老人ホーム）での事例
● 散　髪
　レベル1：ボランティアに無償で散髪してもらう。
　レベル2：床屋さんに来てもらって散髪をみずから依頼して，散髪代を払う。
　レベル3：家族同伴で，行きつけの床屋に出向き，好きな髪型にしてもらう。
● 施設内の作業グループ活動（粘土細工）
　レベル1：娯楽に使う道具（オセロなど）の玉を粘土で作る。
　レベル2：粘土細工の作業中に新たに「そば作り」を提案する。
　レベル3：そば粉をこねて，そば作りをして施設のスタッフや仲間とともに食べ全員に喜んでもらう。
● 小学生たちが施設を訪れる
　レベル1：ふれあい体験のために，小学生を施設に迎えて，交流を図る。
　レベル2：施設に慣れてきた小学生のグループに，高齢者が昔話や戦争体験を聞かせる機会をつくる。
　レベル3：大勢の子どもたちに高齢者の人生体験を聞かせるために，学校に出向き（招かれて），そこで昔の体験談を話して交流の輪を広げる。

(2) 在宅生活者の事例
● 退職して住み慣れた地域との交流がなく，疎外感がある
　レベル1：自宅のまわりにどんな施設やボランティア団体があるか調べるために地域の散策から始める。不案内の場合は，地域を知る人（妻，家人など）に案内してもらう。
　レベル2：新たに興味のわいた町の施設や機関に出向いて，その活動について調べる。

ベル3：参加したい地域の活動を決めて，勇気を持ってまず参加してみる。そして，友人になれそうな人との交流を核として交流の輪を広げる。
● 退職して，打ち込める目標がみつからない
　　レベル1：仕事以外に自分が興味のあること，趣味は何かをじっくり考えてみる。いくつか関心のあることがらをリスト化してみる。
　　レベル2：リストの中から，とにかく1つを取り上げて，そのような活動団体や教室を探したり，資料収集を開始する。
　　レベル3：その活動の成果を家族や友人仲間に公表する作品展示会などを開く。

　このように高齢者の社会参加といっても，健康レベルの違いによってまわりの支援や関与の仕方も異なる。社会参加とは，量（形）ではなく質であり，結果ではなく過程であるといえるだう。高齢者の健康状態にあった参加への支援が必要とされる。

4　在宅高齢者のための社会参加団体

　行政が高齢者の社会参加の機会として，組織している団体として次のようなものがある。

1　老人クラブ

　老人クラブ[★10]は，老人福祉法（1963（昭和38）年制定）の「社会活動促進事業」の一事業として位置づけられており，60歳以上の会員がみずからの力により，その生活を健全で豊かなものにするために，同一小地域に居住する高齢者が自主的に集まり，みずからの教養の向上，健康の増進および社会奉仕活動等による地域社会との交流などを総合的に実施する団体である。参加の意思のある人はだれでも会員になれる。高齢者のための公的組織の中では最大の組織率で，老人クラブ数は，2001（平成13）年には，13万3,000クラブあまりに増加し，クラブ加入率は60歳以上人口の約3割となっている。しかし設立から40年あ

まりが経過した現在，加入率は漸減し続けており時代に即応したクラブ活動への脱皮が望まれている。老人クラブの意義については，さまざまな役割を期待されているが，近年では会員個々の健康・生きがいづくりにとどまらず，地域の社会活動，一人暮らしや寝たきり者の介護や家事の援助・対話に資すること，ならびに高齢者の健康・生きがいづくりに資することなどが期待されている。

2　老人大学

　老人大学の法制化は，1989（平成元）年の「高齢者の生きがいと健康づくり推進事業について」と題する当時の厚生省の通知により，全国都道府県に対して，「明るい長寿社会づくり推進機構」の設立が呼びかけられたことが，その始まりである[★11]。

　老人大学は，老人クラブ活動と同様に地域の特性を重視しつつ，①地域社会におけるリーダー養成，②高齢者の生きがいづくり，③高齢者の健康づくり，④高齢者の社会参加の促進，⑤高齢者に総合的，体系的な学習機会の提供，をそのおもな設置目的にしている。受講生は60歳以上の男女で，その活動内容は，「一般教養」「年金」「健康管理」「福祉」「ボランティア」「生きがいづくり」といった生活知識の習得を目的としているものと，「園芸」「陶芸」「スポーツ」「美術」「書画」「英語」といった趣味の世界を充実させるための知識習得を目的としているものに大別される。近年では，老人大学「大学院」を開設して，継続して学習意欲を高める工夫をしているところもある。このような老人大学の活動は，おおむね退職後の生きがいづくりや生活の充実化を目的として参加に至る場合が多いが，リーダー養成と社会参加の促進などは運営面での課題となっている。

3　高齢者協同組合

　与えられる福祉を脱し，高齢者自身が福祉に主体的にかかわり，仕事を起こし，生きがいを持って高齢社会を乗り切ろうという目的で，高齢者協同組合が結成されている。この組合は，働ける間は働き，働けなくなったらみなで助け合って自立する仕組みをつくり，高齢者自身が主人公として働く場，生きがいでもある福祉をめざして結成された。厚生労働省も福祉を主とした協同組合を認知してきており，将来は国の政策決定にも大きな発言力を持つ全米退職者協

会（AARP）のような一大勢力になることを当共同組合はめざしており，現在ではほぼ全県に同組合が結成されている。活動内容は各都府県でまちまちであるが，ミニ・デイサービス，託老所，福祉事業所，ヘルパー派遣や配食サービス，ヘルパー養成講座開講，高齢者農園の作物の出店販売，第九の合唱会などの生きがい活動であり，活動意欲の旺盛な団体となっている。会員になるための所定の出資金と会費を払えば，性別・年齢を問わずだれでも加入できる。

4　エルダーホステル

　米国で誕生した旅と学習を組み合わせた高齢者のための宿泊型生涯学習プログラムがエルダーホステル（Elderhostel）である。1975年に米国のニューハンプシャー州で誕生した組織である。簡素な旅行で見聞を広め，健全な心身の発達を促すというホステリング精神をヒントにしているところから，ユースホステルの高齢者版ともいわれている。[★12] 創始者は，教育学者のノールトン（Knowlton, M）とビアンコ（Bianco, D.）であり，大学を若者だけの特権にしておくのではなく，学習意欲の旺盛な高齢者のために開放することをめざして発足した。当時の米国は，若さや生産性に価値がおかれ，高齢者は役立たずとして隅に追いやられている状況にあり，エルダーホステルはそのような社会のエイジズムに対する挑戦でもあった。現在，米国では会員が25万人以上に達しており，全米50州はもとより，カナダ，ヨーロッパ，アジアなど100か国・1,500以上の大学やコミュニティ・カレッジ，博物館，教育・文化機関が加盟している。講座内容は，文学，歴史，社会科学，自然科学，音楽，建築，法律，コンピュータ実習，バードウォッチング，美術館・史跡見学など多岐にわたり，1万1,000以上のプログラムが各教育機関で用意されている。日本のエルダーホステル協会の会員資格は55歳以上であり，90歳代を含めて現在数2,400人と比較的少数であるが，年々その数は増加してきている。

　その他，老人福祉法に基づく地域高齢者の参加の場として，「老人福祉センター」（地域の老人に対してさまざまな相談にのるとともに，健康の増進や教養の向上，レクリエーションを行なう施設）や「老人憩いの家」（相互の親睦，教養の向上・レクリエーションなどに利用する施設）がある。

5　社会参加を妨げる要因

1　社会（＝地域）に出る勇気の欠如

　都市部では高齢者の孤独死が多い。また，高齢者の自殺も他国に比べて高率である。なぜ，悩みをだれかに相談しないのか。その理由として，他人に迷惑をかけたくない，甘えてはいけない，相談しても解決しない，頼りになる人がいないなどの思い込みもあると考えられる。また，地域の人とうまくやっていけないという自信のなさなどが社会への参加や活動を鈍らせていることもある。まだまだ社会に役立つという自己有能感（セルフエフィカシー）を高める地域ぐるみの啓蒙活動や個人の参加への努力が求められる。また，地域の問題の1つとして，退職後の男性が地域に慣れていない，地域を知らない，妻を含む地域の婦人たちとの交流が苦手，ボランティア活動への意欲に薄いなどの特徴がめだつ。退職男性は，職業集団（＝会社企業）が，唯一の社会参加団体だった人が大半なので，仕事以外の活動を新たに地域で始めることは，むずかしいことが多い。

　地域ぐるみの閉じこもり予防対策として，以下のような試みがある（2003年10月放映NHKテレビ番組『ご近所の底力』から）。

- 地域限定の商品券配布

　ご近所の知恵として，敬老の日に，従来の記念品贈呈に換えて，地域限定の「商品券」を住所・氏名を自主申告した対象高齢者に配布して，一定期間の間にその街の商店街で使えるようにした東京都多摩市（諏訪公団団地）の事例。

- 「見守りネットワーク」を構築

　地域の保育所・小学生・中学生の子どもたちと一人暮らしの高齢者との手紙（絵手紙）の交流を企画して，地元の郵便局の協力によって高齢者と子どもの交流をはかったり，新聞配達員や水道・電気・ガスの検針員のさりげない見守り活動を通じた，「見守りネットワーク」を構築している富山県宇奈月町の試み。

- 「宅福便」

「宅福便」と銘うって，社会福祉協議会の支援のもとで，ご近所の人が一人暮らしや閉じこもりがちなお年寄りの専属として話し相手や介護のボランティア（有償）をする長野県駒ヶ根市の試み。

これらの試みは，閉じこもりがちな高齢者の社会参加をめざす地域ぐるみの知恵と団結心の賜である。この放送がもととなり，他県の自治会がこれらのプログラムを採用し，地域に根ざした活動となっている事例もみられる。行政・自治会や民間ボランティア団体，福祉施設や学校などとの協力が不可欠な活動であり，今後の活動の広がりが期待される。

2　社会に根強いエイジズム

個人の努力だけでは解決しない社会の側の課題もある。それは社会に根強いエイジズム（ageism）をいかに払拭していくかの課題で，社会，教育上の大きな課題として残されている。エイジズムとは一種の年齢差別で，老いや高齢者に対する誤解や偏見，ステレオタイプのことである。それはすなわち，高齢者はみな，病気がち（sick），老衰している（senile），性感情・性的能力がない（sexless），いつもじっと座っている（sedentary），疲れ切っている（spent down）という思い込み（＝5S）である。社会に根ざすエイジズムをなくすための方策として，世代間の交流やエイジング教育がある。

6　エイジング教育

1　福祉教育の背景

わが国の「福祉教育活動」は，第2次世界大戦後の荒廃期（1950（昭和25）年度）に，神奈川県，鳥取県などの中学校で開始され，また学校教育以外では1947（昭和22）年度以降に，徳島県，愛媛県，大阪市などで実践されている。この戦後初期の福祉教育実践とは，事実上の不連続の活動として，1970（昭和45）年ごろを境に改めて福祉教育の必要性が叫ばれてきた。その背景には，①高齢化社会の進展と福祉教育，②障害者とともに生きる街づくり，③子ども・青年

の発達のゆがみと社会体験，④地域の連帯力の喪失と政治的無関心，⑤国際化時代における飢えと飽食，などの要因があげられている。このような時代的要請のもとに，高齢者や高齢社会に関する教育の必要性が叫ばれるようになってきた。

2 エイジング教育の定義

　エイジング教育とは「高齢社会の現状を把握して，今後の時代に多発する老人問題の解決策への展望を示し，高齢社会に生きる国民としての自覚を促すべく，子供から中高年までの多世代を対象として，国や地方自治体，学校，企業や民間の教育団体などを通じて行われる『高齢化・高齢者』についての知識教育や実践活動のことであり，高齢社会に備えるための市民教育のすべてをさす」[17]と定義される。その中で，本教育の実施母体によって「地域教育」「学校教育」「職場教育」「民間教育」などに分けてその教育の意義や実態について検討することができよう。

3 学校教育におけるエイジング教育のカリキュラム

　老化や老齢に対する偏見や否定的な見方を払拭するには，子ども時代の教育から始めなければならない。老いに対する態度は，家庭や地域社会の世代間の交流の質と量によって決まるようである。わが国においても，義務教育において高齢化問題への理解と態度を促すカリキュラムが用意されている[14]。学習指導要領に記載されている高齢化問題にかかわる内容を検討してみると，小学校段階では，おもに「道徳」において高齢者福祉教育の内容が教材として取り上げられている。高齢者への尊敬と感謝，生命の尊さ，父母や祖父母を敬愛し，楽しい家庭づくりの大切さが強調されている。中学校段階では，「社会科（公民分野）」「家庭科」「保健体育科」の教材として取り上げられている。高齢社会における国民生活の福祉や社会保障の充実，その社会を支える個人や企業の社会的責任，栄養や運動などの健康資源の改善による個人の健康増進の重要性が強調されている。今日のわが国の学校教育制度の中では，幼児教育段階から大学教育の各学校段階で，エイジング分野の該当する内容が，複数教科目の中で，生徒の認知レベルに応じて学習できるように配置されている。2002年度から

は，義務教育段階（小学校3年生〜中学校3年生まで）において，総合的学習の時間が設けられ，年間70〜90時間まで，福祉教育の一領域として高齢社会の諸課題も取り上げられている。

4 学校教育におけるエイジング教育の実態

　生徒の関心や理解の程度に応じて，エイジング教育のカリキュラムが用意されているものの，学校現場では個々の教師が担当教科目の学習教材としてエイジングを，実際にどの程度取り扱っているかの実態は十分に把握されているとは言い難い。その背景として，エイジング教育教材の複雑さと多様性，エイジングの授業を担当する教師の知識や経験の程度や生徒のエイジング授業に対する興味・関心の程度の低さ，受験制度の中での教科目の重要度の偏向性などの幾多のマイナス要因が考えられるからである。特に，エイジング教育のカリキュラムの系統性を生徒の認識レベルに応じてどのように具体化していくかの問題，独自の科目として成立し得るかの問題など，今後検討すべき課題は多い。わが国の学校教育におけるエイジング教育の実態を把握するための全国調査の結果[★14]を一部紹介しておく。

　本調査では，学校で行なわれるエイジング教育を「人が老化していく過程，および高齢社会に生じる諸問題について学び，考える教育」と定義して，「エイジング教育（高齢者や高齢社会の諸課題に関する認識を高める教育）に関するアンケート調査」として全国的規模で実施された。本調査は，過去3年間に小学校4，5，6年生のクラスを担任した教師，および「道徳」を担当した教師と中学校で「社会（公民分野）」「保健体育」「家庭科」を担当している教師を調査対象として選抜した。これらの教科目担当教員を調査対象者として選択したのは，学習指導要領にエイジング教育に関する教材が取り扱われており，教科書にそれらに関する記述があるという理由からであった。

5 エイジング教育の実態調査結果の概要

　① エイジング教育（aging education）という言葉ないしは同趣旨の言葉（定義をあらかじめ示して聴取）を知っていた教師は，全体の17%であった。年代別では，20歳代が10%，30歳代が15%，40歳代が16%，50歳代が

30％で，教師の年齢が高くなるほど認知度は高い傾向があった。
② エイジング教育の内容に関する教育を受けた経験がない教師が全体の約9割であった。
③ 担当科目（担当科目の学習指導要領において，高齢者や高齢社会に関する教育の記述がある科目：道徳，国語，社会，保健体育，家庭科）において，授業教材として扱った教師は，全体の5割強であった。
④ 小学校段階では「道徳」で7割台，中学校では「社会（公民分野）」では5割が教材としてエイジング教材を導入していた。
⑤ 教材として取り上げた学年段階は，小学校では，4年生が3割台，5年生が5割台，6年生が6割台であり，中学校では，1年生が4割，2年生が3割，3年生が7割台であった。
⑥ 担当教科の中でエイジング教材を扱った年間授業時数は，小学校段階，中学校ともに，「2時間」が約4割弱で最も多かった。
⑦ 教材の内容では，該当担当科目にあげられているエイジング教材の項目総数は17項目に及んでいるが，その中で扱われた項目を頻度別にみてみると，小学校では，「高齢者への福祉」と「命の尊厳」が4割台，「世代間交流」が3割台であった。中学校では，「高齢者への福祉」が約6割，「高齢社会とは何か」が4割，「高齢社会に生きる私たち」が3割台，「高齢者の生活と健康」が2割台で知識や理念に関する内容が小学校より多い傾向があった。「エイジズム」（高齢者に対する偏見・差別）は，小学校で9％，中学校で4％でともに少なく，米国の教材ではエイジズムが最も多いこととは対照的であった。
⑧ エイジング教材に対する生徒の関心度は，小学校では5割台，中学校では3割台であった。
⑨ エイジング教育を行なううえでの課題として，教師自身の知識・理解・認識不足，教材不足・副教材の工夫の必要性，生徒の関心の低さ，授業時間を十分に取れないなどがあげられた。

以上の調査は，1997年当時のわが国の小学校と中学校の義務教育課程におけるエイジング教育の実態といえる。その後，今日に至るまでにこの種の全国

実態調査は実施されていない。2000（平成12）年度から義務教育課程において総合的学習の時間が設けられ，年間70時間の必修科目としての縛りの中で，福祉・情報・環境・国際化という4つの主領域の自由学習が実施されている。特に，この科目の中で実施されている高齢社会にかかわる現状や，今後の国家的・社会的・個人的な諸課題を理解させるための高齢者福祉教育も，広義のエイジング教育として位置づけることができよう。特定の教科書のない授業指針の少ない科目であるがゆえに，担当教師にとっても授業計画の立てにくいことが指摘されている。また昨今では，本科目の見直しの論議もなされている。介護体験特例法（1998年）という法律の制定後に，教育職員免許状の取得には，高齢者福祉施設や障害児者の介護にかかわる1週間のボランティア体験が義務づけられた。このような国家的施策もなされているものの，まだ十分な教育面の対策が講じられているとはいえない現状がある。学校教育におけるエイジング教育の必要性と充実化は高齢者が真に生きやすい社会の構築をめざすためにも今後ますます重要になると思われる。

文 献

★1 （財）厚生統計協会　2005　平成17年版　国民福祉の動向
★2 堺　園子　1997　高齢者の介護と癒し　浜口晴彦（編）　エイジングとは何か─高齢社会の生き方　早稲田大学出版部　Pp.69-112.
★3 （財）健康・体力づくり事業財団　2000　健康日本21　地方計画策定支援ガイドブック
★4 厚生労働省（監）　2004　平成16年版　厚生労働省白書
★5 岡村清子・長谷川倫子（編）　1997　エイジングの社会学　日本評論社
★6 小俣節夫　2000　社会参加─活発化する高齢者の社会活動　日本老年行動科学会（監）　高齢者の「こころ」事典　中央法規　Pp.296-297.
★7 佐藤　忠　2001　障害と障害者─障害とその心理的影響　介護福祉士養成講座編集委員会（編）　新版 介護福祉士養成講座7 ─老人・障害者の心理　中央法規　Pp.108-113.
★8 岩坪奇子　2000　中途障害─突然起こる身体の不自由と心への影響　日本老年行動科学会（監）　高齢者の「こころ」事典　中央法規　Pp.218-219.
★9 山本明芳　2004　高齢者の心理臨床と生活の質　臨床心理学，4（2），198-202.
★10 川元克秀　2000　老人クラブ─娯楽から社会的貢献へ　日本老年行動科学会(監)　高齢者の「こころ」事典　中央法規　Pp.296-297.
★11 小俣節夫　2000　老人大学─生きがいづくりと生活の充実のために　日本老年行動科学会（監）　高齢者の「こころ」事典　中央法規　Pp.302-303.
★12 木村久美子　2000　エルダー・ホステル─旅と学習のプログラム　日本老年行動科学会（監）

高齢者の「こころ」事典　中央法規　Pp.304-305.
★13　坂田成輝　2000　老年観―老いを見る視点　高齢者の「こころ」事典　中央法規　Pp.8-9.
★14　谷口幸一（編著）1997　成熟と老化の心理学　コレール社
★15　片多　順　2000　高齢者への偏見―否定的・肯定的エイジズム　日本老年行動科学会（監）　高齢者の「こころ」事典　中央法規　Pp.384-385.
★16　大橋謙作　1986　地域福祉の展開と福祉教育　全国社会福祉協議会
★17　国際長寿社会日本リーダーシップセンター（監）　1995　地域社会における高齢者に関する福祉教育の現状についての調査研究報告書

【参考文献】
厚生労働省（監）　2006　平成18年版　厚生労働白書
大山博史・谷口幸一・藤野信行（編著）　2004　高齢者支援のための精神医学　診断と治療社
谷口幸一　2005　高齢者の社会参加と適応　更生保護, **56**（1）, 28-31.
谷口幸一（編著）　1988　子どもに教えるエイジング　鹿屋体育大学
佐々木公一　2006　やさしさの連鎖―難病ALSと生きる　ひとなる書房

人名索引

■あ行

アトキンソン（Atkinson, R. C.）　89, 91, 92

ウェクスラー（Wechsler, D.）　108

エリクソン（Erikson, E. H.）　7, 23, 25, 49, 172
エルダー（Elder, G. H.）　26, 28

■か行

カーン（Kahn, R. I.）　44

キャテル（Cattell, R. B.）　109, 115, 116

コールバーグ（Kohlberg, L.）　23

■さ行

シフリン（Shiffrin, R. M.）　89
シャイエ（Schaie, K.W.）　32, 112, 113
シャクター（Schacter, D. L.）　94

スタンバーグ（Sternberg, R. J.）　109
スピルバーガー（Spielberger, C. D.）　131

セリグマン（Seligman, M. P. E.）　135

■た行

橘　覚勝　5
タルヴィング（Tulving, E.）　90, 92

■な行

ニューガーテン（Neugarten, B. L.）　44

■は行

ハヴィガースト（Havighurst, R. J.）　7
バトラー（Butler, R. N.）　164
バルテス（Baltes, P. B.）　8, 22, 27, 45, 50, 97, 106, 114

ビューラー（Bhler, C.）　6

ペック（Peck, R. C.）　8

ホームズ（Holmes, T. H.）　28
ホール（Hall, G. S.）　3

■や行

ユング（Jung, C. G,）　6

■ら行

ラーソン（Larson, R.）　39

リージェル（Riegel, K. F.）　21
リフ（Ryff, C. D.）　127

レヴィンソン（Levinson, D. J.）　8

ロウ（Rowe, J. W.）　44
ロートン（Lawton, M. P.）　40

216

事項索引

■あ
ICD-10　132, 178, 182, 185
明るさに対する感度　73
アクティブ・エイジング　202
アニマルセラピー　165
affection（感情）　121
アフェクト・バランス尺度　39
アルツハイマー病　178
暗順応　73

■い
生きがい　42, 49
一次記憶　91
イベント・ヒストリー分析　34
意味記憶　93

■う
ウェクスラー式記憶検査改訂版　97
うつ状態　181
うつ病　162, 181
　〜の評価尺度　182
うつ病性障害　132

■え
AAHPERD 式高年者用機能的体力テスト　57
エイジズム（ageism）　5, 150, 208, 210, 213
エイジング　5
エイジング教育　210, 211
　〜の実態　212
　〜定義　211
エイジング教材の導入　213
エキスパート（熟達者）　107

SOC 理論（補償を伴う選択的最適化理論）　22
SDS　132
N 式精神機能検査　117
エピソード記憶　92
FAB（Frontal Assessment Battery）　101
MMSE（Mini-Mental State Examination）　47, 117
emotion（情動）　121
エリクソンの第9段階　49
エルダーホステル（Elderhostel）　208

■お
横断法　30, 109
奥行き知覚　73
音楽療法　165

■か
介護が必要になった原因　200
介護サービスの利用手続き　198
介護体験特例法　214
介護認定審査会　197
介護保険（制度）　194, 196
介護保険法　12, 166, 196
介護予防　12, 65
介護予防サービス　199
介護予防対策　194
改正介護保険法　199
回想（療）法　164, 171, 180
回避エラー　96
学習　94
学習療法　101
カクテルパーティ効果　83
家族性アルツハイマー病　178

217

活動理論（activity theory）　37, 38, 144
感音性難聴　78
感覚　69
眼球　74
感情失禁　124
感情状態・パーソナリティ特性の測定尺度
　　131
感情・情動制御　124

■き
記憶のメカニズム　88
記憶方略　90, 95
気質（temperament）　122, 125
機能的体力　57, 63
基本的信頼感　50
QOL（生活の質）　63, 171
休養指針　12
共通原因仮説　97
虚弱　166
虚弱高齢者　166, 171
筋　63
近視力　73
筋量　61
筋力トレーニング　63, 199

■け
ケアプラン　203
Kiss-18　150
　～の質問項目　151
系列法　32, 112
血管性認知症　180
結晶性知能　45, 109, 112, 115
幻覚妄想状態　185
言語　147
健康関連 QOL　65
健康寿命　55, 195
健康増進　195
健康づくりのための運動指針　12
健康づくりのための睡眠指針　12
健康日本 21　12, 195

～の理念　195
言語性検査　115
言語性知能　115, 149
顕在的記憶　92

■こ
5 因子論（ビッグ・ファイブ）　126
後期高齢者　11
後期高齢期　44
口腔ケア　199
合計特殊出生率　14
行動体力　56
幸福な老い（サクセスフル・エイジング）
　　16, 37, 49
高齢化率　10
高齢者観　142
高齢者協同組合　207
高齢者世帯　13
高齢者のための認知症評価尺度　179
ゴールドプラン　193
ゴールドプラン 21　194
国際高齢者年　202
国際障害分類　202
国際生活機能分類　202
国立精研式痴呆スクリーニングテスト　117
個人のエイジング（寿命の伸長）　3
個性化　6
骨粗鬆症　59
骨密度　59, 63
骨量　59, 63
古典的加齢パターン　109
孤独死　209
コホート　28
コホート系列法　32
コホート効果　29, 32, 111, 123
コミュニケーション　145
コミュニケーション機能の心理・社会的低
　下モデル　147
コミュニケーションテストの検査項目と採
　点基準　153

コミュニケーション能力の社会的認知　146
コントラスト感度　73
コントロール感　127
コンピテンス　96

■ さ

再社会化（resocialization）　142
再生　88
再体制化　21, 22
再認　88
サクセスフル・エイジング（幸福な老い）　16, 37, 144
作動記憶　90, 91, 102
3大健康資源　12

■ し

シアトル縦断研究　113
GDS　132
ジェロントロジー　15
ジェロントロジー教育　15
ジェロントロジー高等教育協会　16
視覚　72
視覚情報処理速度　72
視覚探索　73
自我の統合 対 絶望　8
自己効力感　169
自己実現的生きがい　43
自尊感情尺度　39
自尊心（自尊感情）　135, 136
時系列法　32
時代効果　29, 32
質問紙　131
CES-D　132
視野　80
社会化の2側面　154
社会参加　200
社会参加活動の例　205
社会参加する動機　201
社会参加団体　206

社会参加マトリックス　204
社会参加を妨げる要因　209
社会情動的選択理論　124
社会性（sociability）　141
社会的活動性　39
社会的スキル　150
縦断法　32, 110
周辺視　73
縦列法　33
主観的幸福感　39
熟達　107
出生率　14
生涯発達　6
生涯発達心理学　19
少子化（の進行）　14
情報処理モデル　89
視力検査　79
心因性難聴　80
人格（personality）　125
神経症　188
人口高齢化の関連図　4
人口のエイジング（高齢化）　3
人口ピラミッド　10
新ゴールドプラン　193
人生周期（ライフサイクル）　6, 23, 49
人生の危機課題　8
人生の正午　6
身体活動量　61
新体力テスト　57
新ピアジェ派　107
心理・社会的発達段階　8

■ す

ステレオタイプ　126, 150, 210

■ せ

性格（character）　125
生活体力　57
生活体力テスト　57
生活の質（QOL）　10, 63

219

生活不活発病　202
生活満足度尺度　39
成熟効果　30
成人期の発達研究　6
精神的健康　65
成人発達　6, 9
精緻化リハーサル　95
世界保健機関（WHO）　55
世代効果　30
接触欠損妄想症　186
前期高齢期　44
宣言的記憶　92
潜在的記憶　92
選択的注意　81
全米退職者協会（AARP）　16, 207
せん妄　186

■そ
総合的学習の時間　212
喪失期　42
ソーシャルサポート　136
測定　96
ソシオメーター理論　135, 136

■た
第三次国民健康づくり対策　195
第3年代　44, 48, 49
対人関係的生きがい　43
第4年代　45
WHO（世界保健機関）　55
WMS-Rの問題構成　98
短期記憶　89

■ち
知恵　8, 114
知覚　69
知能の鼎立理論　109
遅発パラフレニー　185
注意　70, 90
中途障害者　203

聴覚　76
聴覚検査　80
聴覚性ERP　80
長期記憶　90
長期縦断研究法　33
長期縦断データ　34
超高齢期　45, 48
超高齢社会　11
挑戦期　42

■て
DSM-Ⅳ　130, 178, 182, 185
TOT（のどまで出かかる現象）　87, 149
適応障害　189
手続き的記憶　94
伝音性難聴　78
転倒　64
展望記憶　93

■と
投影法　133
東京都老人総合研究所　9
動作性検査　115
動作性知能　115
動作に対する自己効力感尺度　170
同時代性　26, 28
動体視力　73
動物介在活動　165
動物介在療法　165
独自性要因　34
閉じこもり　166
閉じこもり症候群の構造　167
閉じこもり予防対策　194, 209
トップダウン処理　84
トップダウンのプロセス　70

■に
日常記憶質問紙　99
日常生活動作能力（ADL）　169
日本語版FSA短縮版　150

日本における平均寿命の推移　4
日本版 WAIS-R 成人知能検査法　115
日本版 WAIS-Ⅲ　117
認知　105
認知・感情的発達理論　124
認知機能　65
認知症　12, 117, 129, 132, 134, 146, 151, 177, 189
認知的な構え　70, 84

■ね
ネガティブ感情　123
年少人口　10
年齢効果　29, 32, 111

■の
望ましい老後　154
のどまで出かかる現象（TOT）　87, 149

■は
パーソナリティ　125
　～に対する加齢の効果　128
パーソナリティ特性（personality trait）　122
排尿のコントロール　170
廃用症候群　166, 194, 202
白内障　75
長谷川式認知症スケール（HDS-R）　115-117
発達課題　7, 190
発達曲線　29
発達段階　21, 23, 63
パフォーマンス　96

■ひ
PGC モラールスケール　40
BDI-Ⅱ　133
非宣言的記憶　92
ビッグ・ファイブ（5 因子論）　126
非標準的影響　27

百寿者　46
標準年齢の影響　27, 30
標準歴史的影響　27, 30
表象　69
表情　123, 129

■ふ
5 S　210
普遍的遅延　82
プライミング　94
Fraboni エイジズム尺度（FSA）　150
　～の質問項目　152
分配的注意　81, 82

■へ
平均寿命　3, 161, 193
平均余命　161
米国ヘルシーピープル計画　195, 196
米国老年学会　16
ヘルスプロモーション　195
ベルリン加齢研究　45, 106
弁証法的アプローチ　21
ベントン視覚記銘検査　97

■ほ
防衛体力　56
包括的系列法　33
homebound　171
歩行能力　58
ポジティブ心理学　135, 136
補償を伴う選択的最適化理論（SOC 理論）　22
歩数　61
ポスト形式的操作　107

■み
ミニコミュニケーションテスト（MCT）　151

■む
mood（気分） 121

■も
妄想性障害 185

■ゆ
有効視野 82

■よ
要介護高齢者（要介護者） 11, 13, 161, 166, 198
要介護度 197
抑うつ 131
抑制機能 82

■ら
ライフイベント（life event） 28, 136, 143, 162, 183, 184
ライフコース 8, 26
ライフサイクル（人生周期） 6, 23, 25, 49
ライフサイクル論 8
ライフレビュー（人生回顧） 164, 171
　〜での質問 173

■り
リアリティー・オリエンテーション 164, 180

離脱理論（disengagement theory） 37, 38, 144
立体視 73
リハーサル 89
流動性知能 109, 112, 116
緑内障 76

■れ
レミニッセンス（回想） 164
連続性理論 37, 38

■ろ
老後観尺度 154
老人医療費 55
老人クラブ 206
老人性遠視（老眼） 74
老人像 5
老人大学 207
老人福祉法 201
老年学 5, 15
老年学教育 17
老年学会 6
老年人口 10
ロールシャッハ・テスト 134

■わ
WAIS-R 115
WAIS-Ⅲ 117

■ 執筆者一覧（執筆順）

谷口　幸一	〔東海大学健康科学部教授・博士（医学）〕 臨床心理士	1章, 12章
佐藤　眞一	〔大阪大学大学院人間科学研究科教授・博士（医学）〕	2章, 3章
安永　明智	〔文化女子大学現代文化学部准教授・博士（人間環境学）〕	4章
権藤　恭之	〔大阪大学大学院人間科学研究科准教授・博士（心理学）〕	5章
大川　一郎	〔筑波大学大学院人間総合科学研究科教授・博士（心理学）〕 臨床心理士	6章
髙山　緑	〔慶應義塾大学理工学部准教授・博士（教育学）〕 臨床心理士・臨床発達心理士	7章
成田　健一	〔関西学院大学文学部教授〕 臨床発達心理士・学校心理士	8章
安藤　孝敏	〔横浜国立大学教育人間科学部教授〕 専門社会調査士	9章
藺牟田洋美	〔首都大学東京健康福祉学部准教授・博士（医学）〕	10章
坂下　智恵	〔青森県立保健大学健康科学部講師〕 精神保健福祉士・社会福祉士	11章
大山　博史	〔青森県立保健大学健康科学部教授・博士（医学）〕 精神科医師	11章

■編著者紹介

谷口幸一（やぐち・こういち）
- 1948年　鹿児島県に生まれる
- 1978年　早稲田大学大学院文学研究科心理学専攻博士後期課程単位取得退学
- 現　在　東海大学健康科学部教授　博士（医学），臨床心理士

＜主著・論文＞
- 老化のプロセスと精神障害（共著）　垣内出版　1979年
- 成熟と老化の心理学（編著）　コレール社　1997年
- エイジングの心理学（共著）　早稲田大学出版会　1999年
- スポーツ心理学ハンドブック（共編著）　実務教育出版　2000年
- 高齢者支援のための精神医学（共編著）　診断と治療社　2004年
- Yaguchi, K. & Furutani, M. An Applicability study of the AAHPERD's functional fitness test for elderly American adults to elderly Japanese adults. *Environmental Health and Preventive Medicine*, 3, 130-140, 1998

佐藤眞一（さとう・しんいち）
- 1956年　東京都に生まれる
- 1987年　早稲田大学大学院文学研究科心理学専攻博士後期課程単位取得退学
- 現　在　大阪大学大学院人間科学研究科教授　博士（医学）

＜主著＞
- 介護カウンセリングの事例（編著）　一橋出版　2000年
- 高齢者の「こころ」事典（共編著）　中央法規出版　2000年
- 痴呆の心理学入門（訳）　中央法規出版　2001年
- 富美岡荘物語（監修）　中央法規出版　2004年
- 「結晶知能」革命（監修）　小学館　2006年
- 事例のまとめ方と発表のポイント（編著）　中央法規出版　2006年

エイジング心理学　―老いについての理解と支援―

2007年8月30日　初版第1刷発行	定価はカバーに表示
2010年5月20日　初版第3刷発行	してあります。

編　著　者　　谷　口　幸　一
　　　　　　　佐　藤　眞　一
発　行　所　　㈱北大路書房
　　　　　〒603-8303　京都市北区紫野十二坊町12-8
　　　　　　電　話　（075）431-0361㈹
　　　　　　FAX　　（075）431-9393
　　　　　　振　替　01050-4-2083

© 2007　　制作／T. M. H.　印刷・製本／創栄図書印刷㈱
検印省略　落丁・乱丁本はお取り替えいたします。
　　　　ISBN 978-4-7628-2572-9　　Printed in Japan